国家社会科学基金项目(08BTQ022)

# 知识链接及其服务研究

曾建勋 著

科学技术文献出版社
SCIENTIFIC AND TECHNICAL DOCUMENTATION PRESS

**图书在版编目(CIP)数据**

知识链接及其服务研究/曾建勋著．—北京：科学技术文献出版社，2012.8
ISBN 978-7-5023-7385-6

Ⅰ.①知… Ⅱ.①曾… Ⅲ.①图书情报学 Ⅳ.①G250

中国版本图书馆 CIP 数据核字(2012)第 144919 号

## 知识链接及其服务研究

策划编辑：周国臻 责任编辑：周国臻 责任校对：赵文珍 责任出版：张志平

| | | |
|---|---|---|
| 出　版　者 | 科学技术文献出版社 | |
| 地　　　址 | 北京市复兴路 15 号　邮编 100038 | |
| 编　务　部 | (010)58882938，58882087(传真) | |
| 发　行　部 | (010)58882868，58882866(传真) | |
| 邮　购　部 | (010)58882873 | |
| 官 方 网 址 | http://www.stdp.com.cn | |
| 淘宝旗舰店 | http://stbook.taobao.com | |
| 发　行　者 | 科学技术文献出版社发行　全国各地新华书店经销 | |
| 印　刷　者 | 北京时尚印佳彩色印刷有限公司 | |
| 版　　　次 | 2012 年 8 月第 1 版　2012 年 8 月第 1 次印刷 | |
| 开　　　本 | 850×1168　1/32 开 | |
| 字　　　数 | 187 千 | |
| 印　　　张 | 7.75 | |
| 书　　　号 | ISBN 978-7-5023-7385-6 | |
| 定　　　价 | 28.00 元 | |

# 前　　言

随着信息技术和网络技术的迅速发展,用户的知识信息需求、科研创新环境、学习行为习惯,以至于生活处世方式都发生了深刻变革。从认知的角度来看,通过"链接"的方式获取所需的相关信息,更符合用户通过"联想"获取信息的本性,用户梦想的是一个覆盖全部学术信息资源的信息系统,所有信息互通互联,信息获取简捷准确。一种基于多语种、多媒体、移动的、跨系统、语义的知识共享空间正在形成。以知识链接为核心的知识服务逐渐成为用户获取知识信息的重要手段。通过知识链接,可以建立一个各种信息资源互相链接的图书馆信息环境,包括图书、期刊、会议论文、专利、科学数据、网页和各种产品信息等。

目前,数字信息资源向两极发展,一方面,各种类型的数字信息资源向聚合方向发展,汇聚成更大的多类型的数字资源聚合体,并能够根据内容、根据需求更加自由地组合;另一方面,数字资源打破了传统物理介质资源的"容器",可以以更加微小的内容单元呈现。近年来,国内外建设了大量的科学引文数据库,但是引文链接应用于知识服务领域的研究尚不系统深入;虽然进行了大量的语义网、本体方面的研究,但语义关系运用于知识资源组织的实践尚不成熟实用。新型的泛在知识环境迫切需要加强知识链接及其服务研究,实现知识组织、知识构建、知识融合、知识导航、知识评价等知识服务活动,推进用户体验的知识服务。

知识链接及其服务研究,既可以丰富现有知识组织的研究理论与成果,又提供认识网络信息知识资源内在特征的新视角。在实践层面上,为知识链接系统的构建和知识链接服务提供设计支撑和实践指导。

知识链接是发现、利用知识间的各种关联关系;将具有同一、隶属、相关关系的知识单元按照一定的需要有序地联系在一起,形成序列化或结构化的知识集合,继而构成知识网络的一种行为,是以知识联系为基础的信息组织[①]。知识链接基于综合性的数字资源,除了期刊论文,还包括图书、会议文献、学位论文、专利、标准等多类型文献;除了文献之间的引证链接,还包括文献中所包涵的内容抽象,如知识元链接、主题参数链接以及科研实体等的链接和评价。

本书首先阐释了知识链接的概念以及内涵,在知识单元演变分析基础上,阐述了知识链接的产生背景与发展历程,论述了知识链接的表现形式及其功能,继而从知识属性出发,分析知识单元间的关联关系,论述知识链接构建模式;依据现有的知识管理理论、信息计量学理论和社会网络理论,提出知识链接理论基础。并着重探索了知识链接构建方法和基础,论述了知识关系的匹配与关联揭示方法。在此基础上,设计知识链接系统框架,探讨系统技术实现方案。并以中国科学技术信息研究所知识链接门户为对象,从系统构建方案与服务实现两个方面进行知识链接应用的实证研究。最后,进一步分析开放式知识链接服务体系框架及其协同服务策略。

全书由 7 部分组成:

(1)知识链接研究概述:内容包括知识链接的概念和内涵、知识单元的演变与知识链接的产生背景、研究现状、发展历程、表现形式、作用和功能。

---

① 朱震远. 网络信息检索环境中知识链接的设计——基于语用和用户行为研究的视角[J]. 图书情报工作,2010(16):130—133

（2）知识链接原理研究：内容包括知识链接理论基础、知识关联关系分析、知识链接构建模式等。

（3）知识链接构建方法及其基础：内容包括面向知识评价的规范文档建设、科学文献中机构要素词典的构建、面向知识链接的概念知识体系构建、DOI 与参考链接机制构建、知识关系的匹配与揭示方法。

（4）知识链接系统构建：内容包括知识链接系统的建设目标、建设原则、设计思路、系统架构、系统功能、技术实现。

（5）知识链接系统实证：内容包括中信所知识链接门户系统开发背景与建设目标、系统实现方案、系统的服务业务组织。

（6）开放式知识链接服务体系：内容包括开放式知识链接服务体系的构建、开放式知识链接服务方式、知识链接协同服务策略。

（7）结论与展望：在研究总结基础上，提出下一步研究工作展望。

本书研究重点主要体现在以下方面：

（1）从知识单元演变过程中，提出知识链接的主要链接对象，即基于科学文献、基于知识元、基于科研实体和基于知识要素的知识链接。并阐明了知识链接正不断朝着开放式、动态化、个性化、网络化方向发展。将会更多地实现面向科研环境的开放式跨界链接、基于用户行为的个性化推荐链接、基于本体的语义关系链接、面向科研评价的知识要素链接和基于知识元的知识组织链接等新型的知识链接方式。

（2）通过对知识链接产生背景和需求的调研，提出知识链接的基本概念、内涵、特征、功能和理论基础。从文献、作者、机构、基金、文献来源、学科主题等科研实体和知识要素着眼，实现科研实体和知识单元的关联揭示。

（3）依据知识链接的类型不同，基于不同的知识单元和对象，面向不同的用户任务,提出构建科研关系网络、引文网络、文献网络、知识元网络、行为关系网络和知识语义网络等不同知识链接构建方式。

(4)提出在知识链接中要进行基础构建,如参考链接机制、知识元库与主题图建设、知识要素的抽取标引、规范文档建设、科研实体词典编制等,以规范各种科研实体,挖掘相关知识要素,实现知识链接。

(5)提出知识链接系统的层次结构,论述知识链接服务方式、服务体系框架和开放式协同服务策略,并结合中信所的具体实践,进行实证研究,设计基于引文的知识链接门户系统和服务应用方案。

总之,知识链接原理依据知识间的特有属性和关联关系,知识链接方法则得益于信息技术和文献标准的发展。知识链接以知识组织为基础,以知识发展脉络为主线,反映了知识内容和概念关系,显示了知识内在联系、知识发展的继承关系和创新主体间的学术关系等。从有关知识链接发展历史的追溯到对目前发展趋势的判断,可以看出,无论知识链接理论研究,还是知识链接实践进展都在不断地进化。知识链接及其服务研究下一步将重点探索基于本体和知识元的概念-实例关系、基于人与人的学术关系和行为关系,推进知识链接系统构建的实证研究,发展科研关系网络、信息行为关系和概念关系网络方面的知识链接研究。

# 目　　录

# 1　知识链接研究概述

## 1.1　知识链接的概念与内涵

### 1.1.1　知识链接概念

什么是"知识链接(knowledge linking)",目前学术界还没有统一明确的定义。国外学者多以"Citation Linking"[①]和"Reference Linking"[②]为主题对其进行研究,并没有提出完全与知识链接对应的专有名词。而国内学者在吸收国外研究理念的基础上,从不同角度对知识链接的概念进行了不同界定:

王越(2003)[③]认为,节点和有向边构成了知识链接的结构,可以用来表达两个资源间的有序关系和语义关系,从而实现 Web 资源的语义表现,使其可被计算机所理解。而知识链网络是用知识链替代现有 Web 超链接结构的语义互联网模型,其中节点表示资

①　S. Hitchcock, L. Carr, S. Harris et al. Citation Linking: Improving Access to Online Journals [EB/OL]. [2011-02-25]. http://journals. ecs. soton. ac. uk/acm-dl97. htm

②　Van de Sompel H, Hochstenbach P. Reference Linking in a Hybrid Library Environment Part 1: Frameworks for Linking [J/OL]. [2011-3-7]. D-Lib Magazine, 1999, 5(4), http://www. dlib. org/dlib/april99/van _ de _ sompel/04van _ de _ sompel-pt1. html

③　王越. 基于耗散结构理论的知识流分析[J]. 科学管理研究,2003,21(3): 86－89

源,有向边表示类型化的知识链,节点和边组成一个有向网络,此有向边表达了 Web 资源及其语义关系。

孙洪波(2004)[①]认为,所谓知识链接,就是采用类似超链接的方式,将互相关联的一些知识链接在一起,使原本各自独立的知识关联到一起,形成由点到线,由线到面的知识结构,wiki(维基)是一个典型的例子。

赵蓉英(2007)[②]认为,知识链接包括知识元链接、引证链接和作者链接等,它实际上是构成知识网络的一种技术措施、手段和行为,以知识之间的关联关系作为构建依据,实现从一个信息物体链接到另一个信息物体,一般特指期刊文章之间的链接。

贺德方(2008)[③]认为,组成多功能的行业性知识服务系统的知识链接方式是按照知识组织的规律,从一个信息点链接到另一个或多个相关联的信息点,其价值不仅体现在通过"关联方式"直接而准确地获取信息,还在于为特定行业或企业建立一个各种信息资源相互链接的知识服务环境,涵盖专业期刊、科学数据、论文作者、专利信息和经营信息等。

周晓英(2010)[④]认为,知识链接就是根据知识体之间的关联关系将它们联系起来的过程、方法和技术。广义的知识链接可以指知识体之间点到点,点到面以及面到面的关联;而狭义的知识链接主要是指知识体之间严格的点对点的关联关系,连接知识点和微观的知识集合。知识之所以能够链接和需要链接是因为知识网络的存在,知识链接是形成知识网络的技术和条件,知识网络是知

① 孙洪波. 构建知识库(四)内容管理与维护[J]. 软件工程师,2004(9)
② 赵蓉英. 论知识网络的结构[J]. 图书情报工作,2007,51(9):6—10
③ 贺德方. 知识链接发展的历史、未来和行动[J]. 现代图书情报技术,2005(3):12—15
④ 周晓英. 知识链接的发展阶段、发展动因和类型特征分析[J]. 图书情报工作,2010,54(12):36—37

识链接的目标和结果。

王菊[①]认为,知识链接是指将不同的知识节点,根据其上下文背景和知识组织规则,实现语义层次上的知识关联的一种行为。其中,知识关联是知识链接的本质与基础。知识关联就是指大量的知识点之间存在的知识序化的联系,以及所隐藏的、可理解的、最终可用的关联。

作者认为,知识链接是以知识联系为基础的信息组织,是信息组织的深化。知识链接体系能够显示知识元之间或者说知识信息群之间的网络、结构、互动、交叉、演化或衍生等诸多类复杂关系[②]。现代信息技术尤其是网络技术的发展是知识链接基础,它以知识组织为基础,通过语义关联,把知识体系连接为清晰的知识网络结构,为知识检索和知识共享提供知识资源,可以方便用户即时获取有效的知识。

## 1.1.2 知识链接内涵

知识链接作为一种新型的信息组织方式,正在从面向用户转到面向机器应用,从文献计量转到情报计算,从信息描述转到知识展示/表现,从语义隐含转到语义揭示,从以主题为中心转到以概念关系为中心,从信息表示转到智能推理方面发展。主要具有以下特征:

①以知识组织为基础。知识组织是对资源内容概念及概念间的相互关系进行描述与组织的机制(工具),能够支持对资源对象按照知识内容进行组织和描述,并支持基于语义和推理的知识检索。

②以语义标引为中枢。借助语义标引工具,对资源对象进行

---

① 赵蓉英,王菊.知识链接及其实现模式探讨[C].新信息环境下的知识链接与知识服务研讨会,2010,1

② 曾建勋,赵捷,吴雯娜等.基于引文的知识链接服务体系研究[J].情报理论与实践,2009,32(5):1—5

概念分析、分类、标引、描述和处理,使相对独立、没有语义的信息集合形成具有语义关联的知识组织系统,是实现基于知识链接的基础。

③以知识构建为手段。知识构建是在信息构建的基础上,通过一定的知识表示技术,将基于知识的整合系统按照一定方式,清晰有序地在一个统一的界面上展示出来。

### 1.1.3　知识链接对象

知识链接对象非常丰富,抽象地讲凡是有实质性涵义的数字对象和知识单元都可以作为知识链接对象。具体地说,既包含文献及其外部特征,如期刊论文、图书、会议文献、学位论文、专利、标准等,还包涵文献资源中的内容抽象,如知识元、主题、参数,以及科研实体、知识要素等。归纳起来主要有以下几种类型:

科研实体:包括科研主体(科研人员、科研机构、国家地区)、科研活动(科学会议、科学实验、科研项目)、科研条件(科研方法、科学仪器、科研经费、科学期刊)、科研产出(科研成果、专利、标准)以及科学文献、科学主题等。

知识要素:包括相关技术、项目、配方、剂量、产品及其参数、指标、相关的图形表格等。

科学文献:包括期刊、学位论文、会议录、科技报告、图书专著、专利、标准等,同时,还包括这些科学载体中的科学论文或论著中的引文。

科学文献中既包含标题、作者、来源出处、作者机构、正文等相关项目,又包含论文或引文中的知识单元,需要用知识单元来表达引文本身的内容特征,以及构成引文的相关来源及外在特征的科研实体等等。

科学主题:包括各种概念、术语、专有名词、实例等表述事物及其属性的知识单元。

## 1.2　知识链接的产生背景

### 1.2.1　知识链接的演化

知识单元是在知识管理中可以对知识进行独立、自由、有效地识别、处理与组合的基本知识单位①。知识单元是构建知识链接的基础,知识链接的目的就是通过建立知识单元之间的有效关联关系实现知识服务、知识获取和知识创新。

知识单元的演变经历了从文献单元到信息单元继而到知识单元三个重要阶段,在这一过程中,图书情报机构也逐渐将知识关联的研究从文献单元和信息单元过渡到知识内容本身上,由此推动了知识链接的产生,如图 1-1 所示。

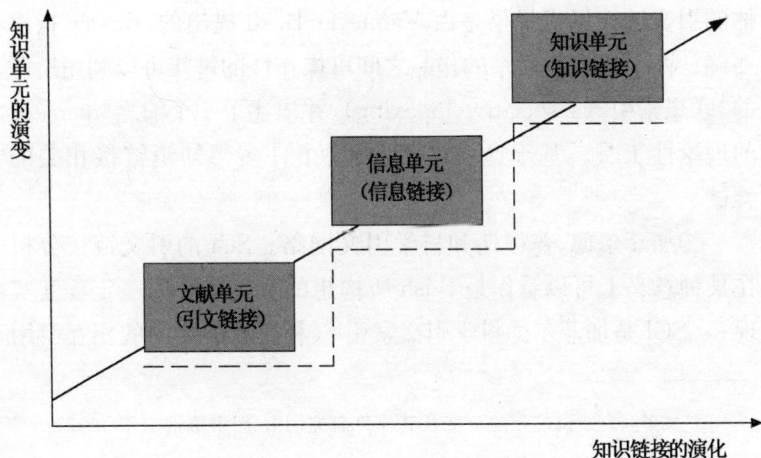

图 1-1　知识单元的演变与知识链接的产生

①　文孝庭. 知识单元的演变及其评价研究[J]. 图书情报工作,2007(10): 72—76

联机数据库出现之后,图书情报机构主要借助目录、文摘和索引来提供知识信息的检索服务,这时的链接是以文献单元为实体的引文链接;网络信息技术的飞速发展使以信息单元为实体的链接服务成为图书情报服务的主要内容,尤其是在知识管理理论被引入图书情报领域以后,实现信息服务向知识服务的转变,提供以知识单元为核心的知识链接服务成为图书馆情报机构面临和需要解决的主要问题。

(1)以文献单元为实体的引文链接

以文献单元为实体的引文链接是指以知识的载体——文献——作为知识管理的基本处理单元[①]。依据是文献单元之间存在着相互联系,通过各种文献单元之间的关联关系可以形成复杂的知识网络。

①布什(Vannevar Bush)的"memex"机制。以文献单元为实体的引文链接思想最早是由 Vannevar Bush 提出的,Bush[②] 指出要确认两个概念相联系的作品之间可操作性的链接可以利用所谓的"联想索引"(associative indexing),并描述了一个谓之"memex"的理论性工具。基于这一构想,出现了许多与知识链接相关的尝试。

②加菲尔德、普赖斯和科学引文网络。SCI 的引文链接分析在某种意义上可以看作是 Bush 所构想的理论模型的一定程度实现[③]。SCI 是加菲尔德科学引文索引[④](利用论文之间的相互引用

---

① 文孝庭. 知识单元的演变及其评价研究[J]. 图书情报工作,2007(10):72—76

② Vannevar Bush. As We May Think [EB/OL]. [2011-2-25]. http://www. theatlantic. com/magazine/archive/1945/07/as-we-may-think/3881/

③ 陈兰杰. 知识链接理论与实践的三次嬗变探究[J]. 图书情报工作,2010,54(12):46—47

④ Garfield E. Citation indexes for science: a new dimension in documentation through association of ideas [J]. Science. 1955(122):108—111

关系来探讨和分析科学活动)和普赖斯引证网络①理论在实践中的应用。SCI 的发展,使通过引文链接来实现科学出版物之间知识链接的意义在国际科学学与科学计量学界得到了广泛的共识。

③布鲁克斯(Brookes B. C.)与认知地图。布鲁克斯关于知识地图的思想对知识链接的发展及其理论和方法的形成也起到了积极的推动作用②。认知地图就是分析文献中的逻辑内容,按知识的逻辑结构找出人们在创造和思考中相互影响和联系的结点,找出人们思维中相互影响的连接点,按照知识的逻辑结构,把它们直观地表示出来,就像地图一样展现知识的有机结构。

引文链接遵循科学研究间承前启后的内在逻辑,通过揭示科学技术之间引证与被引证关系,展示科学文献中内容主题之间的相互关联,由此形成了一种新的检索途径,这一检索途径的最大优点在于降低检索结果的不相关性,因此在科学研究中具有重要意义。

(2)以信息单元为实体的信息链接

以信息单元为实体的信息链接是以知识的某些属性特征,包括外形特征和内容特征(比如文献的主题词、关键词、概念等)作为知识管理的基本单元③。与文献单元相比,信息单元不但反映了文献单元的基本特征,而且是在文献单元基础上进行了提炼、加工、组合和转换,因此成为知识的重要来源。信息单元通过提炼、加工、组合、转换等过程形成知识,信息单元是联结文献单元和知识元的一座桥梁。

---

① Price D. J. S. Networks of scientific papers [J]. science, 1965, 149 (3683): 510—515

② Brookes B C. Foundations of information science (Part Ⅳ) [J]. Journal of Information Science. 1981(3):3—12

③ 文孝庭. 知识单元的演变及其评价研究[J]. 图书情报工作,2007(10): 72—76

①超文本信息链接。Gardner 认为,超文本信息链接是一种附加增值服务,并把这种思想首先介绍到心理学领域。基于这一思想,King 和 Roderer 于 1978 年提出一种构想,即把科学文章的超文本链接结构作为电子档案的长期目标之一。1990 年,Frank G. Halasz 提出给超文本建立文摘链接的模型①。一般来说,信息单元之间不会出现类似于参考文献链接的关系,即用一个信息单元去解释或参考另外一个信息单元的关系。但是描述文献的信息单元,如关键词、主题词等,很可能就是一个知识元的名称或者与知识元有着密切关系。建立信息单元之间的超文本信息链接可以引导用户去阅读知识元,有助于用户更好地理解信息单元。

②数据库链接。网络技术的发展使以数据库为依托的服务也发生了变革,主要表现为数据库服务商在自己的数据库内甚至数据库之间建立知识链接。从实现链接的方式看,主要包括 5 种形式:从目录链接到全文、从书目检索结果链接到文章全文、从引文链接到被引文章的文摘或全文、从文章链接到后来的引文(前向链接)、从一个数据库链接到其他属于不同机构的数据库。此外,如果将论文中的基因系列与基因数据库中的记录建立链接,将论文中二维的化学式与三维的化学结构链接,或者将论文中的实验结果描述与科学数据结合等可以提供更智能化的链接方式,这也是目前数据库链接发展的方向。数据库链接原理如图 1-2 所示。

(3)以知识单元为实体的信息链接

知识单元是指文献中相对独立的、表征知识点的一个元素,是知识管理、知识计量与知识评价的最小单元。知识单元之间的关联关系是人们利用语义网发现新知识的重要途径,是进行知识链接的基础。一般来说,以知识单元为实体的知识链接的实现需要

---

① Halasz F, Schwartz M. The Dexter Hypertext [J]. Communications of the ACM,1994(37):30—39

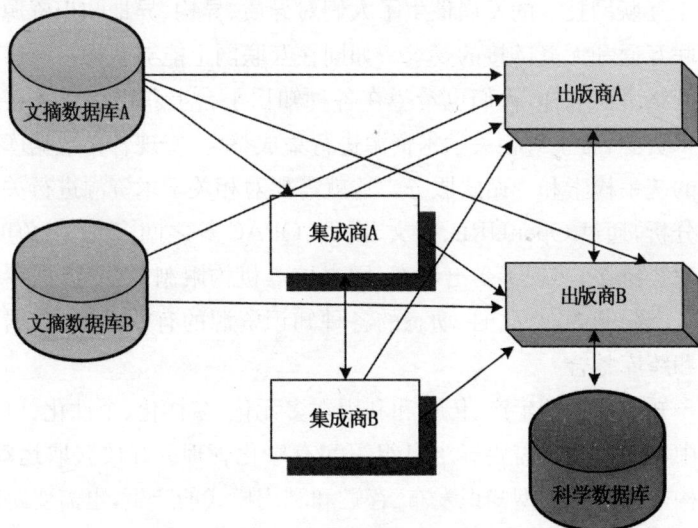

图 1-2　数据库链接

解决三个问题：一是知识元的提取问题，即如何从文献中准确自动提取隐含的知识单元。目前主要方法有利用科学引文索引，借助于引文关联提取，以及利用词表、术语或本体资源来提取等。二是知识仓库的建立问题[①]，即在文献信息的知识元抽取与标引和知识元库构建的基础上，构建知识仓库[②]。三是知识元的链接问题。知识元链接形成的是知识网络，这是它与引文链接最本质的区别，因为引文链接形成的是文献链。因此，如何通过知识元链接实现增值效应是以知识单元为实体的信息链接的关键所在。

## 1.2.2　知识链接的产生背景

　　（1）网络时代海量资源的整合要求

---

① 赵火军，温有奎．基于引文链的知识元挖掘研究[J]．情报杂志，2009,28(3)：148-150
② 姜永常．基于知识元的知识仓库构建[J]．图书与情报，2005(6)：73-74,105

互联网技术的发展催生了人们对异质、异构、异地知识资源的互联互通和无缝链接的要求。如同在互联网上能够获得广泛链接的网络资源一样，人们也希望在各种知识平台上获得广泛链接的学术资源，希望对相关学术资源进行集成整合，实现各种数据库产品的统一检索和一站式服务。这就需要对相关学术资源进行关联性分析，通过 OpenURL、引文、网页、OPAC 等之间多元、多角度、多途径链接，实现不受出版商、图书馆等机构限制，不受数据库收录范围限制的，开放的、动态的各种知识资源的有效链接、数据集成和跨库整合。

知识信息的生产、传播和利用在多元化、多样化、个性化、以人为中心的模式下需要寻求自组织和有序化管理。开放获取运动、机构知识库等新型知识发布、存贮和利用模式的产生，也需要跨越中间的传统商业出版商，形成新的知识出版、共享和利用的模式。

(2)泛在科研环境下知识服务的迫切需求

互联网所构建的强大的虚拟空间，正在改变用户的科研学习环境，也在改变着用户的科研学习习惯和工作生活方式，正在构建一种新型的泛在知识环境，即构建一个多语义、多媒体、移动的、语义的知识共享空间，支持教育、科研、学习过程中的协作和参与新模式。实现从信息服务转向知识服务。社会发展对知识服务方面的需求高涨，迫切需要加强知识链接方法研究，实现知识组织、知识挖掘、知识导航、个性化服务等知识服务活动，来推进用户体验的知识服务工作。

(3)引文分析、链接分析、知识组织等奠定了方法论基础

知识链接是伴随着因特网的产生而发展起来的，但其构建理论与方法却可以追溯到 1963 年引文分析理论的诞生。引文分析反映的是文献之间引用关系网络，揭示研究对象的特征及相互之间的关系，用于分析期刊、论文、作者等研究对象引用和被引用的现象和规律。复杂网络理论可用于解释研究对象之间由于同被引

和耦合形成的网络关系以及科研合作网络。随后出现的共引分析方法、共词分析方法、知识组织体系等也为构建知识关联关系提供了有效的方法论基础。

（4）互联网、数据挖掘、可视化等技术及相关标准的制订提供了技术支撑

Hitchcock J 指出互联网的成功在很大程度上归功于它所提供的"网址"之间相互链接的功能。互联网所培养的新一代"网民"期望在利用科技信息服务时，能重温在互联网上的感觉。正如开放链接标准 OpenURL 和 SFX 软件的创始人 Vande Sompel 所描述的："用户梦想的是一个覆盖全部学术信息资源的信息系统，所有信息互通互联，信息获取简单准确。"网络时代，如果二次文献、目录和一次文献这种逻辑上相互关联的资源在应用上是割裂而不是关联的话，它们对图书馆信息服务的满意度会大大降低。这一背景下，知识链接的价值凸显出来。

## 1.3 知识链接研究现状

围绕知识链接及其应用问题，国内外相关机构和学者展开了一系列研究，取得了重要成果，对知识链接理论的推进起到了积极地促进作用，同时也为以知识链接为基础的知识服务实践提供了有效的理论指导。

### 1.3.1 国内外相关研究统计

在国外研究成果统计中，鉴于检索结果的权威性、全面性，选取了 Web of Science 数据库对本选题相关方面的研究成果进行检索。首先，以"knowledge link＊"为检索词对"主题"款目进行检索，检索时间段设置为 2000 年到 2010 年，语种类型为英语，数据库范围为全部，共检出 18 723 篇文献。浏览检索结果，没有发现直接以"知识链接"短语为标题的文献，即"知识"与"链接"两个词

没有直接相连,所有检索出的数据都与检索主题间接相关。对检索结果进行学科类别分析,发现知识链接相关主题的研究主要集中分布在商业(BUSINESS)、生物化学与分子生物学(BIOCHEMISTRY & MOLECULAR BIOLOGY)、图书情报学(INFORMATION SCIENCE & LIBRARY SCIENCE),其中图书情报学占5.4%。

在国内研究成果统计中,选用了万方和维普两个数据库。2010年12月23日,以重庆维普为检索平台,以"知识链接"为检索词,构造检索式"题名或关键词=知识链接*年=1989-2011",以"全部期刊"为检索范围,进行检索,共找到文献54篇。通过对54篇文献的摘要进行阅读,去除与研究内容不相关的文献34篇后,对20篇相关文献进行了年代分析。如图1-3所示。国内有关知识链接的第一篇论文是2005年中国科学技术信息研究所贺德方在《现代图书情报技术》上发表的《知识链接发展的历史、未来和行动》[①]。第二篇论文是曾建勋于2006年发表于《情报学报》的《中文知识链接门户的构筑》[②]。2009年8月,由中国科学技术信息研究所、全国信息与文献标准化技术委员会和中国人民大学信息资源管理学院3个单位联合召开的"新信息环境下知识链接与知识服务研讨会"推动了这一研究领域的进一步发展。图1-3显示,2010年有关知识链接的论文数量急剧增加。

以"万方数据库"作为检索对象,以"知识链接"为关键词进行检索,得到46篇检索结果,其中属图书馆情报学范畴的仅有22篇,主要集中于对知识链接的概念界定、主要功能、基本原理的分析和探索,说明我国在这一领域的研究成果还十分有限。但从学

① 贺德方. 知识链接发展的历史、未来和行动[J]. 现代图书情报技术,2005(3):11—15

② 曾建勋. 中文知识链接门户的构筑[J]. 情报学报,2006,25(1):63—69

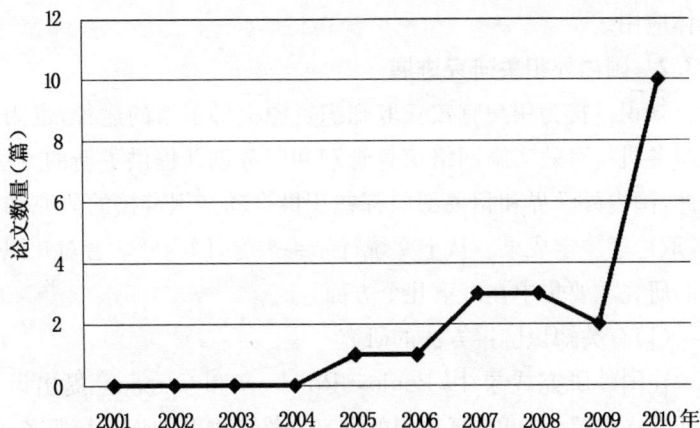

**图1-3　知识链接论文数量的年份分布**

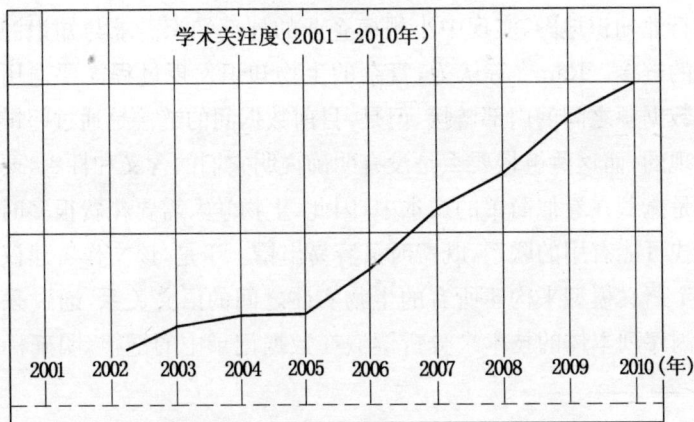

**图1-4　知识链接相关问题的学术关注程度**

术关注度来看,却呈逐年上升趋势(如图1-4所示),充分显示了该课题研究的必要性。

　　由此可见,国内有关知识链接的研究和实践刚刚起步,迫切需要吸收和借鉴国外的相关成果,探索知识链接及其服务在中国的具体应用。

### 1.3.2　国内外相关研究进展

知识链接为用户有效获取知识资源提供了新的途径,也为信息服务机构有效实施网络信息管理和服务创新提供了新的方法。因此,国内外学界和相关部门都在积极推动知识链接的研究和应用,取得了一定成果。从上文统计结果来看,国内外学者对知识链接的研究主要集中在以下几个方面:

(1)有关知识链接方法的研究

在国外研究成果中,Boulos、Roudsari 和 Carson[①] 提出设计和开发一个灵活、可重复利用的语义网络来展开知识链接服务,这项服务使用元数据和诊所代码把分散的客户电子病例与网上的医疗知识服务资源联系起来。Naderi[②] 等学者通过开发数据库来构建行业知识地图,实现中小规模企业的外部知识需求与知识源之间的链接。Ram[③] 等认为,复杂的生物知识发现过程需要遍历大量数据源之间的内部链接,但是,目前数据间的链接是通过超链接实现的,而这些链接要么是没有明确说明它们的含义和标签,要么就是掩藏在看似简单的文本中,因此,生物学家需要花费很多时间寻找可能有用的联系,既费时又容易出错。于是,该文作者建议用一个语义模型来构建所有的生物实体之间的语义关系,通过采用基因序列本体的技术来分析镶嵌在数据记录中的链接,明确标注

①　Boulos M N K, Roudsari A V, Carson E R. A dynamic problem to knowledge linking Semantic Web service based on clinical codes [J]. Medical Information and the Internet in Medicine, 2002, 27(3):127—137

②　Naderi L, Ashoori M T, Behead K. Building the external knowledge map for Iranian Manufacturing SMES[C]. Proceedings of the 9th European Conference on Knowledge Management,England,2008:565—574

③　Ram S, Zhang K P, Wei W. Linking Biological Databases Semantically for knowledge Discovery [J]. Advances in Conceptual Modeling-Challenges and Opportunities,2008,5232:22—32

其语义,促进链接的遍历、查询和数据共享。实证分析表明,该项提议不仅能提高多个数据库的查询效率,还能产生更多有用的信息。Bechhofer、Stevens 和 Lord[1] 倡导建立语义链接弥补超文本链接的缺陷,阐述了实现网页动态链接的 COHSE 系统。Greer 和 Baumgarten[2] 等四位学者认为,作为查询过程的一部分,链接应该有实现相关资源自组织的创新功能,以便查询最优化。而且,这些自组织链接还能完成知识推理的功能。

温有奎和徐国华[3]提出了知识元链接理论,认为它是知识产业实现知识资源集成服务的起点,对建立知识网格平台,消除信息孤岛有指导意义。它的实现将为用户提供一种让自己挖掘知识、组合知识、利用知识和创新知识的工具。段宇锋和邱均平[4]主要从网络链接研究领域对知识链接方法进行了理论探讨,包括网络链接的研究方法、衡量网络链接的指标体系、网络链接在核心网站测定中的作用以及网站各层的链接特征等,并将研究所建立的方法和指标应用在实际的科学评价和网站评价中,揭示了网络链接在探索网络空间结构、进行网络知识挖掘和提高网络信息检索效率中的重要作用。曾建勋等[5]对基于引文的知识链接原理、知识链接服务模式进行了研究,探讨基于引文的知识链接要素及知识要素词典的体系结构,并提出了知识链接模型,该模型集成知识要素词典、引文链接索引和元数据链接索引,以此为基础提出了基于

① Bechhofer S K,Stevens R D,Lord P W. GOHSE:Ontology-driven linking of biology resources [J]. Journal of Web Semantics,2006,4(3):155—163

② Greer K,Baumgarten M,Mulvenna M. Knowledge-based reasoning through stigmergic linking [C]. The 2nd International Workshop on Self-Organizing Systems,England,2007,4725:240—254

③ 温有奎,徐国华. 知识元链接理论[J]. 情报学报,2003,22(6):665—670

④ 段宇锋. 网络链接分析与网站评价研究[D]. 武汉:武汉大学,2004

⑤ 曾建勋,赵捷,吴雯娜. 基于引文的知识链接服务体系研究[J]. 2009,32(5):

引文知识链接网络的知识服务体系构建思路。

(2)有关知识链接实践的探讨

国外有关知识链接的应用研究主要集中于三个方面：

一是基于引文的关联检索和聚类分析。美国科学信息研究所(Institute for Scientific Information,简称 ISI)出版的《科学引文索引(Science Citation Index,简称 SCI)》一直以来都是引证关联检索研究和应用的典范。在共引分析概念的基础上,可以利用聚类分析和多维尺度等方法,以网状结构图的形式来展现科研实体之间错综复杂的共引关系。随着互联网的发展,基于引文的关联检索和聚类分析在实践领域也有相关的应用,比如 ISI 建立的科学网(ISI Web of Science)和基于引文的信息资源整合平台(ISI Web of Knowledge)。美国普林斯顿大学 NEC 研究院开发的CiteSeer,美国化学文摘社 (Chemical Abstract Services,简称 CAS)推出的 SciFinder,英国南开普顿大学和美国康奈尔大学数字图书馆合作推出 Citebase,以及 Elsevier 公司推出 Scopus。在2006 年,Google 公司也开始在 Google Scholar 中增加引文检索支持功能。

互联网的发展催生了网络信息计量学,由于网络链接与科学文献的引文之间存在着天然的相似性,学者们将文献计量学的引文分析法应用到网络信息计量研究中,并提出链接分析法(Link Analysis)。目前许多学者将引文分析与链接分析结合起来,利用Bibexcel、Pajek、Ucinet 和 Citespace 等各种可视化软件,进行共被引分析,以图谱的方式展示热点主题和核心作者,反映学科领域的发展和纵深演化过程。例如,Boyack[1] 等收集了 SCI 和 SCIE 引文库的有关化学演化的期刊信息,对这些期刊进行学科归属后,利

---

① Boyack KW, Borner K, Klavans R. Mapping the structure and evolution of chemistry research [J]. Scientometrics,2007,79(1):45—60

用引文链接来分析其中学科成份的变化和学科之间的交流,并讨论了化学、生物学、生物化学和生物工程学过去 30 年在学科优势、角色和影响力的巨大变化。

二是参考链接技术,集成整合文献资源。20 世纪 90 年代后期开始出现了参考文献链接(Reference linking)结构的研究,开展这一研究的主要目标是在信息资源环境中建立无缝的、上下文敏感的链接,以实现基于多样性信息环境的参考链接服务,解决封闭式静态参考链接技术存在的一些问题。代表性的研究成果有:比利时根特大学(University of Ghent)以 H. 萨姆堡尔(Herbert Van de Somepel)为首的研究小组提出了一个名为"SFX"的系统[1],这是一个基于开放的统一资源定位器(OpenURL)标准的上下文相关的参考链接系统,它通过 OpenURL 框架,以简单的链接成功地实现复杂的数据库之间的互连[2]。这一研究证明了开放式链接框架的可行性,因此成为参考链接技术发展历程中的一个重要里程碑。1999 年,在参考链接工作系列研讨会(该研讨会由美国国家信息标准组织(National Information Standard Organization,简称 NISO)、美国数字图书馆联盟(Digital Library Federation,简称 DLF)、美国文摘与信息服务联合会(National Federation of Abstracting and Information Services,简称 NFAIS)、美国出版协会(Society for Scholarly Publishing,简称 SSP)共同主持)[3]上,该研究小组提出了静态参考链接技术的一般模型(如图 1-5 所示)。

静态参考链接技术的一般模型最大的贡献在于明确了参考链

---

① SFX-the OpenURL link resolver and much more [EB/OL]. [2011-3-2]. http://www.exlibrisgroup.com/category/SFXOverview

② 刘晓娟. 图书馆数字资源整合[J]. 图书馆理论与实践,2007(1):63—65

③ Needleman M. A Joint NISO/DLF/NFAIS/SSP Workshop [J]. Information Today,1999,16(5):14—16

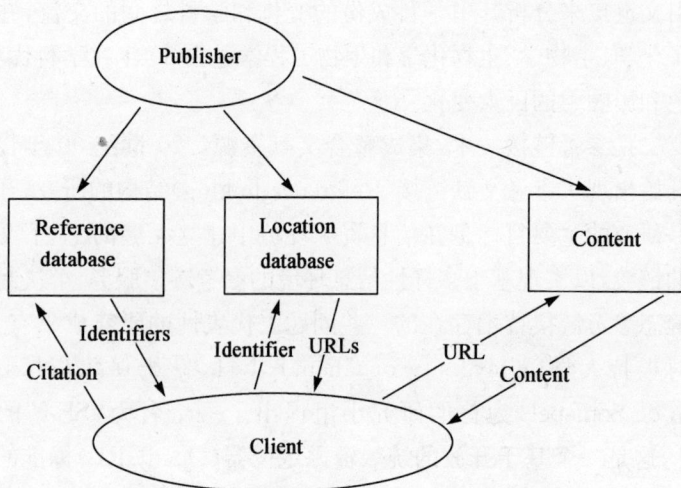

图1-5　静态参考链接技术的一般模型①

接系统的三大组件——作品唯一标识符、参考数据库及其查询、地址解析及其相互关系。参考数据库(Reference database)、地址数据库(Location database)及内容资源库(Content)在逻辑上是独立的三个数据库。资源提供者通过向参考数据库和地址数据库提交资源的元数据(含唯一标识符)及相应作品的物理位置信息(URL),或者通过修改地址数据库中的信息来反映其资源物理位置的变化。每一件作品的元数据信息,包括其唯一标识符存放在参考数据库中,在客户端可以进行元数据查询以获取相应作品的唯一标识符;而作品的唯一标识符及其 URL 存放在地址数据库中,在客户端可以通过该库查询获得与某个唯一标识符相对应的一个或多个 URL 信息(即地址解析);链接对象即作品本身存放

---

① Caplan P, Arms WY. Reference linking for jounral articles [J/OL]. [2011-3-7]. D-Lib Magazine, 1999, 5 (7-8), http://www.dlib.org/dlib/july99/caplan/07caplan.html

在内容资源库中,可以通过 URL 直接定位获取①。这样,通过依次对上述三个数据库进行查询,客户端可从作品元数据信息中获取其唯一标识符,得到其 URL 地址信息,由此最终实现对该作品的定位及访问②。

20 世纪 90 年代,伴随着数字出版,出现了数字对象唯一标识符(Digital Object Identifier,简称 DOI),DOI 使数字资源具有唯一性和可跟踪性。CrossRef 联盟的建设,DOI 代理与应用,已注册 DOI 的信息存储、解析和检索服务的提供为跨出版商和跨数据库的知识互联提供了便利条件。OpenURL 标准的出现又为建立无缝的、上下文敏感的链接提供了可能。SFX 的成功开发和应用,解决了封闭式静态参考链接技术存在的问题,提供了基于多样性信息环境的参考链接服务,也为系统平台的集成与数字图书馆资源整合提供了工具和方法。目前出现的参考文献链接服务系统有 SFX、SilverLinker、OCLC OpenName、CrossRef Services 等③。

三是链接分析,推进网络评估。网络信息计量学的链接分析法是引文分析法在网络环境下的应用④。Schroeder、Xu J⑤ 等 4 位学者谈到链接分析在刑事司法领域的应用,指出了链接分析存在的不足,如信息超载、搜索的复杂性等问题,提供了进行高效、自动链接分析的几种技巧,包括共生分析、最短路径算法和启发式方

①　虞惠达. 竞争情报实践中道德问题的解决模型[J]. 情报科学,2006(10):1574—1577

②　黄敏. Web 学术信息资源环境中的参考链接技术[J]. 情报科学,2006(10):1568—1573

③　Pentz E. Reference linking with CrossRef [J]. Interlending and Document Supply,2001,29(1):20—25

④　曾建勋,赵捷,吴雯娜. 基于引文的知识链接服务体系研究[J]. 2009,32(5):1—8

⑤　Schroeder J,Xu J,Chen HC. Automated criminal link analysis based on domain knowledge [J]. Journal of the American Society for Information Science and Technology,2009,58(6):842—855

法,开发了一种称做"crimelink"的原型系统。Chu M[①] 利用因素分析、聚类分析、潜在语义索引和链接分析来证明矩阵分解有助于发现潜在的链接。Mcallister、Izquierdo[②] 等四位澳大利亚学者利用从 ISI web of science 平台上搜集到的有关干旱生态系统的文献组成了一个引文网络,再对该网络的引文结构进行分析,通过网络结点的中心度以及结构洞等属性测量结点在该网络的重要性,展示引文计量的两个基本功能:一是研究个体文献对整个文献网络的影响度;二是研究知识的传播和分散机制,探索了干旱生态系统的基于引文的知识交流体系。

另外,将引文分析方法与链接分析理论结合起来研究,构建知识链接系统也是一个热点。基于引文的链接分析如今达到了可视化的层面,反映学科领域的发展前沿及新兴领域。这些已经可视化的学科领域包括管理学、工程学、生态经济学和生物学等。因此,从这个角度来说,知识链接方法的进一步发展,促进了学科知识链接的广度和深度,实现了彼此之间的双向推动式发展。

国内,有关知识链接应用的探讨主要有:

曾建勋[③]在分析我国科学引文索引建设与利用情况的基础上,提出了利用学术文献引证关系和 www 链接机制构造中文知识链接门户的思想,介绍了中文知识链接门户的开发过程和基本功能,论述了其作为中文信息资源整合平台和信息分析工具的重要特征,并阐明和规划了其发展重点和方向。

---

① 　Chu M. Data mining and applied linear algebra [C]. International Conference on Informatics education and Research for knowledge-circulating Society, Kyoto, JAPAN,2008:20—25

② 　Mcallister R R J, Izquierdo L R, Janssen M A. Perspective based on network theory [J]. Journal of Arid Environments,2009,73(9):862—871

③ 　曾建勋. 中文知识链接门户的构筑[J]. 情报学报,2006,25(1):63—69

　　赵蕴华等①从知识链接的发展过程入手，重点分析了 DOI 的作用和特点；以开放式知识链接系统之一 CrossRef 的应用为例，阐述了在当前信息服务领域中实现各类信息资源的开放式知识链接的重要性，对 DOI 在中文开放知识链接领域的发展现状、应用前景及与国际接轨的最终目标进行了研究。

　　夏明春②从整合技术的理想追求、用户需求、现有各种资源整合方式存在的问题等出发，提出学科资源整合门户，并从学科资源整合门户的主要内容和功能及学科资源整合门户建设的关键问题等方面进行了阐述。指出知识链接是学科资源整合门户的主要内容。知识链接与跨库检索具有完全不同的资源整合理念，具有不同的检索效果，在一定程度上能够弥补跨库检索的不足。夏明春在文章中指出知识链接有多种形态：从链接点设置看，可以分为引文链接、知识元链接等；从链接目标看，可分为内部链接和外部链接；从链接实现技术看，可分为封闭式静态链接、开放式静态链接和开放式动态链接；从应用实际看，SFX/OpenURL、CrossRef/DOI、MAP 的 WebBridge、ENCompass 的 LinkFinderPlus 等都得到全球范围的应用，其中 SFX 作为第三方开放式动态链接系统已经在我国随着 MetaLib 平台在北京交通大学、国家图书馆、清华大学、复旦大学、四川大学等得到应用③。

　　贺德方等④以科技文献与行业信息知识链接系统项目为依托，确定了"科技文献与行业信息资源知识链接系统"建设的总体思想、基本原则、总体目标和体系框架；完成了科技文献与行业信

　　①　赵蕴华,凌锋.DOI——建立开放式知识链接的基础[J].数字图书馆论坛,2007(10):19—22

　　②　夏明春.学科资源整合门户研究[J].情报资料工作,2007(6):39—42

　　③　孙志茹.数字图书馆与 e-Science 信息资源管理[J].情报资料工作,2007(6):43—45

　　④　贺德方,杨奕虹,罗勇等.科技文献与行业信息知识链接系统的开发及其在冶金行业的示范应用研究[J].情报学报,2008,27(1):3—11

息资源的标准化与规范化框架体系,在国际、国家相关标准的基础上,针对 RMS 系统技术架构的特点,形成了一套涉及本系统信息资源筛选、元数据定义及著录、数据存储、数据发布和数据检索等规范;开发完成了科技文献和行业经济技术知识链接系统。

赵蕴华等①针对数字资源网络化以后,中文与外文资源互链共享存在一系列问题,提出利用基于 DOI 的开放式知识链接体系来搭建中文与外文资源互链的桥梁,并在精品科技期刊平台建设中,利用 DOI 进行中文与外文链接的实验研究,结果表明该方法有效可行。

顾东蕾②认为,学科知识网络是由学科知识元素组成的知识节点和知识关联构成的网络状知识体系。即以特定学科领域内的知识单元为节点,以知识单元之间的关联作为边或者链构成学科知识网络。如,在知识元名称处使用注释型链接提供对该知识元内容的解释;又比如通过计量统计,对共用同一知识元的高频次知识单元进行关联链接。学科知识网络中的知识元链接、引文链接和相关文献链接正是知识链接理论精髓的体现。

曾建勋等③对基于引文的知识链接服务模式进行研究,探讨了基于引文的知识链接要素的构成和知识要素词典的体系结构,并提出利用知识要素词典、引文链接索引和其他元数据链接索引库耦合形成知识网络的知识链接模型,以及基于引文知识链接网络构建知识服务体系的初步思路。

---

① 赵蕴华,姚长青. DOI:搭建中文与外文资源的桥梁[J]. 数字图书馆论坛,2008(6):59—62

② 顾东蕾. 论学科知识网络的理论基础[J]. 图书情报工作,2008,52(9):32—36

③ 曾建勋,赵捷,吴雯娜等. 基于引文的知识链接服务体系研究[J]. 情报理论与实践,2009,32(5):1—5

王利敏等[①]介绍了北京中医药大学通过国家精品课程中医诊断学的网络平台的改革实践，以及通过标注关键词首次尝试与学校图书馆中国知识基础设施工程（CNKI）资源建立知识链接的实践。

赖院根等[②]指出期刊论文与专利文献是重要的科技文献资源，实现两者相互之间的有效链接有利于加强基础研究与应用研究之间的联系，促进技术创新。针对当前文献服务体系中的孤岛现象，提出基于知识组织体系的期刊论文与专利文献的整合框架，一是通过建立分类体系之间的映射关系，实现期刊论文与专利文献在领域层面的对接；二是利用主题词表，建立期刊论文与专利文献在主题层面的链接关系。在此基础上，论述两者整合研究的内容，建立中图法与 IPC 的映射模型和基于主题的异构文献整合模型。

刘清等[③]指出知识链接分为知识元链接、引证链接、机构链接、作者链接和概念导航等具体的链接方式。探讨了知识链接在学术资源整合及学科服务体系构建中的应用。

### 1.3.3　国内外研究评析

从国内外理论研究和实践进展来看，知识链接及其服务已成为图书馆情报学领域的研究热点，其重要性和现实性已经得到国内外学术界、信息服务机构的广泛认同。现有的研究成果为推进该问题的理论研究起到了积极作用：一是提出了知识链接的基本概念，拓展和深化了传统网络链接的理论内涵，从知识重组和关联

①　王利敏,赵歆,陈家旭等. 与CNKI建立知识链接促进教与学互动创新[J]. 中华医学教育杂志,2009,29(3):94—96

②　赖院根,曾建勋. 期刊论文与专利文献的整合框架研究[J]. 图书情报工作,2010,54(4):109—113

③　刘清,郭清蓉,郭玉强等. 学术资源整合及学科服务体系的构建[J]. 武汉理工大学学报,2010,32(1):96—100

分析的角度为网络信息资源组织提供了崭新的视角;二是围绕知识链接的基本方法、价值体系、应用模式等关键问题进行了相关探索,在一定程度上推进了知识链接理论的发展,为其具体应用提供了必要的理论支撑。虽然国内外学术界不断在知识链接研究上取得新进展,但总体而言,其研究尚处于起步阶段,在理论探索和实践推进中仍然存在许多亟需解决的关键问题:

一是知识链接理论体系尚未形成。现有的研究成果大多只是从某一角度对知识链接展开研究,尚处于概念性介绍阶段,缺少切实可行的理论方法。对知识链接的内涵、分类等都缺乏统一、明确的界定;对知识链接的构建方法、系统实现、标准体系、应用领域等关键问题更缺乏深入、系统的研究。

二是知识链接的相关标准尚未建立。按照逻辑、继承和语义关系,对引文索引、知识元进行抽取、挖掘、链接和计量,并应用于知识服务领域,这是一个新兴的研究范畴。国外研究实践已经有一定的基础,然而,对于有些相关标准规范、链接机制和服务模式,国内尚没有深入研究,缺乏对相关理论方法的探索[①],从而导致数据库中科研实体的规范度不高、归一性不强以及链接效率不高等问题。因此,需要借助信息构建,甚至知识构建的思维和方法,来构建基于知识元或引文的知识链接服务系统和模式,用以指导实际工作。

三是知识链接的原理和机制研究有待深入。现有的研究成果缺乏对科研实体词典的结构体系研究,缺乏对知识链接源和链接目标的抽取和标引方法的研究,缺乏知识要素抽取探索,更缺乏对基于本体的科研实体相关链接算法的研究,导致难以完整地构建基于知识元或引文的知识网络。

四是对国内外的研究现状分析不足,案例和实证研究较少,缺

---

① 曾建勋. 基于引文的知识链接服务体系研究[J]. 情报理论与实践,2009(5): 1—5

乏对国外经验的总结以及对我国知识链接发展现状和趋势的研究,不利于知识链接相关问题的深入探索和实践推进。

国内外现有研究中的不足构成本书研究的重要切入点。本书立足于知识链接的基础理论研究,在分析知识关联内在机理的基础上探索知识链接的基本原理和实现方法,并结合知识链接系统构建与服务体系建设,进行深层次的应用研究。

## 1.4 知识链接的发展历程

知识链接经历了一个不断发展的过程,有学者从知识链接的可链接对象的范围来分析,将知识链接分为 5 个发展时期:第一个时期是纸质媒体的知识链接,其代表形式有分类目录和主题目录的查询和原文获取。第二个时期是数据库范围的知识链接,其代表形式有早期的 Dialog 数据库。第三个时期是跨库知识链接,其代表形式有图书馆的跨库检索平台,它主要是通过对知识元的分析和提取,实现跨库知识元之间对文献信息进行链接的功能,最为典型的例子是 CNKI 数据库群的知识元链接。第四个时期是同类型知识机构的知识链接,其代表形式有 CALIS 系统,它能够链接本系统中来自不同高校图书馆的知识资源。第五个时期的知识链接实现了跨库、跨机构的知识链接,而且是建立在统一管理机制和技术规范上的开放的、无缝的和动态的知识链接,其代表形式是 OpenURL/SFX①,如图 1-6 所示。

作者认为,知识链接是随着数据库技术,特别是互联网技术的不断应用,而发展起来的。纸质媒体间通过编制分类目录、主题目录来反映文献间自然存在的知识逻辑关系,Dialog 等数据库也是

---

① 周晓英.知识链接的发展阶段、发展动因和类型特征分析[J].图书情报工作,2010(12):36—60

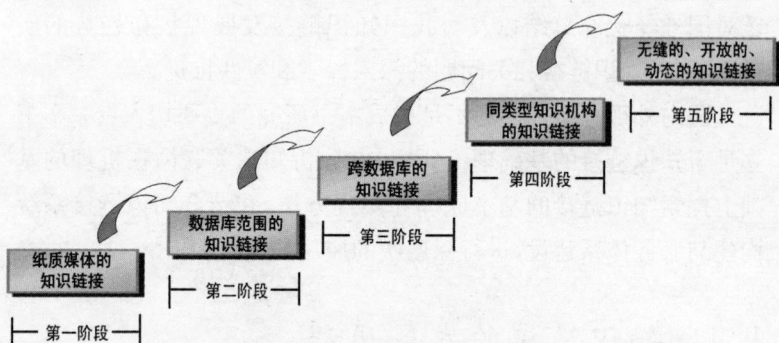

**图1-6　知识链接的发展历程**

利用文献间的主题分类原理来构建的文献间知识的固有关系,是基本的信息组织行为,并没有构建具有可链接的行为。知识链接是利用互联网的链接机制,以及知识间的继承、逻辑等关系构建一种知识内容网络和科研实体学术网络的行为,所以,知识链接的发展阶段可分为:

第一阶段是引文链接阶段。以 Web of science、Web of Knowledge 产生为标志,凭借其独特的引文机制和互联网的链接特性,引文链接不仅建立起包括期刊、专利、会议录在内的多种类型文献之间的相互引证、相关参考的关系,而且还建立与其他出版单位数据库、原始文献、图书馆 OPAC 系统、事实数据以及相关学术网站之间的相互链接,体现出文献内在的相互联系。兼具知识的检索、提取、管理、分析与评价等多项功能,成为以引文索引为核心的学术信息资源整合体系①。

第二阶段是参考链接阶段。刚开始是封闭式静态链接,所有链接通过嵌入 URL 或存放于专门数据库的链接记录来静态表达,解决各种链接数据的处理和链接数据库的管理,不涉及多个资

---

① 季拥政.ISI Web of Knowiedge——学术信息最直接的途径[J].青海大学学报(自然科学版),2007,25(4):100-102

源拥有者之间的互操作。接着发展成开放式静态链接,主要是资源拥有者互相提供链接对象的标识符或 URL,将标识符或 URL 嵌入链接数据库中,从而建立两者间链接。现在,使用更多的是开放式动态链接,它在用户需要时根据一定规则计算链接路径并进行链接,如 OpenURL、SFX、CrossRef/DOI 等。

第三阶段是知识元链接阶段。计算网格、信息网格和知识网格的发展,使知识的控制单位从文献深化到以文献中的数据、公式、事实和结论为代表的最小的、独立"知识元"。利用一体化的信息平台、语义网、智能代理和知识本体等核心技术,探讨知识元链接理论与方法,实现由信息检索向知识检索发展,成为知识链接的新阶段[①]。

第四阶段是科研实体链接阶段。文献是科研创新过程和成果的载体,包含着科研过程中涉及的对象与关系,如科研活动、科研产出、科研主体、科研设施,以及主题概念等。而科研活动又包含着科研项目、学术会议、讲座、科研奖励、科学实验、科研调查和培训等。所以,抽取和管理科研实体及其相互间的关系,进行有效的链接,可以反映科研过程自身的结构和规律,构建科研实体的属性与关系,从而推进对科研实体的评价和认识。例如人员与科研活动之间的参与关系,人员与组织之间的隶属关系,基金与项目之间的支持关系等[②]。

第五阶段是学术行为链接阶段。受电子商务向用户推荐商品和服务的启示,根据用户检索行为和信息获取特征,基于协同过滤推荐和内容推荐技术,寻求用户行为关系链接和兴趣耦合,兼顾合著、同引、共现等方法,构建用户学术关系网络,进行有效的关联推

①　温有奎,徐国华. 知识元链接理论[J]. 情报学报,2003,22(6):665-667

②　洪娜,张智雄. Protege 在科研本体构建与推理中的实践研究[J]. 现代图书情报技术,2009(7):1-5

荐,使用户在过剩信息文献面前从繁重的搜索任务中解脱出来,帮助用户尽快找到所需的知识信息。

　　上述 5 个发展阶段并不是按序列线性发展,往往并行发展,相互交错。网络信息技术的发展提供了更多的知识链接理论和技术,知识链接的形式越来越丰富多彩。

## 1.5　知识链接的表现形式

　　目前的知识链接实践从表现形式来看,可以总结为三种类型,第一种类型是借助 Web2.0 技术,以人为要素而形成的链接。第二种是以人和知识体作为要素而构建的链接,这里的知识体对应于人的信息需求。第三种链接表现为知识体与知识体之间的链接①。

　　(1)人与人之间的知识链接

　　Web2.0 技术的出现与发展,使基于 Web2.0 平台的非正式交流方式在整个交流体系中发挥越来越重要的作用。比如在维基百科中,人与人之间通过编辑共同感兴趣的词条(即主题)而建立关联;在豆瓣网中,人与人通过共同感兴趣的内容来区分和分流,通过参与和创建的小组与他人建立联系,通过共同关注点链接,通过与其他人的兴趣点的一致性关联来链接其中相关人的思想(评论)和行为都成为链接推荐的理由,通过豆瓣网这个链接平台将人、相关信息、相关活动联系起来,构成网络。

　　(2)人与知识体之间的知识链接

　　人与知识体之间的链接主要是指人的信息需求及其检索行为与知识资源及其被获取行为间有效匹配的链接行为。这里既要对

---

　　①　周晓英. 知识网络、知识链接和知识服务研究[J]. 情报资料工作,2010(2):5—9

知识资源进行有效组织,又要对信息需求之相关特征进行挖掘抽取,并进行组织,继而对两者进行匹配链接,形成用户需求与信息线索间的有效行为匹配网络,从而指导用户的需求表达和获取行为。

(3)知识体与知识体之间的链接

知识体与知识体之间链接是知识实体之间,知识与知识之间、知识要素和科研实体之间的关联揭示,形成有关的知识集合。由于作为知识体的链接对象可以是各种各样的知识元素,颗粒度不同、表现形式不同、类型不同、属性不同,所以知识体之间的知识链接最为复杂。这里所论述的知识链接概念主要是指知识体之间的知识链接。

## 1.6　知识链接的作用与功能

从知识链接在数字图书馆和数字资源组织过程中所起的作用来看,知识链接主要有链接异构、异类资源,集成整合数字资源;构建引证网络,交叉揭示科学文献;构建科研网络,计量评价科研实体;建立知识语义关系,发现挖掘知识内容等功能。

(1)集成整合数字资源

通过文献引证关系,借助参考链接技术,可以对不同渠道、不同类型、不同学科、不同形式的数字资源进行分解、重组,按知识体系的关联性和整体性组织成网状立体、相互关联的知识资源系统。整合的数字资源,不仅包括文字信息、还包括图像、音频、视频等不同载体、不同介质的数字信息,不仅包括数字化的纸质资源,还包括各种网络学术资源。能够实现不同类型、不同层次资源间的链接,集成整合期刊、图书、会议、机构、人物等资源。

(2)交叉揭示科学文献

基于引文的文献数据库系统,可以通过引证关系进行共现分析,实现对基础引文数据的归一和统计,从而生成文献资源的引证结构。将每一篇文献与其引文进行链接,将每一篇文献与其被引文献进行链接,将有着相同引证文献的两两文献进行链接,将被相同文献引证的两两文献进行链接,将有着两个以上主题词的文献进行链接。既可方便地实现引证文献、被引文献、同引文献、同被引文献、共词文献间的交叉揭示,又可通过其引证关系强弱,区分其相似性耦合强度。

(3)计量评价科研主体

作者与作者,作者与机构、机构与机构、作者与主题、机构与主题间的关系构成了知识领域内的学术关系网络。通过对重要机构和团队、科研人员的学术关系网络及其相关关系进行挖掘和链接,可以揭示出知识领域内科研主体(包括科研人员和科研机构)的结构、科研活动模式以及演化过程。借助可视化方法展现科研机构、科研团队和科研人员间学术网络关系的特征、规律和趋势。因此有助于对重点创新主体,典型学术机构和重要科研人员进行科研实力、学术影响力分析和评估,及时反映当前科研领域发展状况和态势,确认合作团队、主要机构和人员,并跟踪这些主要成员的创新成果和学术活动。

(4)发现挖掘知识内容

科技文献中包含大量的知识要素,如技术、项目、配方剂量、产品及其参数、指标、相关图形表格等。这些要素分散于各种类型、各种载体和各种专业的科技文献以及网络资源之中。知识元包括理论与方法、事实、数值型三类,如科研项目产生技术,技术创造产品,产品有相关图纸,有各种零部件,有各种相关技术指标和参数,它们之间存在着技术交替和延续,技术引进和融合的发展过程,也存在着同一关系、上下位关系和相关关系等。对知识要素的加工、概括与提炼,对知识元进行识别和抽取,可以了解各学科知识的总体框架和基本内容,发现知识之间的内容关联,能够挖掘知识元间的相互关系,发现新知识。

# 1.7 知识链接的发展趋势

技术和标准的发展为建立完善的知识链接体系打下了基础。随着泛在科研环境的变化和知识组织模式的创新,知识链接正不断朝着开放式、动态化、个性化、网络化方向发展。

## 1.7.1 面向科研环境的开放式跨界链接

迅速发展的信息网络和数字信息资源体系正在造就一个全新的数字信息服务环境。信息资源、信息组织工具、信息传递工具日益聚合为同一数字空间,信息资源系统、信息服务系统和用户信息系统日益趋向连接于同一网络空间,构成新型的虚拟化的用户科研与学习环境。一种基于数字信息资源,面向用户信息活动和用户信息系统来组织、集成嵌入数字信息空间的聚合化、无缝链接的信息服务环境正在形成。

在这一环境中,知识作为一种对象,可以表现为各种文献、数据、数据库和知识体系多种形态,以一定形式相互关联并动态变化。知识可以在具体应用过程中被析取、关联、转变和重组,为知识内容提供语义基础和处理框架。知识作为一种体验,可以在用户群体、应用问题、内容对象、应用过程间进行动态的、主观的、个性化的和有针对的交流交互,从而实现对知识的理解和应用。因此,面向科研环境就需要根据用户的需求、知识的应用环境,知识间的语义关系进行描述、链接和组织,以构建用户需要的个性化、动态的知识地图和知识组织体系。

## 1.7.2 基于用户行为的个性化推荐链接

近年来"以用户为中心"的概念也开始应用于知识链接实践中,通过建立学术推荐服务器,获取全球各个机构研究人员在获取资源过程中大量点击链接的日志并进行统计分析,借此给出针对某篇文献的推荐链接(扩展链接)。例如,在用户通过开放链接获取某篇全文时,也可以看到之前链接获取这篇全文的用户还链接获取了哪些全文,进而也可点击链接这些全文。学术推荐服务器通过技术手段,实现了研究人员在获取学术信息过程中隐性知识和经验的共享,引导他们在更宽广的视野下获取相关主题资源。此外,通过学术推荐服务还可以了解某个研究主题的未来趋势和关注热点。清华大学图书馆正在试用基于 SFX 的学术推荐服务器,向用户提供知识链接服务[1]。

通过收集用户兴趣模型,由系统主动收集和分析用户查询式或者用户对资源的浏览、下载和评价行为,建立一个用户兴趣数据库,形成用户的兴趣表示,找到与目标用户兴趣相似度最大的其他用户(或用户群),根据其他用户的兴趣爱好为目标用户推荐资源内容。基于内容的推荐一般有两种方法[2]。一是基于文本分类,这种方法从大量的文本特征(包括词语或短语)中学习构建有效的分类器,然后利用分类器对文本进行分类,若所分的类别与用户兴趣相符则向用户做出推荐,这种推荐方法被用在了网页、新闻、书籍、电影等领域。另一种是基于特征,这种方法首先用相关特征来定义将要推荐的资源内容,可以采用向量空间模型或贝叶斯模型进行定义,然后系统通过学习用户已评价或下载过的资源内容特征来获得用户兴趣。若资源内容与用户的兴趣相近,则将其推荐给用户。

### 1.7.3　基于本体的语义关系链接

知识元具有独立性、拓扑性和链接性。即知识元是一个独立的知识单元,通过语义链可以形成知识元之间垂直、层次和交叉等

---

①　姜爱蓉. 新信息环境下的图书馆创新与知识服务[C]. 新信息环境下的知识链接与知识服务研讨会,2009:14—21

②　商雪晶、孙承杰、林磊. 基于内容相似度的书籍推荐技术研究[C]. 数字图书馆高层论坛 2010 年会论文集:161—167

语义关联,继而通过知识链和知识流在知识元之间以及知识元与用户之间构建知识网络。随着互联网应用逐渐向智能化和自动化方向发展,知识链接的实现模式已经上升到了知识的语义层面。本体作为概念模型和概念间关系的规范描述被广泛应用,根据本体思想建立概念知识体系来表示领域知识间的层次结构性和网络结构性,继而实现知识链接。通过数据挖掘、本体论、语义分析等建立起来的知识链接将构建知识网络的体系结构,反映知识属性和知识间的相互联系和发展脉络。

语义网已经成为知识链接的重要手段,也将对知识服务产生深远影响。用概念网模型来表示科技领域的知识及其关联,采用算法改进、数学建模或者系统架构的方法,推进某一特定领域的本体构建。在概念网中,网中节点表示概念,网的关联边表示概念与概念的关联,概念与概念间的关联程度用关联度来表示,关联度越大,概念联系越紧。最基本的关联有:①种属关联,概念 C1 的内涵(反映概念的本质)包含于 C2 的内涵,且概念 C1 的外延(反映概念所涉及的范围)包含于 C2 的外延,则称 C1 是 C2 的种或类概念,它们之间是种属关联。②实例关联,是指概念 C 与其对应的实例集中任意元素 e 之间的关联,称做实例 e 是概念 C 的一个实例。③部分整体关联,概念 C1 是 C2 的一部分,记作 P(C1,C2),部分整体关联反映概念实体之间的组成关系,又可细分为组件关联、成员关联、片断关联、组成关联、原料关联、材料关联、位置关联等[①]。

### 1.7.4 面向科研评价的科研实体链接

科学研究的对象实体包括从事科学研究的人员、机构,资助研究的基金或计划,发布或发表研究成果的机构、应用成果的企业等,这些科学研究中的科研实体围绕着科学创新活动形成一个创新

---

① 何飞,罗三定,沙莎.基于领域本体的知识关联研究[J].湖南城市学院学报(自然科学版),2005,14(1):69~71

活动网络,具有时序特征,具有学科专业属性,具有学术关系。科学文献、科学数据、科学实验记录、科学仪器等都是科学研究的成果表现,海量的、非结构化的数据集中蕴含着科研实体的相关知识及其关系特征。从中识别抽取出新颖、有效的科研实体,如机构、人员、基金等,并按学科主题分别描述科研实体的主题内容和属性,揭示这些实体之间具有的等级关系和相关关系,继而进行多实体关联分析及多视角的实体分析,构造出学术关系网络,达到展示科研实体及其之间的内容关联,同时,从中体现科学活动中各学科之间的交叉趋势,反映有活力的科学团体和学术交流、科研合作关系。

科研人员和科研机构的科研能力、科研水平,及其对科学创新的贡献和在科学活动中的影响力是不同的。在引文链接基础上,遴选出学科主题中的高被引文献、高被引作者和高被引团体,并对其文献计量指标进行特征分析和权重比较,构建基于多实体关联、时变结构的知识评价模型,可以评价科研实体的科学产出能力及其对创新活动的贡献,比较评估这些科研实体在学科领域的影响力。

### 1.7.5　基于知识元的知识组织链接

人类的知识结构是由不同的知识单元组成的知识体系,每个知识单元又由不同的独立知识元通过知识元链接组合而成。通过知识元链接,不同的知识之间形成了不同的知识链,从而构成整个知识结构的知识网络。知识链网络和语义链网络是通过知识链和语义链而形成的,知识链网络和语义链网络的形成,为勾画出知识地图,为实现知识的可视化检索奠定基础。因此,基于知识元链接的知识网络与语义网既是进行知识组织,建立知识地图的有效方式,也可实现知识组织系统中以知识元为单位的语义互联及推理功能①。

知识关联关系在信息采集、信息组织和信息检索中都有着非常重要的作用，需要在一定逻辑框架下，将这些信息组织中的关系组织起来，按照结构化信息描述的词表，通过知识链接的方式在信息组织中建立"关系网"。在建立关系网的过程中实现对文献知识元的提取和标引，建立知识元之间的本体链接和语义链接，最终构建起知识网络和语义网络，通过知识元链接，产生新知识，实现知识创新。

### 1.7.6　可视化的知识网络展示

知识链接是以知识组织体系为基础，以知识发展脉络为主线，反映知识内容和概念关系，显示知识发展的继承关系和创新主体间的合作关系。通过相关的知识描述手段和可视化工具，可以将知识间的关联关系，按照一定方式，清晰有序地在一个统一的界面上以图谱形式展示出来。目前相关的知识网络构建工具有：美国桑迪亚国家实验室（Sandia National Laboratories）开发的用于图示数据相似性关系的工具软件 Vxlnsight，Roger Schvaneveldt 组织开发的基于寻径网络算法的可视化软件 KNOT（The Knowledge Network Organizing T001），美国德雷克塞尔大学（Drexel University）Chen Chaomei 于 2003 年开发的 CiteSpace；E. Garfield 等 2003 年开发的引文历史可视化分析工具 HistCite 软件包等等。这些工具可以对多维数据之间的复杂关系进行可视化图表生成，实现知识概念的等同关系、等级关系和相关关系的可视化展示，反映完整的知识结构及科研实体关系及其远近，影射出概念图的导航机制和关系矩阵。

---

① 姜永常，杨宏岩，张丽波．基于知识元的知识组织及其系统服务功能研究[J]．情报理论与实践，2007，30（1）：37—40

# 2　知识链接原理研究

## 2.1　知识关联关系分析

知识是信息的一部分,是人类主观世界对客观世界的反映与认识的结晶。知识的多重属性决定了知识间存在着多种复杂关系,从而在相关知识间建立起内在联系。

### 2.1.1　知识的属性

知识本身具有多重属性,包括模式(显性与隐性)、类型(描述性、过程性和推理性)、认识环境(域、关系和自身属性)、可应用性(地方性和全球性)、可获取性(公共知识和个体知识)、即时表现性(激活的知识和隐伏的知识)、消逝性(迅速消逝的知识和无消逝性知识)等等,如图 2-1 所示[1,2]。从构建主义视角而言,知识是以独特方式再现抑或再造客观世界的结果,更加强调知识的"人"和"社会"的一面,因此,将知识属性划分为以下几个方面[3]:

①知识的隐含性。知识的认识论决定了知识与其认识主体是

---

①　张振海. Ontology 与网格计算[J/OL]. [2010-12-20]. http://tpi. cnki. net/meeting/tpi40/pdf/ontology. pdf

②　牟冬梅,毕强. 语义 Web 技术对知识组织理论和实践的影响研究[J]. 图书情报工作,2006,50(6):6—10,33

③　赵蓉英. 知识网络及其应用[M]. 北京:北京图书馆出版社,2007:174—180

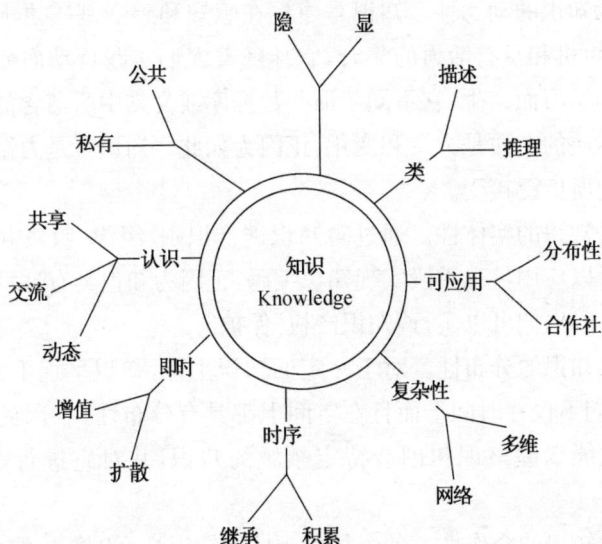

图 2-1　知识的属性

不可分割的。①"隐含性"是指知识存在于人的大脑,很难表达出来,因此,人们对于知识的理解必定是基于个人认识的,具有主体性和特殊性,很难进行充分的交流。总的来说,随着知识抽象程度的增加,其隐含性也会随之而增加,而且更加难以表达。与知识相比,信息的抽象程度相对较低,所以,信息的描述和传播就显得容易得多。

②知识的复杂性。知识的层次性非常明显,它可以是一种树型结构,也可能是一种网状结构,人的大脑中所贮存的知识因此也可看作是一个具有层次结构的网络。在这张网中,除了上下位知识之间的隶属关系之外,还有着各种各样复杂的相关关系。此外,知识易于传播,使得人们难以对它进行准确的界定或划分。

①　康力博.高校知识管理模式研究[D].北京:北京交通大学,2010:6

③知识的动态性。知识是建立在感知和感受基础之上，动态的、有生机和具有活力的集合，它伴随着人们实践行动而变化，随着人们学习而产生，它不同于那些数据库或文献中所蕴含的信息。其最本质的东西是力量和变化，正因为如此，"知识就是力量"才会被人们所广泛接受。

④知识的实体性。通过对知识进行识别、组织、收集和测度，人们可以应用信息手段实现知识编码，正因为知识具有这种"实体化"特性，人们可以实行"知识产权"保护。

⑤知识的分布性。对于一定的知识主体，知识呈现不对称分布，它们不仅在时间上而且在空间上都具有分布性。[①] 因此，人们一般只能掌握整理和创造特定领域的知识，并对它进行贮存和管理。

⑥知识的合作性。各个相关领域的知识是可以衔接的，因此，知识背景不同的各个知识主体之间可以通过合作，将他们的知识接口相互连接，从而可以构建一个完整的知识体系。这一体系就是知识合作性的表现之一。借助于这一体系，就能真正实现知识的组织与创新。

⑦知识的共享性。知识的共享性是指知识具有公用性和可分享性。知识的交流不同于实物的交流，实物交流一方的失去正是另一方的获取。在知识交流的过程中，一方并不会因为另一方的得到而有所失去，可以实现知识的完全共享。人类的智力水平也因为知识共享而一直在不断地得以提升。

⑧知识的延续性和积聚性。科学学的研究反复表明，科学知识具有明显的累积性、继承性。任何新的学科或新的技术，都是在原有学科或技术的基础上分化、衍生出来的，都是对原有学科或技术的发展。新知识不是凭空臆想的，而是在吸纳原有知识的基础

---

① 李丹．科学研究活动中的知识管理研究[D]．武汉：武汉大学，2005

上创造的新知识。所有新知识的产生都离不开对前人知识的积累,通过一代代地传递和继承之前的知识,实现基于继承的知识创新。接收者对知识的吸收取决于其基于现有知识水平对新知识的消化吸收能力,这就要求接收者必须具备一定的知识背景和知识水平,否则将会因为知识梯度太大而难以理解新知识。

⑨知识的增值性。在生产、传播和使用过程中,知识往往会不断地被更新或被充实,从而产生新的或者更多的知识价值,这就是知识的增值性。知识有着多种多样的呈现形式,但无论其呈现形式如何多样,在本质上,知识都能实现创造附加值的效果,这取决于接收者对知识的吸收和利用程度。随着知识经济的到来,作为资本的知识,其增值作用远远超出传统资本。

⑩知识的扩散性。显性知识和隐性知识之间是可以相互转化的,正是通过这种相互转化,知识实现了其在不同知识主体之间的扩散,得以广泛传播,继而被广泛地加以应用。知识的扩散性也大大节省了知识重复创造过程中所需要的成本。

## 2.1.2 知识关联类型

知识的多重属性和科技活动的多种需要,决定了知识间的关联关系也是不同的。从科学逻辑上看,建立在知识节点的继承性和变异性基础上,知识关联具有同一、隶属、相关三种主要表现形式。

### (1)同一性关联

由于知识节点间具有某种相同属性,它们间相同的属性特征就形成知识的同一性关联,是知识继承性的表现①。知识的同一性关联使得具有相同性质的知识节点构成同一属性的联系,并将同一类知识单元聚集成特定学科和专业的知识单元集合,或者是知识网络。所谓同一性,是指各个分散在不同的物理单元和认识

---

① 赵蓉英. 论知识网络的结构[J]. 图书情报工作,2007(9):6—10

单元的知识元,它们的主题或概念中在涵义、特征、形象、属性和关系等方面具有一定程度的相同或相似之处。知识节点的同一性关联是由知识单元之间的同一性所决定的。

知识单元之间的同一性关联,可以聚合大量具有同一性但处于离散状态的知识单元,可以消除知识内容之间的重复性和离散性,如,可通过比较来精炼同一性关联,使之更加准确、丰富和完整,以获得优化的同一性关联;还可以通过简化或精化同一知识内容,清除重复性内容,消除知识内容中的泡沫成分。在具有同一性的各层次知识单元中,也会呈现出等同性、等价性和相似性等多种表现形式,这是同一性关联的进一步表述形式,这是知识单元在聚变中累积和孕育再生性变化之后所带来的关联关系的变化。经过一定的积累,同一性关联的量变会发生质变,从而激活已知的知识。与此同时,知识单元之间所存在的同一性关联并不排斥这种同一性中的差别,同一性关联的丰富和延展正是通过对同一性中所存在的差异进行整合和重组而实现的。

随着知识的增多,知识间的同一性关联会出现程度上的不同,有些联系更加直接或者更加密切,这些联系较直接和较密切的知识就会形成系统中的学科结构,与其他知识区分开来。

(2)隶属性关联

知识的隶属性关联是由知识本身所具有的性质所决定的,因为构成某知识节点的每一个知识单元或知识单元集合总是隶属于某一主题、范畴和类别。知识节点的隶属性关联所揭示的正是知识单元或知识单元集合与其所属的主题、范围和类别之间的逻辑关系。隶属性关联的主要依据是各个知识单元之间在属性、层次和关系上的纵向关联,其构建则是按照一定的属分关系和包含的抽象或形象思维逻辑,从一般、特殊和个别等三个维度,将具有隶属关系的知识单元进行关联。在这一关联关系中,如果扩大或缩小知识单元的范围和适用功能,就能够推理出知识单元在纵向认识上扩大或缩小的结果,从而确定泛指与专指、泛化与深化以及丰富与发展。此外,依据这种隶属性关联,可以很好地揭示出知识单元之间所存在的一般与个别以及整体与部分的内在关联性,而这种关联性的揭示使得那些已有的知识在关联后更易于重组为再生性知识。

(3)相关性关联

除了同一性和隶属关系之外,知识单元之间还存在着相关性,即知识单元之间所具有的相互渗透、相互依存、相互作用、相互制约和互为中介的关系,如作用、因果、引用和应用等等,但这种关系并非严格固定。在同一和隶属层面上难以形成有着必然联系的知识单元,只有借助于呈现相关关联的组合,才能从横向的维度形成知识单元之间的关联系统,才可能实现知识的创新。知识单元的相关关联可以通过横向比较、联结、限定、交叉和组配式的方式来建立,因此,它是获取知识和实现知识创新的重要途径。由于知识单元以相互的方式从横向的角度进行相关性关联组合,因此,它直接导致了学科知识之间越来越多的交叉和渗透,需要采用多视角研究方式,对分散于不同领域的具有相关性的知识单元进行二次组合,并进行重组性开发。

知识单元间普遍存在着横向借鉴和移植、引进、消化吸收和同化、顺应、调整的现象,这一过程恰好反映出客观世界在同一和隶属关系基础上具有更加广泛的统一性和相互联系的整体性。知识单元之间横向的相关性关联拓展了纵向维度上的隶属关联,二者都有着各自的功能,它们在内容上密不可分,在功能发挥上又呈现相辅相成的作用。

除此之外,科研实体之间还存在继承关系、沿革关系、合作关系;科学文献之间存在着引证关系(如互引、引文树)、同现关系(如同被引、共引、共词)、上下游间出版传播关系等等,都可以构建知识间的关联关系。

### 2.1.3　知识关联特征

伴随着科技创新活动的发展,知识间的关联关系既具有延续性,保持相对稳定,又具有动态性,随着知识创新而不断变化,同时也具有隐含性,需要不断地将隐性知识转变成显性知识。

(1)知识关联的动态性

知识节点之间所存在的关联关系并不是一成不变的,而是随着知识的不断创新与发展而不断发生变化。作为知识节点关联过程中的一种发展状态,它决定于知识节点自身的变异性,所体现的是知识发展中不同关联过程间的动态变化。知识关联的动态性是促进知识发展和知识创新的关键。各种知识单元都有着自身特有的构成因素、结构、层次和功能,但是,它们并不排斥相互之间的动态关联。在不同的条件下,知识关联所构成的知识结构体系会有所不同。但是,知识网络或知识体系中各层次的知识单元在一定条件下是可以相互转化的,这种转化不仅仅是在原有基础上对知识单元进行拓展或浓缩,更有可能是基于新的结构体系发生功能性变化。

知识关联的动态性建立在各层次知识单元对认识对象的内涵、属性和关系的表征和记录的一致性基础之上的,较高层次的知识单元是对较低层次的知识单元的浓缩和概括;较低层次的知识单元则是较高层次的知识单元的具体化展开。由此可带来知识单元之间关系的变化,知识关联关系动态性变化,是知识创新的结果,也是知识应用的需要。知识单元在知识容量上的扩缩性转化,在知识含量上的标识性转化,在功能上的变换性转化,都可能带来单元性思维结果质的飞跃。

(2)知识关联的稳定性

知识节点之间的关联关系具有一定的稳定性。一方面,不同的知识关联在不同条件下构成相对稳定的知识结构体系,结构体系的稳定决定着知识关联的稳定性。另一方面,知识节点之间存在着遗传性,这就决定了知识节点之间的关系经过不断演变和发展,保持着相对的稳定性,进而形成稳定的结构和表现形式。从而保证知识关联关系的继承和延续,能够揭示知识关联体系的演化过程。

(3)知识关联的隐含性

知识分隐性知识和显性知识,知识关联关系也同样具有已经被人们所掌握或记录的显性关系和隐性关系。一些知识单元就其自身而言似乎没有价值,但是,当它与其他一些知识进行关联之后,往往会导致重大发现,或者带来巨大的经济利益。所以,知识关联具有隐含性。爱因斯坦创立"光量子说",就是注意到了从量子物理到"光量子说"的知识客体间这种隐含的关联性,指出了这个有目共睹的事实。知识隐含性关联关系的揭示,会带来知识创新。

## 2.2 知识链接构建模式

### 2.2.1 知识链接的类型

从链接的对象来看,知识链接主要通过科学文献、知识元和主题概念、进行科研创新活动的科研实体以及相关知识要素等链接对象来进行。所以,其类型可以分为基于科学文献的知识链接、基于知识元的知识链接、基于科研实体的知识链接,以及基于知识要素的知识链接[1]。

(1)基于科学文献的知识链接

通过科学论文、引文、图书、专利、标准、科技报告等科学文献之间的引证关系,确定引文链接网络地址(URL),利用 OpenURL 开放链接标准,建立引文链接索引库,链接对象可以是文献中的各

---

① 曾建勋. 知识链接的构建方式研究[J]. 图书情报工作,2010(12):32-35,77

种内外部特征,如期刊论文、学位论文、标准、专利、图书、会议录、文摘索引,以及 Web 站点、E-mail 等。通过科学文献中的各类型引文,在文摘索引与其所标引文献、文后参考资料与被引用资料之间建立关联和链接[①]。利用引文的引用、被引用和共同引用、共同被引用等引证类型,进行引文正向链接、引文反向链接和共引文献聚类链接等。并且可以建立论文引文链接的数据库和知识库,借助各种引用途径情景敏感地在整个知识体系中获得相关知识信息。

数字图书馆构成了包括 OPAC 系统、文摘索引数据库、电子期刊以及 Web 信息资源服务等多种类型信息资源在内的信息环境[②]。很多情境下知识链接不仅在同一个文献数据库中实现文献链接,而且在多个文献数据库中实现内容深度整合。在跨数据库多维链接的基础上,实现跨数据库引文分析与文献相似性分析,继而建立跨库的知识链接。

(2)基于知识元的知识链接

知识元是知识的最小单位,可称为知识元素、知识因子,亦可称为概念或事物,是知识结构的基本组成部分,它普遍存在于丰富多彩的文献世界中[③]。在知识体系中知识元作为结构最小的知识节点,可以用关键词或关键词组表示。实现知识元链接,必需首先将这些最小的知识单元抽取出来。即把一个概念、一个事实或一个数据等能描述某个知识元素,包括知识概念、关键词或关键词串等提炼出来,按照基本知识结构存储在知识元库中。

知识元库是知识元链接的中枢,由具有独立意义的知识元素

① 赵蓉英. 论知识网络的结构[J]. 图书情报工作,2007(9):6—10
② 张卫群. 知识服务中的知识元链接[J]. 情报探索,2006(12):56—58
③ 文庭孝. 知识单元的演变及其评价研究[J]. 图书情报工作,2007(11):72—76

构成,包括理论与方法、事实、数值型三类基本知识元[①]。通过对知识信息点的元素化处理加工与概括提炼,可以了解各学科知识基本内容,并揭示知识间的内容关联。知识元库在直接描述知识内容及其关联关系基础上,通过全文数据库的索引技术,将使用这一知识元的相关文献自动链接为知识体系[②]。

(3)基于科研实体的知识链接

知识领域内存在着作者与作者,作者与机构、作者与基金、机构与基金、机构与机构、作者与主题间的学术关系,重要机构和团队、科研人员的学术关系及其相关关系成为知识链接的基础。

通过对科学共同体、作者、出版社、基金组织等科研实体间学术资助、科学引证、科研合作、科学出版等关系分析,对科学文献中学术参与者(机构和人)之间合著关系、引用关系、人员流动、机构延续关系、作者和刊物关系等进行挖掘,可以揭示知识领域内科研实体(包括科研人员和科研组织)的结构、活动模式和演化过程,实现对知识领域内典型学术关系网络的结构和演化过程的可视化展现,发现科研团队和机构、科研人员间学术网络关系的特点、规律和趋势。

将科研实体进行揭示、集成和存储,并有机组织到相应的知识组织体系之中,可以建立基于本体的科研实体网络体系;通过科研实体和原始文献之间的关联关系,形成可供计算的科研实体与科技文献间关联数据。在此基础之上,通过同现聚类、文献计量、引文追踪、链接分析、关联规则等数据计算挖掘方法,识别出存在于科技文献之中科研实体的各种学术关系网络,描绘知识领域内存在的结构关系和知识领域的演化发展过程,反映当前相关领域研究中所

① 赵火军,温有奎. 基于引文链的知识元挖掘研究[J]. 情报杂志,2009(3):148-150

② 郑邦坤. 网络化知识元数据库建设研究[J]. 西华大学学报(哲学社会科学版),2004(8):96-97

存在的主要研究团队和个人的特征、研究进展、研究主题的分布、研究关键点等知识领域信息，从而为知识管理提供基础数据支持。

（4）基于知识要素的知识链接

科技文献中包含大量的技术、项目、配方、剂量、产品及其参数、指标、相关的图形表格等知识要素，它们分散在各种类型、各种载体、各种形态和各种内容的文献之中，各知识要素间存在着相互关联，如项目创新技术，技术创造产品，产品有各种相关的技术参数和指标，它们之间还存在着技术交替和延续，技术引进与消化吸收，技术仿制和融合的发展过程，存在着同一关系、上下位关系和相关关系等，而其表述除文本外，多数是图形和表格等。对知识要素进行识别和抽取，对图形表格的语义特征和语义模型、语义属性进行标注和标引，可以建立知识要素的概念化描述以及知识要素间的链接关系。从而展现技术自身的实况，表现技术演化发展的过程，成为技术图谱①。

在泛在知识环境下，随着互联网和数据库产业的发展，图书情报机构不仅在自己的数据库内进行链接，而且开始建立跨机构间的知识链接，实现开放式资源链接系统。呈现综合性、多样性的链接方式，通过对链接解析工具的直接控制和使用，以 DOI（唯一标识）为基础的链接推进了开放链接系统的产生②，促进文献间的链接在图书馆环境下普遍存在。同时也推进从文献到科学数据的链接，将文章中的基因表达与基因数据库中的系列记录链接，将文章中的实验结果与科学数据、科学参数联系起来，实现文章内或文章之间的化学结构、分子式、知识单元、科研实体，以及相关的技术参数指标等知识要素的链接。

---

① 姜永常．基于知识元的知识仓库构建[J]．图书与情报，2005(6)：73—74，105
② 文庭孝等．中文文本知识元的构建及其现实意义[J]．中国图书馆学报（双月刊），2005(6)：91—96

## 2.2.2　知识链接的构建模式

从目前存在的知识链接方式,可以把知识链接的主要实现模式分为:参考链接模式、引文链接模式、知识元链接模式、实体映射模式和基于本体构建的链接模式、基于主题图的知识链接模式。

(1)参考链接模式

参考链接是指各种信息对象之间的链接,如文后参考文献与其全文的链接,各种书目信息与其全文的链接等。用户利用参考链接功能是为了获取对象数据。在这一过程中,是否获取特定的对象数据需要根据信息点的相关信息来加以判断,而信息点又往往包含在特定的信息集合中,因此,参考链接的整体功能是将特定信息集合中的信息呈现给读者或用户。具体有两种情况:①从信息点链接到信息集合:通过某个信息点了解到该信息点所在的信息集合,然后从该信息集合中获取其他相关的信息点。例如,用户在阅读了某篇文章后,对该篇论文的作者所从事的研究方向非常感兴趣,则可通过参考链接得到该作者的其他文章;②从信息集合链接到另一个信息集合:通过某个信息集合,来获取与该集合有着相关关系的另一个信息集合的信息。

方便而深入的链接是实现集成检索的重要保障,链接的深度与广度直接关系到检索的效率。利用上下文相关的参考链接技术,可以有效地建立与所需资源之间的链接,实现不同供应商的或不同平台上内容关联的数据库间的相互链接。参考链接技术的实现有封闭式与开放式两种框架。SFX 与 CrossRef 同属于开放式参考链接系统。CrossRef 使用 DOI 技术解决了传统网络标识系统 URL 的不稳定性、实现网络链接的持久性和可靠性。SFX 框架利用 OpenURL 为图书馆用户提供扩展服务。

(2)引证链接模式

引证链接主要是指从当前论文到其所引用文章的后向链接(backward linking),但在 ISI Web of knowledge 中,还提供一种基于引文的相关文献链接方式,这种链接主要是用于查阅在不同年份与当前被检索文献具有相同引文的相关主题文献,并按共同引用参考文献的多少(即相关度)排序,和当前论文引用的相同文献越多,说明该文献与当前论文在主题上越靠近,因而该文献在列表中的位置就更靠前。引证链接之所以在科学研究中具有重要意义,就在于它揭示了科学文献之间引证与被引证的关系,从而进一步展示了科学文献内容主题之间的相互关联,对作者、机构进行引证链接可以表明作者、机构间存在的知识关联关系,评估个人或机关团体在学科内或学科之间所表现出的质量、影响、独创性、洞察力或可见度,如图 2-2 所示。

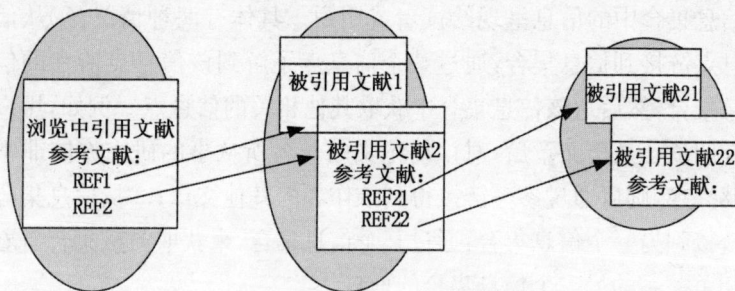

图 2-2　引证链接结构

引证链接在知识服务方面需要直接面对用户环境,综合运用知识构建原理,在分析知识要素的体系结构和展示方式基础上,实现知识层面的聚类分析、有序组织、导航检索、统计评价,让知识可链接、可关联、可展示。因此,构建基于引文链接的知识服务体系,知识组织者首先需要建立与引文链接相关的规范文档及其索引,然后构建有效算法和匹配模型,最后构筑知识链接评价指标体系,如此才能形成一套综合的知识服务体系。

(3)知识元链接模式

早在 20 世纪 70 年代后期,弗拉基米尔·斯拉麦卡来华讲学时就指出,知识的控制单位将从文献深入到其中的数据、公式、事实、结论等最小的独立的"知识元"(当时他把这称为"数据元")①。我们可以把知识元分成两大类型:①描述型,包括信息报道型,名词解释型,数值型,问题描述型,文献引证型;②过程型,包括步骤型,方法型,定义型,原理型,经验型等。知识元之间通过链接可以构造出新的知识体系。所以,知识元链接就是通过从文本中抽取知识元,以知识元为知识的最小组织单位实现知识元的组合和链接。

　　知识元链接②是知识系统不断扩充、发展完善的基础。知识系统的进化过程描述为知识元,信息导航的转换过程:K(S)+N(K(E)+K(S))=K(S+△S)。其中:K(S)表示知识系统,K(E)表示知识元,N表示信息导航链接。上式的特点是:突出了知识元的独立性、信息导航的链接性和知识系统的完善性。强调了知识系统是一个比较完整的认知结构,知识系统的构成主要是由信息对独立的知识元的导航而形成的。知识的产生是由于知识元导入知识系统,知识系统中增加新的知识元,合并原有的知识元和修改原有的知识元的过程②·③。知识元链接有以下三种类型:①注释型链接,在文献中知识元名称处链接该知识元内容。②关联型链接,将高频次共用同一知识元的文献进行链接。③复合型链接,通过注释型链接,实现关联性链接。

　　知识元具有不同层次、不同属性、不同学科领域的特征,理想化的知识元链接是既能实现知识元已有的对象性质及逻辑关系等属性的知识链接,又能动态地构建起分散于所在学科中的有关知识网络体系。通过知识元链接,在知识仓库与知识元库之间以及

　　①　原小玲. 基于知识元的知识标引[J]. 图书馆学研究,2007(6):45—47
　　②　温有奎,徐国华. 知识元链接理论[J]. 情报学报,2003,22(6):665—670
　　③　姜永常. 基于知识构建的数字图书馆知识服务研究[D]. 黑龙江:黑龙江大学,2007

在各自库内均形成了纵横交错的学科知识网络。将知识地图用于知识组织，建立语义知识导航系统，为学科知识网络中知识的动态检索利用提供便利[①]。

(4)实体映射模式

在数学中，映射的定义是，设 X、Y 是两个非空集合，如果存在一个法则是 f，使得对 X 中每个元素 x，按法则 f，在 Y 中有唯一确定的元素 y 与之对应，则称 f 为从 X 到 Y 的映射，记作 f:X→Y，其中 y 称为元素 x(在映射 f 下)的像，而元素 x 称为元素 y(在映射 f 下)的一个原像。映射现象普遍存在于知识管理与知识服务领域。

在知识链接中，实体映射模式需要参考并修订采用相关的映射规则，建立映射模型，以一个实体对象作为映射源(Source)，另一个实体对象作为映射目标(Target)，映射主要采用两者实体间的以下几种主要匹配关系：

精确匹配(Exact Match)：指两个实体含义完全相同的匹配；

向上匹配(Broad Match)：指目标实体是源实体的上位词；

向下匹配(Narrow Match)：指目标实体是源实体的下位词；

近义匹配(Synonyms Match)：包括 Major Match(主近义词)或者 Minor Match(次近义词)，前者指两个实体是含义基本相同的近义词，后者指只有部分相同实体的近义词。由于相近程度量化的难度较大，具体操作中不对 Major Match 和 Minor Match 两条规则进行区分，只定义为一种近义匹配，对近似程度暂不进行区分。

相关匹配(Relative Match)：指与某一概念虽既不具有同义或准同义关系，亦不具有向上匹配与向下匹配的关系，但在语义上或使用中与其有密切联系的一些匹配。

实体映射模式中，可以分为实体本身映射和实体关系映射。

① 顾东蕾. 基于生物信息学的学科知识网络及其应用研究[D]. 南京:南京大学,2007

实体映射可以分为一对一的映射、一对多的映射和多对多的映射。实体一对一关系映射即二者语义完全一致、一对多关系,如汉语中的一个词语对应英语中的多个词语、多对一关系,如汉语中的多个词语与英语中的一个词语有映射关系、无对应关系即汉语中没有与之对应的词语等各种映射处理方法,构成映射实体内涵的相同或相似度计算和判定算法以及语言模糊性的公允程度。实体关系反映的是实体之间的父/子联系,具有分类的含义,表现了实体的层次结构。实体关系的映射可以将整个层次结构映射为一张表,也可以只将位于层次结构中最底层的子孙类映射为独立的关系,而将父类中的属性复制到子类中,还可以将父类与子类各自映射成独立的表,父类所对应的表是主表,子类所对应的表是从表。从表不包含来自父类的属性。

实体具有上下位、多层次关系,往往具有网状关系,在建立实体间映射关系时,只在距离最短、关系最近的实体间建立关系,没有必要将等同的实体重复给定向上或向下匹配的关系,如果需要,只要将词表的原词间关系导入映射信息即可确定新的映射关系。例如在图2-3的映射模式中,如果概念a与概念A精确匹配,则概念b、c、d、e将自动成为概念A的下位词。实体映射模式将利用计算机进行匹配推理运算,对实体语义距离进行考察,获得最短语义距离,自动显示三大类特征的词汇,一是词汇相同、关系相同,二是词汇相同、关系不同,三是词汇不同、关系相同。系统提供关系相同与不同程度的计算功能,例如90％相同,50％相同等,具体列出相同的关系、不同的关系,然后需要借助领域专家依据专业的不同,按照相同程度从高到低确定具体的映射匹配关系。

目前实体映射模式主要应用于分类法映射、叙词表映射以及主题概念的语义关系映射之中。不同分类法之间的映射主要有二种模式:第一,建立主要类目的对照,抽取所有映射分类法的主要大类,在这些大类之间建立相互的对照关系。第二,将多个分类体

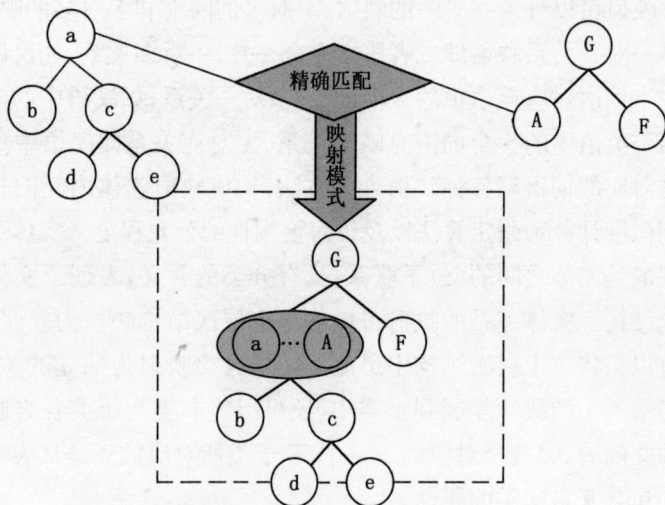

**图 2-3  映射模式示意图**

系都向一个通用体系转换,即选择一种通用分类法作为统一分类法或交换体系,将不同分类体系及其所含内容转换到统一分类体系的相应类目下①。

(5)基于本体的知识链接模式

作为哲学术语的本体论,其本意是研究"存在的理论"。后来,为了解决知识获取的困难,实现知识重用,也为解决智能系统中的人机交互问题,实现知识共享,人们开始把本体引入知识工程,以通过认识事物本质,来实现大家对某事件的一致性认识,通过建立领域共识,为计算机处理知识提供便利。在人工智能领域中,本体(ontology)有着多种不同的定义,其中,较为公认的一种是:本体是用形式化的方法对关注域中的概念术语及其之间的关系进行规

---

① 李育嫦. 分类法映射在学科信息门户交叉浏览中的应用——以 Renardus 为例[J]. 图书馆学研究,2006(10):64—67

范地说明。作为一种知识表示方法,本体主要用于描述某个领域甚至更广范围内的概念以及概念之间联系的规范,其本质是表达了概念结构和概念之间关系中实体的固有特征,实现知识的组织。

知识链接的实现模式之一是根据本体的思想建立表示知识关联的概念网(Concept Network,简称 CN)模型。在 CN 模型,网中节点代表概念,网的关联边代表概念之间的关联关系,概念之间的关联程度用关联度来表示,关联度越大,概念之间的联系越紧密。面向本体的概念网模型,其形式化描述为:CN＝{O,C,A|B|P,R,S},其中,O 代表本体,C 代表概念集,A|B|P 代表属性集或方法集或性质集,R 代表关系集,S 代表规则集。基于本体思想来建立领域本体知识库,用 CN 模型对知识进行直观的表示,有助于机器基于对知识更好的理解来完成知识推理,从而满足用户进行检索和实现知识导航的需要[①]。

由于基于 RDF/OWL 的本体框架不支持知识的动态性、相对性和知识的粒度大小三个特性,所以有学者提出本体分子理论,来优化本体分子知识组织。所谓本体分子是指在本体基本元素(本体实例、三元组)基础之上,用唯一标识符标注的,根据语义或者语用划分的、无缺失的、最小冗余的本体知识单元。本体分子是在本体基本元素和本体库之间的一个平衡点,它使得相对粗粒度知识管理成为可能[②]。

本体分子能完成四个层次的知识管理:元数据层、知识表示层、推理层和动态知识层。

元数据是描述数据的数据,处于四层模型的底层。元数据提供了数字资源的描述基础,使数字资源有了基本的微观结构,但是

① 何飞,罗三定,沙莎. 基于领域本体的知识关联研究[J]. 湖南城市学院学报(自然科学版),2005,14(1):69-71

② 张继东. 语义环境下的数字档案馆知识可视化模型研究[J]. 图书情报工作,2011,55(2):143-148

元数据并不能完全解决信息系统的语义问题。由于要对本体分子进行基于语义的粒度切割，因此，本体分子的介入，正好能弥补这一缺陷，完成元数据层的知识管理。知识表示层可以通过本体中的类(class)描述某一类事物，通过其中的实例(instance)描述某一个具体事物，最后以三元组(Triple)的形式对知识与知识之间的关联进行阐述和表达。推理层在知识表示基础之上寻求一种基于本体的隐性知识智能推理机制，提供知识挖掘功能。基于本体的领域知识推理主要分为基于逻辑的领域知识检错推理和基于关系的领域蕴涵知识发现推理。对本体描述的领域知识进行推理，可以检测知识逻辑体系错误，减少领域本体构建繁琐的工作量，减轻对领域专家的依赖，发现领域蕴涵隐性知识①。

(6)基于主题图的知识链接模式

知识因子是组成知识单元的最细微的成分，知识关联是若干个知识因子间建立起的联系。知识关联在产生新知识中起重要作用，是使知识有序化的必要条件。应用知识因子和知识关联的网状结构表示的知识单元，是知识链接的基本对象。基于主题图的链接模型如图 2-4 所示。

图 2-4 中的知识因子表示从业务过程中提炼出的知识对象。知识关联即各节点之间的连线，说明了知识因子之间的联系。知识链接提供了知识的详细信息或知识本身的位置。知识因子、知识关联、知识链接结合起来，构成了知识地图，准确地表达出知识及其相关属性，揭示了领域知识主题之间的语义关联。

上面 6 种知识链接实现模式在一定程度上是相互交融的，如引证链接模式和基于本体的知识链接模式就可以融入知识元链接模式的构建中。在知识元的挖掘与提取过程中，由于文献中的知

---

① 董慧. 基于数字图书馆的本体演化和知识管理研究(Ⅱ)——动态知识组织 [J]. 情报学报,2009(4):483-491

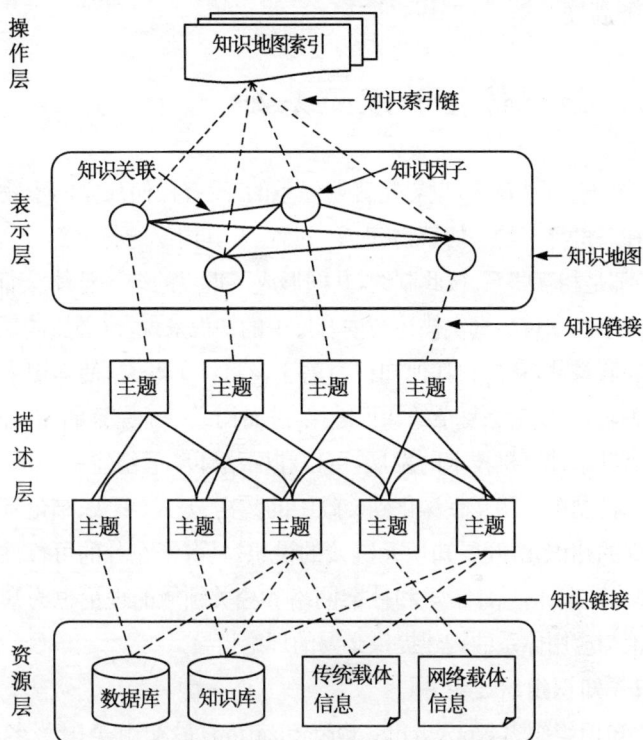

图 2-4  基于主题图的知识链接

识单元是隐含的,于是有学者提出基于引文链的知识元挖掘研究
思想,即在科学引文索引的基础之上,把文献中注有引文出处的特
征句子和参考文献中被引的特征句子首先提取出来,然后对这两
种类型的文献特征句子按照句子的结构进行三元组抽取,并用本
体表示,完成知识元与本体之间的映射,构建知识元的本体结构,
之后分别存储在文献本体数据库和参考文献本体数据库中。最后
通过对这两种句子的相似度进行计算,来描述知识元抽取的准确
程度,从而不断完善在此过程中的本体表示规则,探索知识元本体
之间的蕴涵关联,最后达到通过已知知识元推出未知知识元的知

识服务高度①。

## 2.3　知识链接的理论基础

　　唯物辩证法认为,世界是普遍联系的,没有任何孤立的事物和现象存在。世界上的一切事物、现象、过程(及其内部的各个部分、要素、环节)都是相互联系、彼此制约,共同形成了世界的统一整体。而作为对客观事物和现象真实描述与内容反映的知识来说,也必然体现出这种普遍联系性,总是和其他知识有着千丝万缕的联系,使知识表现为广泛关联,形成错综复杂的知识链接,进而构成一个完整的知识网络。同时借助于计算机技术的发展,可以在网络环境下创建一个平台,将知识的控制单位从文献深化到文献中的数据、公式、事实、结论等最小的独立的知识元,开展知识元链接的设想,具有了充分的可行性。此外,知识管理、信息计量学和社会网络等相关领域的理论也为知识链接理论与应用体系的构建提供必要的理论指导。

### 2.3.1　知识组织理论

　　"知识组织"(Knowledge Organization)最初由美国著名图书馆学家、分类法专家布利斯于1929年提出,此后随着相关学者的关注而逐渐成为图书馆学信息学等领域的研究热点。知识组织是按照知识的内在逻辑联系,运用一定的组织工具、方法和标准对知识对象进行整理、加工、表示、控制等一系列的有序化、系统化活动。对知识单元进行有效组织是构建知识链接的基础。知识组织理论研究集中在知识的结构化组织、个性化(服务)组织、系统化组织、集成化组织和可视化组织等方面。伴随着知识载体从"有形"到"无形"的变迁,知识组织结构体系经历了由"线形"到"链式"再

　　① 赵火军,温有奎. 基于引文链的知识元挖掘研究[J]. 情报杂志,2009(3):148-150

到"网状"的演变过程,传统的知识组织体系逐渐进化为能够依据人们多样性的需求和偏好而调整的、柔化的知识组织体系。随着柔性化知识组织体系的建立,超越传统的顺序、等级、属类的知识链接和知识关联为探索存在于知识之间的"内隐知识"提供了新的途径。知识链接研究正成为知识组织研究的一个重要方向。

　　知识组织理论是研究知识链接的根基。知识组织强调知识重组(语法学原理)、知识表示(语义学原理)和知识记忆(语用学原理),其中,知识重组是对知识对象内的知识因子和知识联系进行语法结构上的重新整合;知识表示是将知识对象中的知识因子和知识联系表示出来,便于人们识别和理解;知识记忆是使知识信息能够更好的被用户认识和记忆。由此可见,知识组织正是围绕知识元间的知识关联分析与动态链接展开,通过将知识分割为多层次、多知识元组成的知识体系,实现以知识元为基础的知识序化、知识发现、知识导航、知识评价,充分显示了知识链接基于知识元间的语义关系建立序列化知识信息关联的本质内涵。

　　知识组织的方法工具为知识结构的表达和知识元或知识信息群之间的复杂关联关系分析提供了必要的手段。随着信息技术的发展不断变化,知识组织方法既包括传统图书馆环境下建立在文献单元基础上的分类法、主题词表、叙词表等,也包括网络环境下建立在概念单元上的本体和可视化的主题图、知识地图、主题网等。其中,分类法、主题词表、叙词表作为传统知识组织工具,一直是图书情报界关注的重点,主要用于对文献资源进行自动标引和分类、词表自动构建等,可以对知识单元间的等同关系进行识别以及对相关关系进行判断;本体作为一种能在语义和知识层次上描述概念体系的有效工具,在知识链接中起着至关重要的作用①。

　　① 牟冬梅.数字图书馆知识组织语义互联策略及其应用研究[D].吉林大学.2009.8:28

利用本体知识可实现对信息资源的语义理解与分析,进行知识元间的概念匹配,构建精确完整的知识链接。主题图、知识地图、主题网关等新型知识组织工具的出现不仅证实了布鲁克斯的"认知地图"①,而且创造了一种知识链接的表示和构建方式。

### 2.3.2　知识构建理论

在信息构建基础上发展的知识构建,传承了信息构建的精华,以信息构建中组织系统、标识系统、导航系统和搜索系统为基础,具备知识标识、知识组织、知识导航和知识检索的功能,是一种对知识资源进行优化整合的结构体系,可以促进知识更易于被理解和吸收(如图2-5)。在信息资源开发过程中,知识构建更突出人与内容的结合,重视知识与信息的转化,解决人们解决问题的利用知识问题,提供较高层次的信息或知识服务②。

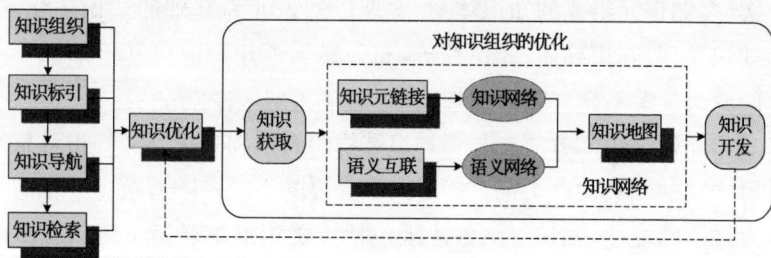

**图 2-5　知识构建对知识组织的优化**

知识链接需要借助知识构建理论中的知识标识方法来对知识元进行抽取与标引,表达知识及其相关属性,构建知识仓库和知识元数据库,获取知识及其关系;借助知识构建理论中知识组织原理构建知识本体,继而在知识结构、知识单元和知识元之间,形成知识元链接的知识网络及其语义网络应用;依据知识构建理论中知识导航方式形成面向学科分类应用的可视化知识网络,为知识学习与创新进行直接的链接导航;利用知识构建理论的知识检索或搜索方式,从已有的良好知识、范例和类似文本的知识源中衍生出新知识[1],为知识服务营造一个和谐的知识生态环境,有助于实现信息资源和知识资源的智能共享[2]。

### 2.3.3 知识创新理论

知识创新是通过科学研究获得新的基础科学和技术科学知识的过程。知识创新的目的是追求新发现、探索新规律、创立新学说、创造新方法、积累新知识[3]。Nonaka 和 Takeuchi(1995)提出了 SECI 知识创新模型,该模型通过知识的社会化、外部化、整合化以及内部化四个过程,阐明了组织通过隐性知识的共享,以及隐性知识与显性知识的相互转化创造新知识的过程[4]。知识创新的过程与知识链接的应用息息相关,知识链接推动新知识的创造,知识创新又促进知识链接的发展,如图 2-6 所示。知识创新侧重对隐性知识、显性知识及其之间的转换进行研究。对于隐性知识而言,知识链接能够更好的突破传统的顺序、等级、属性,为隐性知识间的联系提供新的途径。对于显性知识而言,知识链接将孤立、零碎的显性知识进一步集成化和系统化(即知识整合),从而创造新的显性知识,建立特性的、异质的知识体系。而隐性知识与显性知识之间的转换则较为复杂,可以将其分为知识发现和知识推理两

---

① 唐守廉,陈清. 倡导"信息公平"构建"和谐社会"[J]. 电信科学,2005,21(5):6—8

② 姜永常. 基于知识构建的数字图书馆知识服务研究[D]. 哈尔滨:黑龙江大学硕士论文,2007

③ 崔灏. 高校知识管理策略研究[D]. 济南:山东大学,2009

④ Nonaka I. ,Takeuchi H. The Knowledge-creating Company[M]. Oxford:Oxford University Press,1995

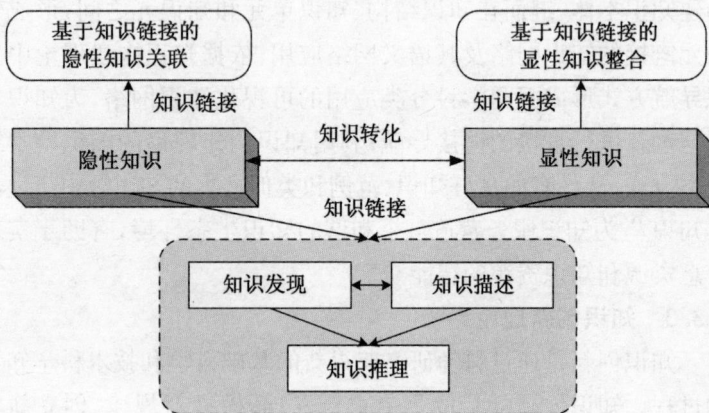

图 2-6　知识创新与知识链接

个过程。

　　所谓知识发现是指采用有效的数据挖掘算法,从海量数据或历史集合中发现可理解的有用的知识,并直观简明地显示出来①。就知识链接的本质而言,就是在各知识节点之间建立网络化知识链和语义链的过程,它体现知识引用与被引用以及语义关联的关系。Swanson 教授创立的非相关文献知识发现方法,通过揭示公开发表的文献中的隐含关联关系发现新知识,这为知识管理研究开创了新的方向;Swanson 发现文献中知识片段间存在逻辑传递关系,有学者提出把 Swanson 教授的这种假设与共引加以联系起来,即 A 与 B 有关,B 与 C 有关,则可能通过 B 关联发现 A 与 C 之间存在的隐含关系,这种隐含现象类似于共引概念。为实现基于共引关系的隐含关联关系的发现,需要将文献单元分解成知识元,再把直接相关联的知识元组织成知识元网络,通过知识元间的

---

　　① 吴思竹. 数据挖掘和知识发现领域热点主题分析[J]. 情报杂志,2010,29 (7):18—24

共引关系建立知识元的隐含关联关系[①]。

　　知识链接还可以通过自组织链接(Self-links)方式进一步实现知识推理的功能。自组织链接的实现方式之一就是在同类知识查询的过程中,以自组织的方式将所获得的查询结果作为链接源关联起来,形成新的链接。其中最简单的关联方式通过查询表达式 select from where 的条件部分来表达,包含链接对象类型、值类型和运算符等。再根据提供的领域背景知识和链接信息,通过定义推理规则,推导出潜在的隐含知识。反过来,将智能化的知识推理理论应用到知识链接领域,通过模拟智能化的知识推理路径和推理演算规则,将会形成智能化的知识链接。

　　知识发现和知识推理的结果便是知识创新。基于知识链接的知识创新过程,既体现在组织者进行知识生产、增值管理和有效利用过程中的创新,又体现在用户利用检索到的知识元进行动态链接所实现的知识聚变和裂变,进而衍生出新的知识元,是知识链接和知识创新的有机结合。通过知识链接的构建,形成学科横向交叉和纵向延伸的科学知识体系,揭示出人类进行知识学习和知识创新所需要的知识网络结点,缩短了人类知识学习和创新活动之间的距离[②]。

### 2.3.4　信息计量学理论

　　信息计量学研究的基本目的是引进量的概念和定量分析方法,揭示信息单元(包括文献、数据、实物、消息、事件等)的体系结构和数量变化规律,从理论上提高信息交流的科学性和精确性[③]。信息计量学应用数学、统计学等定量方法来分析和处理信息过程中的种种矛盾,从定量的角度分析和研究信息的动态特性,并找出

　　①　温有奎,成鹏.基于知识单元间隐含关联的知识发现[J].情报学报,2007,26(5),653-658

　　②　沈光亮.论信息公平[J].情报科学,2008(6):822-825,865

　　③　邱均平.信息计量学[M].武汉:武汉大学出版社,2007

其中的内在规律,是建立知识信息单元之间的内在关联的重要理论基础。从早期的文献计量学研究到现代的网络信息计量学研究,信息计量学的相关理论与方法一直在知识链接的产生、演化、发展中起着重要支撑作用。

科学是一个整体,其发展既有统一性,又有继承性。统一性主要表现为学科之间的综合、分化、交叉与渗透。科学发展的统一性使不同学科知识结构体系相继形成一个紧密相联的完整知识网络。继承性是指任何新的学科或新技术,都是在原有学科或技术的基础上分化、衍生出来的,都是对原有学科或技术的发展与创新。这种继承与创新更多地表现在科学家对前人创造的科学知识的引用上,科学文献的引用与被引用是科学发展规律的重要表现,体现了科学知识的累积性、连续性和继承性,也体现了科学的统一性原则,使现有的各个学科之间彼此联系、相互交叉、相互渗透。

文献计量学是引文链接产生的基础。文献计量学以文献体系和文献计量特征为研究对象,研究文献情报的分布结构、数量关系、变化规律和定量管理,并进而探讨科学技术的某些结构、特征和规律[①]。从计量单元来说,文献计量学已经不仅仅停留在篇、册、本为单位的文献单元的计量上,而开始深入到文献的内部知识单元和文献的相关信息进行计量研究,如题名、主题词、关键词、词频、知识项、引文信息、著者、出版者、日期、语言、格式等。文献计量学通过引文分析法对科学期刊、论文、著者等分析对象的引用和被引用现象进行分析,以揭示其数量特征和内在规律[②]。从引文链接的网状关系进行研究,能够探明有关学科之间的亲缘关系和结构,划定某学科的作者集体;分析推测学科间的交叉、渗透和衍

① 罗式胜. 文献计量学概论[M]. 广州:中山大学出版社,1994

② 邱均平. 信息计量学(一):第一讲 信息计量学的兴起和发展[J]. 情报理论与实践,2000,23(1):75—80

生趋势；还能对某一学科的产生背景、发展概貌、突破性成就、相互渗透和今后发展方向进行分析，从而揭示科学的动态结构和某些发展规律①。与此同时，文献计量学通过洛特卡定律、齐普夫定律、布拉德福定律等探索科技文献作者、文献词频、科技论文的分布规律，使相关文献间能够更容易的建立起内在关系。基于引文的知识链接能够把具有引文关系的文献聚合形成网络，从当前国际国内实践发展看，这个网络可以不仅仅是引用和被引用文献之间的链接形成的被引文献网络，还可以根据引用关系的其他特征形成共引网络、引用耦合网络、个人引用认同网络等等，甚至还可以在引文网络基础上，将普通的知识元链接方式与引用被引关系结合起来，延伸到引用与被引用文献所包含的知识单元之间深层次的链接②。

对网上信息的组织、存贮、分布、传递、相互引证和开发利用等进行定量描述和统计分析，揭示其数量特征和内在规律是网络信息计量学的主要任务③。其本质在于以网络信息的计量为依据为网络信息的有序化组织、合理分布，信息资源的优化配置和有效利用，以及网络管理的规范化和科学化提供必要的定量依据。在网络信息计量学整个研究方法体系中，链接分析和内容分析是对知识链接产生深远影响的两种方法，这两种方法对于知识采集、知识评价、知识组织都发挥了重要作用。链接分析法是通过运用网络数据库、数学分析软件对网络链接自身属性、链接对象、链接网络

①　周晓英，陈兰杰．基于引文网络的知识链接框架研究[J]．情报杂志，2010(9)：37—40

②　张洋，邱均平．网络信息计量学的兴起及其哲学思考[J]．情报杂志，2005(1)：2—5

③　郑尚标．对引文分析法的认识与再思考[J]．中小学图书情报世界，2010(4)：30—31，45

等进行分析,揭示其数量特征和内在规律①。比如通过对网络节点和链路的统计分析,可以优化网页的链接设计,减少不合理的链接,如悬空链或死链。通过语义距离测量分析,可以聚集相关的网页,自动建立超文本链接。根据网络链接结构,可以分析站点的联系程度和集中度,进行网络结构的布局分析,合理配置资源。这一基本原理同样适用于对知识链接进行分析。

内容分析法是大众传播学领域的常用信息分析方法,是一种对文献内容作客观系统的定量分析的专门方法,其目的是弄清或测验文献中本质性的事实和趋势,揭示文献所含有的隐性情报内容②。基本做法是把媒介上的文字、非量化的有交流价值的信息转化为定量的数据,建立有意义的类目分解交流内容,并以此来分析信息的某些特征。可以借助内容分析法,对各个类目出现频次、空间数额等进行计量,根据情况确定类目尺度、等距尺度和等比尺度,确定所分析单元的类目归属。对知识链接而言,内容分析法可以更好的揭示知识单元间的相似属性,对知识进行归类安排③。

### 2.3.5  社会网络理论

社会网络指的是社会行动者及其之间关系的集合。这一概念强调的是每个行动者都与其他行动者有或多或少的关系④。在社会网络研究领域,常用点和线来表达网络,这里的点是指社会行动者,线是行动者之间的各种社会关系。任何一个社会单位或者社会实体都可以看成点,或者行动者。行动者通过各种关系联系在一起,比如通过喜欢、尊重等评价关系,与某一组织之间的隶属关

① 张新鹤.网络信息计量学在网络学科知识地图构建中的应用[J].图书馆,2009(2):35—37

② 范景萍.从“门”中所看到与想到的[J].商业文化(下半月),2010(7):257

③ 肖雪.试析内容分析法在学科信息门户构建中的应用[J].图书情报工作,2007(1):56—59

④ 张浩.基于社会网络分析的BLog社区发现[D].上海:上海交通大学,2008:1

系,由自然交往、谈话、拜访等形成的行为上的互动关系,遗传、亲属以及继承等生物意义上的关系等。社会网络的理论基础正是"六度分割"——你和任何一个陌生人之间所间隔的人不会超过6个,也就是说,最多通过6个人你就能够认识任何一个陌生人。这种现象,并不是说任何人与人之间的联系都必须要通过6个层次才会产生联系,而是表达了这样一个重要的概念:即任何两位素不相识的人之间,通过一定的联系方式,总能够产生必然联系和关系。

社会网络分析是对社会关系结构及其属性加以分析的一套规范和方法,它主要分析的是不同社会单位(个体、群体或社会)所构成的关系的结构及其属性。因此,社会网络分析被看作是关于社会关系研究的新范式[①]。社会网络分析作为新经济社会学中重要研究方法,其最基本的元素是点(Node)与线(Link)。其中点代表行为者,线代表行为者之间的关系或是联系,点与线的连结构成图。行为者之间的线可视为他们之间的一种链接关系,这与知识链接结构相似。因此,社会网络分析与知识链接理论之间存在着密不可分的关系。以图论法、矩阵法、中心度分析、子群分析等为主体的社会网络分析方法已广泛应用于知识链接研究中。

徐媛媛和朱庆华两位学者就社会网络分析法在引文链接中的应用这一问题进行了实证研究[②]。引用文献构成的链接架构反映了科学的纵向继承和横向的连接关系。这种关系背后对应的是一个由科研实体(文献著者)组成的人际社会网络。基于此,可以应用社会网络分析方法对这一人际网络中某主题领域高被引作者的引用关系进行探索研究。通过密度、点度中心度、中间中心度和凝聚子群等具体方法找出该主题领域的核心研究者、承上启下的中

① 林聚任.社会网络分析—理论、方法与应用[M].北京:北京师范大学出版社,2009.4:11

② 徐媛媛,朱庆华.社会网络分析法在引文分析中的实证研究[J].情报理论与实践,2008(2):184-188

间人和小团体,如图 2-7 所示。

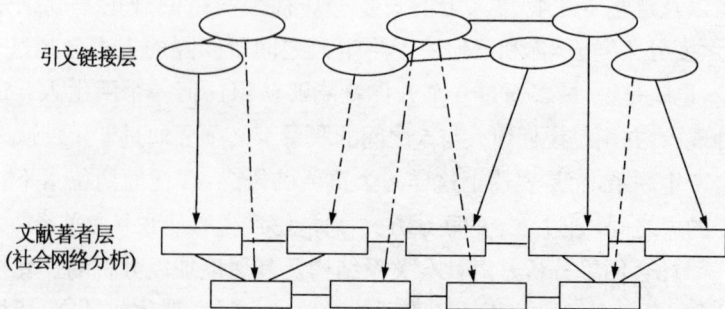

引文链接层

文献著者层
(社会网络分析)

**图 2-7　基于社会网络分析的引文链接结构**

　　在此基础上,社会网络分析方法被进一步用于以人为知识单元的知识链接与知识网络构建,如专家知识地图的构建。专家知识地图实质上是以专家为节点的知识网络,在各节点上通过对专家所具有的知识及各种技能进行显性化的标引,以此来实现专家的定位功能。它能以一种通用、直观的方式将散落的专家知识汇集、管理并予以呈现,同时提供用户易用的智能化导航系统,为知识重组和知识服务提供良好的服务平台①。构建和使用专家知识地图的目的是将正确、适当及适时的信息传递给适当的人,以帮助该用户能够做出正确的决策②③。从社会网络分析的视角出发,通过运用中心度分析、凝聚子群分析等方法可以对专家知识地图中成员的链接关系和网络特征进行分析,更好地促进网络中的知识交流与创新,帮助隐性知识的显性转化。

---

　　①　庄善洁. 从情报学角度谈知识地图的应用[J]. 现代情报,2005(8):198—200

　　②　刘彤,时艳琴. 基于社会网络分析的专家知识地图应用研究[J]. 情报理论与实践,2010(3):68—71

　　③　雷宏振,赵鹏. 基于概念聚类的知识地图模型[J]. 科学·经济·社会,2008(2):50—53

# 3 知识链接构建方法及基础

## 3.1 面向知识评价的规范文档建设

规范文档(Authority File)的概念在文献编目领域中由来已久,是指由规范记录组成的计算机文档。规范记录包含有各个检索点的规范标目、参照关系以及参照根查等信息[①]。规范文档作用于编目和检索两个过程,通过实行规范控制来保证文档标目的准确性和一致性,引导使用者准确找到所需的资料[②]。用于资源组织的规范文档大多对个人、机构等多种名称和文献主题加以规范控制,来保证各个标目的前后一致和唯一性;相比来说,知识链接整体上要求文献数据要准确、全面、更新及时、标目唯一,支持不同字段的相互链接,这就对规范文档建设提出了更高或全新的要求。

### 3.1.1 知识链接对规范文档的要求

(1)规范文档建设必要性

学术论文中包含有许多内外部特征项,每个特征项都有可能单独或与其他项联合,用作知识链接的链点,并被用于进行统计分

---

① 李凤侠,刘春红.清华大学图书馆 INNOPAC 系统中规范库(名称规范)的建立[J].图书馆建设,2002,(5):49—51

② 互动百科.规范文档[EB/OL].[2010-10-15].http://www.hudong.com/wiki/规范文档

析与评价。所以,知识链接所需要的规范文档建设主要就是针对核心知识点及其特征进行关联和评价;而从评价的角度来看,知识链接实体又可以有数量、时间、内容、领域、结构、交叉性、引用、地域等多种类型之分。

表 3-1 简要列出了从不同角度对知识链接实体进行评价的典型应用。为支持从内容、领域、结构和交叉性等角度进行知识评价,需要进行相关的主题标引、文本主题分析、结构关联分析等,加强对作者、机构、基金等项目的准确、规范和全面地著录。

(2)链接实体的著录项

由表 3-1 可知,知识链接中需要先对学术论文进行规范的主题标引,再分析主题概念间的各种关联。主题概念的获取,除编目人员利用叙词或主题词表进行标目之外,还可以使用文本分析和挖掘的各种方法来半自动化地实现;主题关联则可以先利用共词方法加以揭示,然后进行可视化展示。

学术论文库中对题名、作者、机构、引文等各链接实体都必须准确、规范地著录。由于重名作者、机构变迁、期刊更名或变迁等多种现象的存在,还必须建立著者姓名库、机构名称库、期刊名称库等专门数据库来加以维护和更新。为了便于区分,各链接实体的著录项可能要包括但不仅限于以下属性:

期刊:规范名称、常用名和简称、译名、历史沿革、语种、主管机构、主办机构、编辑部信息、ISSN、出版周期、刊物级别、所属领域等。

论文:作者、机构、摘要、关键词、分类号、所属学科或领域、主题词、论文类型(研究论文、综述、书评等)、参考文献、资助基金、致谢、来源、语种、年、卷、期、页码、收稿时间、录用时间、刊出时间等。

作者:姓名、译名、曾用名、性别、出生年月、籍贯、单位沿革、职称沿革、职务沿革、学位沿革、专业、研究方向、电子邮件等。

表3-1 常见的知识链接实体及角度划分

| 链接类型 | 实体 | 数量 | 时间 | 内容 | 领域 | 结构 | 交叉性 | 引用 | 地域 |
|---|---|---|---|---|---|---|---|---|---|
| 知识点评价 | 概念 | 研究热点 | 沿革及趋势 | 内涵与外延 | 背景及关联 | 属分关系 | 知识体系 | 参照关系 | 主题地域分布 |
| | 关联 | 关联强度 | 知识演变 | 语义、相关等关系 | 知识结构 | 核心概念、知识结构 | 领域融合 | 知识链接、领域交叉 | 主题地域分布 |
| 知识产出评价 | 论文 | 产出能力 | 趋势、热点、发文时滞 | 主题或内容分析 | 领域分析 | 文本结构解析 | 相似性度量 | 影响力评估、知识链接、相关文献发现等 | 地域科研力量分布 |
| | 作者 | 研究活跃度 | 个人信息变化 | 研究兴趣点分布 | 相关（合作/竞争等）人员/机构、领域关注度 | 科研队伍分析 | 研究者单位变迁 | 影响力评估、相关研究者识别等 | 地域科研力量分布 |
| | 机构 | 研究群体 | 机构沿革 | 科研布局、优势方向 | | 属分关系 | 研究者单位变迁 | 影响力评估、相关研究者识别等 | 地域科研力量分布 |

续表

| 链接类型 | 角度<br>实体 | 数量 | 时间 | 内容 | 领域 | 结构 | 交叉性 | 引用 | 地域 |
|---|---|---|---|---|---|---|---|---|---|
| 知识产出评价 | 基金 | 关注度 | 科研布局、研究重点、学科交叉、研究前沿等及其演变 | | 战略布局、领域分布、多学科性 | 类别设置 | 相关基金识别 | 影响力评估、相关基金识别 | 科研投入 |
| | 期刊 | 交流活跃度 | 期刊沿革 | 主题分布、相关期刊 | 领域交叉 | 栏目划分 | 同名期刊识别 | 核心期刊评估、影响期刊识别别等 | 科研交流环境 |
| | 会议 | 活跃度、关注度 | 会议沿革 | 热点主题、研究前沿 | | 研究方向分布 | 相关会议识别 | 影响力评估、相关会议识别 | |

机构:规范名称、常用名和简称、译名、所属国、所在地、地址、邮编、上下级隶属关系、历史沿革及时间、所属行业或领域、机构性质等。

基金:基金规范名称、常用名和简称、译名、级别(如国家级、省部级等)、历史沿革及时间、项目类型(如面上项目、重点项目、青年项目[①])、项目(和/或子项目)正式名称和编号、主管机构、承担机构等。

会议:会议规范名称、届次、召开时间、地点、主办/承办机构、会议常用名和简称、历次会议简况等。

通过对万方期刊、维普期刊、CNKI 和 Springer、ScienceDirect、Wiley 等国内外全文库和 CSSCI、DISC[②]、中国科技信息研究所知识链接门户系统[③]、SCI 等国内外二次文献库的对比发现,多数文献库都具有"作者+作者单位"的筛选功能,但对于具体的作者单位则没有上下级隶属关系的区分;中文库大多提供基金资助的检索入口,而外文库则多数不提供此功能。值得一提的是,单纯依靠姓名不足以区别同名作者,国内作者姓名的英文缩写更是难以唯一化,因此有必要为作者姓名附带上出生年月属性。以上所描述的链接实体之间的主要关联关系大致可以表示为图 3-1。

知识链接总体上要求学术论文的各个著录项都得到规范和全面的标目,并且能够被唯一识别,因而比传统的图书馆文献信息组织更为深入、更为细致。

---

① 徐岩英,毕新刚,陈始明等.1986—2006 年国家自然科学基金资助肿瘤研究的统计与分析[J].中国科学基金,2010,(1):47—51

② 国家科技图书文献中心.国际科学引文数据库[EB/OL].[2010-12-07].http://disc.nstl.gov.cn

③ 国家工程技术数字图书馆.知识服务平台[EB/OL].[2010-12-07].http://168.160.16.186/

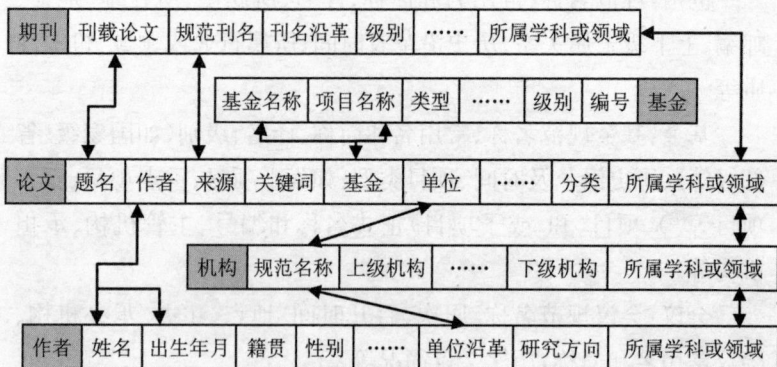

**图 3-1　知识要素间的主要关联关系**

### 3.1.2　面向知识链接和资源组织的规范文档对比

　　文献信息资源组织是图书馆的核心职能之一,涉及几乎所有的文献类型。传统的资源组织主要分为采访和编目两大部分,并均已在长期实践中形成一套完整的规则和标准。国际上和国内有多种规范文档建设规则,如《国际标准书目著录》(ISBD)、《国际编目原则声明》(ICP)、《虚拟国际规范文档》(VIAF)[①]、《中国文献编目规则》(2005)、《CALIS 联机合作编目手册》等;还有多种编目标准,如 MARC、简单知识组织体系(SKOS)、XML/RDF 关联数据、联机信息交换标准(ONIX),以及取代《英美编目规则》(AACR)的《资源描述和检索》(RDA)等,这些规则和标准都可以为知识链接的规范文档建设提供参考。

　　资源组织中的规范文档建设,既是为以后的标目提供参考,提高工作效率,也是为了提高图书馆用户的文献查全率,通过为标目项添加多个参照来减少漏检。相比来说,知识链接主要围绕知识

---

　　① 顾犇. 虚拟国际规范文档——连接德国国家图书馆和美国国会图书馆的规范文档[J]. 国家图书馆学刊,2006,(4):87—92

对象、知识要素等相关链接实体来开展,客观上更加要求每个标目项都要准确无误,且能够指示沿革变化。

面向知识链接的规范文档,可以深入到知识元或论文主题的层面,建立知识点与论文间的对应关系,充分挖掘论文主题与各种知识产出属性间的关联关系;注重数据的可分析性和全面性;并可以用主题图、时间线、知识图谱、主题演化或计量图表等可视化形式来展现结果,为知识链接反馈各要素的多角度数据及其关联。表3-2将面向知识链接和用于资源组织的规范文档建设,在服务目的和对象、文献数据类型、组织要素、组织深度、表现形式等方面存在的差异进行了简单对比。

表3-2　知识链接和资源组织对规范文档建设的差异

| 类型 | 服务目的 | 服务对象 | 文献类型 | 组织重点 | 组织要素 | 组织深度 | 表现形式 |
|------|---------|---------|---------|---------|---------|---------|---------|
| 知识链接 | 统计检索、计量分析 | 图书馆员及分析人员 | 论文为主 | 可分析性、全面性 | 知识元和论文 | 知识元、文献外部特征,及其相互关联 | 可视化、图表、报告 |
| 资源组织 | 标目、检索、文献服务 | 图书馆普通用户 | 图书为主 | 可获取性、可用性 | 图书或论文 | 文献外部特征 | 分类或列表 |

以资源组织为目的的规范文档,由于数字化期刊论文库的逐步完善,资源加工时很少涉及对期刊中逐篇论文的编目,主要是对图书的编目;组织深度大多限于图书或论文的外部特征,注重资源的可获取性和可用性,而不过分追求全面性;大多以分类或列表的形式展现数据,满足图书馆用户的文献检索需求。

　　受人力、物力和资源规模的限制,可能不是所有机构都有实力开展面向知识链接的规范文档建设。从文献调查来看,编目工作中对人名和团体/机构名称的著录规范讨论较多,如国家图书馆开展的中文名称规范①、清华大学图书馆开展的名称规范数据库建设②、香港图书馆开展的中文名称规范数据库建设③、团体名称规范检索点设置④等。主要探讨如添加人的自然属性或社会属性等来区分同人异名、同名异人等情况,以及团体/机构名称的著录规则等。

　　面向知识链接的规范文档建设必须构建多个规范的名称数据库,如作者姓名库、机构名称库、期刊名称库、基金项目库、会议名称库等,建立相互关联并分别维护和更新,从而使各个链接实体都能够得到规范、唯一的识别,以便于计量、分析、关联和评价。

### 3.1.3　规范文档建设

　　(1)期刊论文元数据集

　　期刊论文元数据元素多达 17 项、70 余个数据标识,主要的几项元数据元素如表 3-3 所示。

　　由表 3-3 可知,围绕着期刊论文数据,论文主题、作者、作者机构、期刊、引文和基金等信息相互关联,且各自又有着详细的著录字段,共同支撑着知识链接。其中,论文主题的标引更多地需要人工参与,引文数据库的著录与论文数据库相近,而作者、机构、期刊和基金这四类信息则需要各自建立规范的名称数据库。

　　① 曹玉强. 国家图书馆中文名称规范的探讨[J]. 图书馆建设,2007,(3):46－48

　　② 刘春红,李凤侠,杨慧. 清华大学图书馆名称规范数据的著录探讨[J]. 现代图书情报技术,2005,(2):67－70

　　③ 程小澜,丁红. 香港图书馆中文名称规范数据库的建设及经验[J]. 图书情报工作,2002,46(5):54－57,16

　　④ 张期民. 关于我国团体名称规范检索点的思考[J]. 大学图书情报学刊,2010,28(2):68－71

**表 3-3  期刊论文元数据集的主要元素**

| 元素名称 | 修饰词 | 标识 | 元素名称 | 修饰词 | 标识 |
|---|---|---|---|---|---|
| 标识符 | 论文 ID | ArticleID | 引文 | 引文 ID | CitationID |
| | DOI 号 | DOINumber | 日期 | 收稿日期 | ReceivedDate |
| | DOI 地址 | DOILink | | 修回日期 | RevisedDate |
| 名称 | 论文题名 | Title | 基金 | 基金 ID | FundID |
| | 题名译名 | TranslatedTitle | | 基金名称 | FundName |
| 作者 | 作者 ID | AuthorID | | 项目 ID | ProjectID |
| | 作者姓名 | AuthorName | | 项目编号 | ProjectNumber |
| | 作者次序 | AuthorOrder | 来源 | 期刊 ID | JournalID |
| 机构 | 机构 ID | InstituteID | | 规范刊名 | JournalTitle |
| | 机构名称 | InstituteName | | 栏目名称 | ColumnName |
| 主题 | 分类号 | ClassNumber | | 出版日期 | PublishedDate |
| | 关键词 | KeyWords | 定位 | 年 | Year |
| | 主题词 | SubjectWords | | 卷 | Volume |
| | 学科 | Discipline | | 期 | Issue |
| 描述 | 摘要 | Abstract | | 页码 | PageRange |

(2)名称数据库元数据集

同样作为名称数据库,期刊名称库、作者姓名库、机构名称库和基金项目库在建立规范名称库时不可避免地具有一定的相似性;依其各自的特点,又各自具有不同的著录项目。其中,机构和基金项目可能都会具有一定的上下级关系,如机构可能有主管机构和从属机构,基金项目可能有分项目、子课题等,在元数据描述上较为接近,如表 3-4 所示。

表 3-4　机构元数据集和基金元数据集的主要元素

| 机构元数据 | | 元素名称 | 基金元数据 | |
|---|---|---|---|---|
| 标识 | 修饰词 | | 修饰词 | 标识 |
| InstituteID | 机构 ID | 标识符 | 基金 ID | FundID |
| Title | 规范机构名 | 名称 | 基金名称 | FundName |
| TranslatedTitle | 机构译名 | | 项目 ID | ProjectID |
| FormerTitle | 曾用机构名 | | 项目名称 | ProjectName |
| FormerDate | 曾用名起止时间 | | 项目编号 | ProjectNumber |
| UpTitle | 上级机构 | 隶属关系 | 上级项目名称 | UpProject |
| SubTitle | 下级机构 | | 下级项目名称 | SubProject |
| DepartmentID | 主管部门 ID | 责任者 | 管理机构 ID | AdminAgencyID |
| Decipline | 学科分类 | 主题 | 基金分类 | Calss |
| Industry | 机构行业分类 | | 所属学科领域 | Domain |
| Area | 地区 | 地区 | 国别 | Country |
| RegisteredCode | 机构代码 | 其他 | 资金来源 | FoundedEntity |

　　期刊可能会经历停刊、复刊的变化，也可能存在着出版周期的变更，其元数据集的主要元素见表 3-5。作者姓名会存在重名现象，当国内作者的英文译名简写时，这种重复现象更是严重，为此，除了要准确著录作者姓名外，还需要为其附加上自然属性（如出生年月、性别、国别等）或社会属性（如博士、教授、学科、专业等）[①]，其元数据集的主要元素见表 3-6。

--------

　　① 曹玉强. 国家图书馆中文名称规范的探讨[J]. 图书馆建设,2007,(3):46—48

表 3-5　期刊名称元数据集的主要元素

| 元素名称 | 修饰词 | 标识 |
|---|---|---|
| 标识符 | 期刊 ID | JournalID |
| 名称 | 规范刊名 | Title |
| | 刊名译名 | TranslatedTitle |
| | 曾用刊名 | FormerTitle |
| | 曾用名起止时间 | FormerDate |
| 日期 | 创刊日期 | CreatedDate |
| | 停/休刊日期 | CeasedDate |
| | 复刊日期 | ResumedDate |
| 责任者 | 主办单位 ID | CreatorID |
| | 主管部门 ID | DepartmentID |
| | 编辑部名称 | EditorialOffice |
| | 出版单位 ID | PublisherID |
| 主题 | 学科分类 | Decipline |
| 出版 | 出版周期 | PublishingPeriod |

表 3-6　作者姓名元数据集的主要元素

| 元素名称 | 修饰词 | 标识 |
|---|---|---|
| 标识符 | 作者 ID | AuthorID |
| 名称 | 规范姓名 | AuthorName |
| | 规范译名 | TranslatedName |
| 个人 | 性别 | Gender |
| | 出生年月 | BirthDate |
| | 所属机构 ID | InstituteID |
| | 曾属机构 | InstituteID |
| | 曾属起止时间 | FormerDate |

| 元素名称 | 修饰词 | 标识 |
|---|---|---|
| 附加属性 | 专业 | Specialty |
| | 研究方向 | ResearchField |
| | 教育履历 | EducationResume |
| | 职称沿革 | ProfessionalTitle |
| | 职务沿革 | Headship |
| 联络 | 电子邮件 | Email |

关于上述几种规范文档的建设,已经有一些可以借鉴的研究成果和实践。以基金项目库为例,虽然尚没有覆盖广泛的综合性基金项目库,但诸如国家自然科学基金委等著名基金资助单位均有项目信息查询平台可供借鉴。再如机构名称库,全国组织机构代码中心建有"实名制共享平台"①,可以通过组织机构代码、名称或关键字来查询机关、事业单位、企业、社会组织等各类法人机构及其分支机构的基本信息;万方数据建有机构数据库,分为企业、科研、教育和信息机构等4类②。

## 3.2　科学文献中机构词典的构建

### 3.2.1　科研实体词典编制

知识链接需要对文献的内外部特征进行规范,除了文献题目以外,期刊名称、出版社名称、作者、作者机构名称和基金等也是链

---

① 全国组织机构代码管理中心.实名制共享平台[EB/OL].[2010-12-07].http://www.nacao.org.cn

② 万方数据.机构检索[EB/OL].[2010-12-07].http://g.wanfangdata.com.cn/Institution.aspx

接过程中需要进行规范的科研实体,它们对于知识服务和统计评价功能的实现有着关键性作用。

在规范文档建设基础上,需要将文本内容中的科研实体提炼出来,并对相关内容进行存储,然后编制成科研实体词典,在标准名称和别称之间建立联系。如同一机构可以有实名、指称、原称、译名、缩写和简称等多种不同的名称;科研实体之间存在用代、隶属和相关等关系。辨析科研实体之间的同义、近义、反义、隶属、整体与部分、作用影响等关联关系,是从文献集合中建设独立知识集合的过程。作为知识链接的中枢之一,科研实体词典由具有独立意义的科研实体组成。按照一定的分类框架体系来组织和编制的科研实体词典,只要规模适当、具有语义关系、分级合理并可灵活配置的知识链接,就能大幅提升智能扩展检索功能和概念导航功能。基于科研实体词典相关语义运算技术,实现不同字段间的检索智能扩展;基于科研实体词典相近语义场运算技术,以文本和图像两种形式表现科研实体之间的近似关系,实现科研实体的导航,继而提高知识信息的有效链接率,并适于其动态更新[①]。

科研实体索引的建设是一个信息知识化的过程。首先构建一个信息抽取的原型系统,其次提炼知识内容点的要素并进行规范;第三采用 KDD 和数据挖掘等技术方法,从海量结构化的数据集中识别出新颖、有效的要素;第四采用分类主题标引法,揭示科研实体的主题内容和属性,标识出实体之间的相关关系;最后依据科研实体词典,把知识特征与词典中的标引词汇进行匹配,用相关的标识符将相符的词汇表示出来,进行族性组织和语义组织,使科研实体之间具有等级关系和学科隶属关系。通过规范引文与论文中的作者、机构、期刊名、出版社和基金等名称,梳理科研实体之间错综复杂的关联特征来实现实体之间的关联,并进行多实体关联、多

①　曾建勋.知识链接的构建方式研究[J].图书情报工作,2010(12):32-35,77

视角实体的分析,来达到发现知识之间内容关联的目的。

进行科研实体抽取、概念描述、检索发布示范,构建科研实体导航体系;利用信息构建方法规划服务、揭示模型;利用内容管理技术设计科研实体表现模型;利用知识链接方法构建科研实体与其他资源的链接模型。建设完成后的服务体系要确保科研实体能够得到完整而又系统的揭示;服务深度符合各个知识层面用户的要求;要实现科研实体与其他资源的融会贯通;能够通过聚合、聚类等方式揭示知识;要具备良好的用户体验,便于用户使用。

开放链接标准的广泛应用,主题图、规范文档、知识本体、知识元库和科研实体词典等的构建研究,为建立科研学习环境和数字信息环境之间的链接关系奠定了坚实的基础。在知识链接中,需要重视面向用户需求的范畴分类和主题表达,使各种知识间的关联更具个性化,并实现可视化;需要根据用户信息行为特征和任务需求特点,来对知识进行抽取、标识、组织、导航、挖掘和评价;需要重视知识的多样化与专业化、层次化、内容识别与过滤、显性知识和隐性知识的转换;更加需要重视人与人之间的学术联系,机构、社团间的合作分布等。这种分布异构的各类型数据库通过知识元库、引文链接索引和特定的科研实体词典和索引耦合成整体化的数据库集群,这是一个集成的知识体系。

### 3.2.2　机构词典构建实例

机构实体是对科学文献中作者机构的抽象,它是科学文献中独特的文本结构,是知识结构的基本组成部分[①]。以构建机构词典为例来说明科研实体词典的构建方法,具有典型性和代表性。国内论文产出机构分布广泛、数目庞大且种类繁多。由于高等院校(以下简称高校)是我国科研论文的产出主体,有着典型的结构

---

① 曾建勋,赵捷,吴雯娜等. 基于引文的知识链接服务体系研究[J]. 情报理论与实践,2009(5):1—4,8

特征,因此这里选取高校作为实例来构建相应的机构词典。

(1)机构词典的构建过程

基于本体论及相关知识,从 3 个步骤来构建机构词典:机构实体的选取、机构实体属性的分析以及机构实体间关联模式的分析。

1)机构实体的选取

在词典中,高校的名称将被作为一级概念。高校一般分为若干个院系,而且高校均以具体的院系为活动主体,因此,机构实体词典中必须将高校的二级机构作为词典的二级概念。二级概念的选取与确定实际上是基于对二级机构的划分与处理。一般来说,高校的二级机构可分为两类:一类为传统二级机构,涉及各个学科领域的学院、系或研究所,如理学院、人文社会科学院等,还有图书(档案)馆等教育辅助机构,这是一般高校都会具备的;另一类是高校根据自身的定位、师资以及科研需要等而设立的特别机构,是可选二级机构,并不是每所高校都具备的,如附属医院、下属集团公司、重点实验室等。在构建机构词典时,首要的任务是对每一个机构实体进行剖析,找出代表它的一级机构和二级机构,甚至更多级别的机构,以此作为构建机构词典的主要概念。

2)机构实体的属性分析

机构名称是机构基本属性、内在规律以及特殊性的综合反映。一个完整的机构名称,应该能够反映出该机构的地理位置、活动内容、行业特性、所属关系、工作性质、规模、级别和管理范围等重要信息。从机构实体的名称中可以分析了解到机构实体的绝大多数属性信息,从而可以确定机构词典主要概念的各项属性。

基于文献结合决策树方法对机构名称的分析①,可得出国内

---

① 叶琳莉,黄日茂. 结合决策树方法的中文机构名称识别[J]. 福建电脑,2007(12):184

机构命名的一般表达式:$D+P*n+C$[①]。其中,D 是前缀,主要表达机构地理位置和级别等信息。D 所属集合为{{国名},{方位词},{地名},{序数或基数词},{人名},{专造名},{管理部门}},至少出现一个值;P 代表机构活动,主要表达机构所属行业、学科范围、活动内容以及创办方式等信息。集合 P 所属集合为{{行业},{学科},{创立方式},{产品},{服务}},可以不出现或并列出现 n个值;C 代表着机构性质或类别,C 所属集合为{{医疗单位},{学校},{企业},{科研机构},{公共机构}},至少出现一个值。

基于对机构名称的综合分析,机构实体的主要属性可归纳如下:

①地域属性:指机构的地理位置。这是机构实体最基本的属性,任何机构都具有唯一的地理位置。国内机构的地域属性的表达主要通过省、市、自治区与直辖市的形式,如武汉大学的地域属性是湖北省武汉市。

②学科属性:指机构所属的学科领域。对于专业性机构,其所属的学科门类相对单一,可直接划入某大类学科范畴;对于综合性机构,由于其学科门类较多,很难将其划入某一个学科,这里作者以其学科特性更明确的下级院系来具体确定。如中科院化学所的学科属性是化学,中科院物理所则划入物理学的范畴;武汉大学生命科学学院划入生物学范畴。

③行业属性:指机构所属的行业。行业属性能反映出机构生产的主要产品和提供服务的相关特征,如广告业、建筑业、教育业等。

④级别属性:指机构的内、外部的级别属性。以高校为例,其内部有校级与院系级之分;而其自身又属于一定的上级机构,按其外部属性,可分为部属、省属或市属等级别。

---

① 曾文婷,曾建勋. 科学文献中机构要素词典的构建[J]. 情报杂志,2010,29(4):121—125

⑤质量属性:指机构符合有关法规、质量标准或其他特性要求,而获得了一定权威机构所赋予的某些优势或荣誉称号等。如"211工程院校"就是高质量院校的同义词,由于国家的重点投入,使这些学校的科学研究、教育质量、管理水平和办学效益等方面都得到较大提高,教学改革也取得了显著进展。

3)机构实体关联模式分析

机构实体的关联模式决定着机构词典中概念之间的相互关系。机构实体的关联模式可分以下两大类。

①机构实体自身的关联

这一类关联是指机构在其发展过程中,由于其内部结构或其上下级机构之间发生变动而产生的关联。这种关联又可细分为:a)同义关联,包含两个方面:一是机构在发展过程中由于重组、更名或其他原因而发生了结构变动,从而产生新的机构名称。新名称与旧名称、新机构与原有机构之间称为同义关联。产生同义关联的原因有3种:机构在不同时期的名称发生变动,机构解体,机构合并。二是机构多种名称之间的关联也称为同义关联。在日常生活与工作中,人们随意地使用着机构的简称、俗称、英文简写等多种名称,这些不同的名称代表着同一个机构,因此也构成同义关联。b)隶属关联。任何机构都是处于一定的社会环境中,特定机构与其所处环境中的机构之间存在的上下等级关系,这就是隶属关联。例如,中国农业大学隶属于教育部,中国农业大学又涵盖了农学与生物技术学院,因此,教育部是中国农业大学的上级机构,农学与生物技术学院是其下级机构。梳理机构的隶属关联、理清机构之间的关系,对于知识链接和科研实体评价工作有着非常重要的意义。

②机构实体之间的关联

对于一个特定的机构而言,它与其他外部机构也必然有着广泛的联系。常见的关系可分为以下6种:a)地域关联:具有相同地域属性的机构实体之间所具备的关联关系。从某种意义上来说，同一地域的机构往往具有一定关联性，地域关联有助于用户快速缩小目标机构搜索范围，提高搜索效率，地域关联提供同一地区的相关机构，为从事区域研究的科研工作者提供便利。b)学科关联：具有相同学科属性的机构实体之间所具备的关联关系。这种关联关系的揭示，可以帮助用户查找重点或特色学科，有助于用户获知所在机构的学科带头人或负责人等。c)行业关联：属于同一个行业的机构之间所具备的关联关系。这种关联关系的揭示，有助于人们查找行业机构，了解本行业的竞争对手和寻找合作伙伴等。d)合作关联：由于各种合作活动使机构实体之间具备的关联关系，最常见的是项目合作关系。在合作中，这些机构以共同利益为基础，以资源共享或优势互补为前提，共同投入、共同参与、共享成果并共担风险。通过揭示机构实体间的合作关系，有助于用户了解科技资源的利用情况、学术交流活动的强度以及人才培养情况等。e)产出关联：不同机构由其产出结果而产生关联性。如，不同的机构发表相同主题的论文、申请类似主题的专利、提供同类或相似的产品与服务等，这些机构之间因为这种产出结果而产生一定的联系。f)产业链关联：机构之间由于同处于一个产业链的上下游而产生关联关系。产业链是由不同产业机构之间的共同协作构成的，所以，处于一个产业链的这些机构也有着一定的关联关系。通过揭示产业链关联关系，可以获悉大量关于上下游关系机构之间的信息。

　　一个机构可以通过一种或多种方式与多个机构发生关联，因此，机构间的关系是网状的。

　　(2)机构词典模型与实例

　　机构词典是指将科学论文中的机构实体提取出来，分析其能表达知识的属性特性，总结不同机构实体间的关联，并按一定的分类体系组织、编制而成①。

1)机构词典模型②

机构词典模型的构建基于以下内容分析与综合：

①机构词典的属性与关联模式。每一个机构至少有名称、位置、学科和行业这四个基本属性；机构一般按层级划分，有自身的上级机构，有下级机构或二级机构。我国综合型高校的科研活动与产出主要以二级机构为主体对象进行，所以具有学科特性的二级学院是高校类机构词典分析的重点，二级机构才具可比性。因此在分析这类机构时，应尽可能细分至其具体的二级机构。

②机构词典的主体结构。主体结构是基于多种组织方式，包括：一是通过机构实体自身的产出来组织，主要是科技论文，通过科技论文中包含的主题、学科分类和基金等对象，即可实现机构之间的论文产出链接；二是通过机构实体自身的属性特征及对应的关联模式来组织，如地域属性、学科属性、行业属性；三是通过机构实体的其他关联模式来组织，如机构实体之间的合作关联。

③机构词典的网状特性。每一类机构都有着自身的属性特征、论文产出以及关联机构，同时与其他不同的机构发生着各种各样的关联，从而形成了一个机构实体的网络。所以，机构词典应该具有网状特性。

基于上述分析，可以构建出机构词典模型，如图3-2。

2)词条实例

基于以上的模型，我们以"中国农业大学"为例，创建相关词条。

中国农业大学 zhong guo nong ye da xue；

---

① 产业链.［EB/OL］.［2009-12-29］. http://baike. baidu. com/view/479661. htm
② 曾文婷,曾建勋. 科学文献中机构要素词典的构建［J］. 情报杂志,2010,29(4):121-125

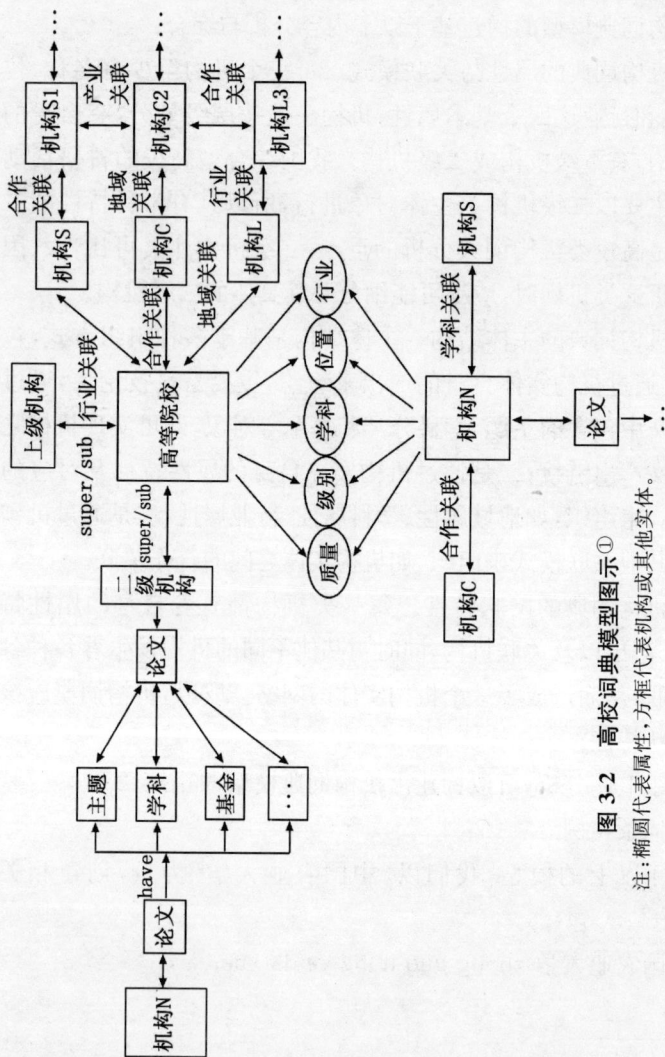

**图 3-2 高校词典模型图示①**

注：椭圆代表属性，方框代表机构要素词典的构建[D]. 北京：中国科学技术信息研究所，2010

① 曾文婷. 科学文献中机构要素词典的构建[D]. 北京：中国科学技术信息研究所，2010

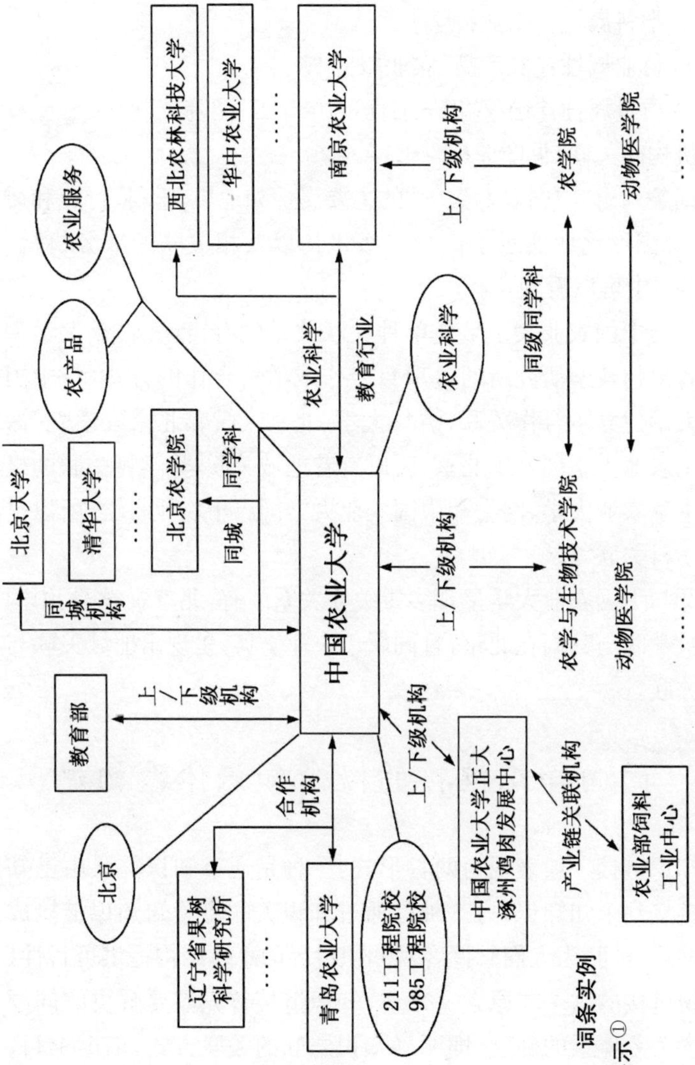

**图 3-3  词条实例部分展示**①

① 曾文攀，曾建勋．科学文献中机构要素词典的构建[J]．情报杂志，2010，29（4）：121—125

China Agricultural University；

01 地域属性：［北京］；

02 学科属性：［农业科学］；

03 行业属性：［农产品、农业服务］；

04 质量属性：［国家"211 工程"、"985 工程"院校］；

机构间关联：见图 3-3。

词条列出"中国农业大学"的主要属性如地域、学科、行业和质量等，并图形化地展示了部分二级机构以及相关联的部分机构。从图 3-3 中可以看到：

①与中国农业大学呈现单种关联关系的有：青岛农业大学和辽宁省果树科学研究所通过项目合作或学科合作的方式，与中国农业大学建立了合作关联；清华大学、北京大学和北京农学院等，和中国农业大学同处于北京，所以有着地域关联；呈学科关联的机构有南京农业大学，因为和中国农业大学同属于农业科学，所以呈现出学科关联。

②与中国农业大学呈现多重关联关系的有：北京农学院、中国农业科学院与其同在北京，且同属于农业学科，呈现出地域关联与学科关联。

# 3.3　面向知识链接的概念知识体系构建

知识链接一般表现为两种形式：一种是通过知识关联由已知知识链接到未知知识；另一种是通过知识关联将已知知识链接成知识网络空间，为人们掌握客观知识世界的总体结构提供可行性。从知识链接的这一本原含义来看，知识链接首先需要解决的问题是概念关系体系的确立，即明确知识之间的关联方式，借助书目、词表、本体、语义分析等工具和技术构建知识关联体系，这是知识链接理论得以实现和深化的基础和核心。

### 3.3.1　概念知识的体系框架

霍宏涛、王任华(2008)①指出,概念是人们根据客体特性概括而得到的心理构想,一组概念可以依据概念间的相互关系构建成概念体系。概念体系反映相应的知识体系。概念之间的关系一般分为层级关系和非层级关系,层级关系包含属种关系和整体部分关系两种类型。完整的概念体系往往是由多种关系构成的一个复合体,可以由多个分体系构成。梁爱林(2005)②指出,概念体系一般是以属种关系为骨架,在个别地方辅以整体部分关系,序列关系和联想关系等。汪云等(2008)③指出,层级关系体现的是范畴层次关系,包括种属关系(generic relation)和整体部分关系(partitive-relation)两种类型。非层级关系也反映了客体之间的某些关系,如序列关系和联想关系等。序列关系是指时间、空间和因果联系以及事物的发展过程阶段等。联想关系是指主题关系或适用关系等。雷玉霞等以军事知识为背景提出知识联通(Knowledge Interconnection),并指出其3种类型,即概念联通、陈述联通和本体联通(Ontology-interconnection)。

从词义上讲,体系(system)是一个科学术语,泛指一定范围内或同类的事物按照一定的秩序和内部联系组合而成的整体。知识关联体系实际上就是一个网络化的知识结构,构建知识关联体系的目的在于简化知识组织和查询,使之有据可依。在注重知识结构关系的原则上,可借助已有的分类法来构建知识关联体系。概念的属性可以根据需要进行修改。通过属性参数,从各个角度尽

①　霍宏涛,王任华.公安信息化术语标准化中的概念体系研究[J].中国人民公安大学学报(自然科学版),2008,(4):39—42

②　梁爱林.关于术语学概念体系研究的发展状况[J].术语标准化与信息技术,2005(4):4—11

③　汪云,周庆申,周大军.军事概念体系的建立[J].中国科技术语,2008(2):11—15

可能全面地描述概念知识,更精确、全面地确定概念主题,并显示概念间的关系。例如,中药领域的中药分类方法主要有按药物功能、药用部分、有效成分、药材自然属性和亲缘关系分类等。中药概念关系体系的构建可以采用比较成熟的自然属性分类法,即采用植物学分类法、动物学分类法,能够更好地反映中药之间的内在联系及其变异特征。不同的知识关联构建方法形成了不同层次和规模的知识关联体系,知识关联体系的构建是知识链接得以实现的前提和保证①。

### 3.3.2　概念关系的构建方法

因为知识间存在多种类型的关系,每种类型的关系特点各异,所以存在多种建立知识间关系的方法。既有基于计算机自动化建立知识间关系的方法,又有基于传统结构化词表建立概念间关系的方法,即使是计算机自动化建立知识间关系方法,其自动化建立的思路与算法也是多种多样的。同理,基于传统结构化词表建立知识间关系方法的思路与过程也是多种多样,每种方法建立的知识间关系类型也存在着不同,有的方法只能建立等同关系,而有的方法既可以建立等同关系,又可以建立上下位关系、与关系、或关系等多种关系。

（1）借助词表建立知识关联体系

基于结构化词表建立知识间关系,可以获取概念间的等同关系,其原理是把同义词典作为同义词语料库,利用该语料中所含同义词组与领域专业词汇库匹配,找出在领域专业词汇库中出现且在同义词词库中是同义词的词组②。借助现有的同义词词典匹配出专业词汇库中的同义词词组,从而构建知识单元间的等同关系。

---

① 周扬,王振国. 中药 Ontology 概念关系体系的构建探析[J]. 中国中医药信息杂志,2009(3):96—97

② Jenny Walker. Cross Ref and SFX: Complementary Linking Services for Libraries [J]. New Library World,2002,103(1174):83—89

利用分类主题一体化词表中已有的概念层级体系关系来建立知识间关系,《中国分类主题词表》是国内比较权威的分类主题一体化词表,它既有中图分类表,又包含了分类下的主题词表,很好地把二者结合起来,对概念类的分类以及建立概念间关系起着重要的指导作用。以"农业"学科为例,选择"S农业科学"类目,在此类中既有农业领域各概念的分类,又有概念之间的"用"、"代"、"属"、"分"和"参"等关系,在建立农业领域概念间知识关系时,可以借鉴和继承中国分类主题词表网络版已有的关系,直接从中方便快捷地获取所需的概念及其概念间关系[①]。

利用已有叙词表来获取词间关系,叙词表中包含了"用"、"代"、"属"、"分"和"参"等词间关系,在领域本体构建中可直接利用叙词表中的词间关系,这样既利用了现有的词间关系,又保证了领域知识体系的继承。现有的叙词表主要有两大类:综合性叙词表和专业叙词表,以"农业学科"为例,具有代表性的是《汉语主题词表》(中国科学技术情报研究所,1980)和《农业科学叙词表》(方陆明,1994)。从《汉语主题词表》中获取词间关系的具体步骤为:首先从《汉语主题词表》的范畴索引中查找到农业学科的类目范畴为"49农林科学",在此类目下的所有叙词都是农业领域的概念,从范畴索引中先确定每个类号与类名,以及该类号下的叙词,利用字顺索引所指主表位置,在字顺主表中查找出对应的叙词及其所带词间关系,获取该叙词的词间关系。

(2)基于词库系统建立知识关联体系

基于词库系统建立知识间关系的方法是一种以已有词库系统为基础数据库,从中抽取出符合概念间关系建立规则的词间关系,虽然各词库系统都是基于语义结构建立的概念间关系,但因各词

---

库系统的构建目标与设计思路不同,导致了基于词库系统建立的概念间关系特点与类型存在差异。国外比较权威的词库系统有WordNet、MindNet、FrameNet 和 VerbNet 等。WordNet 词库系统中构建的概念间关系类型主要是以同义词集的等同关系与上下位关系为主;MindNet 词库系统中构建有 24 种不同类型的概念间关系类型,包括等同关系、整体与部分关系和因果关系等;FrameNet 词库系统中构建了多种概念间关系类型,包括继承关系、相关关系、整体与部分关系、使动关系、使用与被使用关系、透视关系和优先关系等;VerbNet 词库系统中构建的概念间关系是以动词语义关系为主,它更多地属于概念-属性-概念间关系。国内最具有借鉴与吸收价值的是中国科学院计算机语言信息工程研究中心开发的知网(HowNet)知识库系统,该知识库系统中构建了 16 种不同类型的概念间关系,包括有上下位关系、同义关系、反义关系、对义关系、部分与整体关系、属性与宿主关系、事件与角色关系等多种概念间关系。由于各词库系统中所含的概念间关系多数是从概念间通用语义结构角度而建立的,所以,基于词库系统可以用于建立知识关联体系。

(3)基于模式匹配识别建立知识间关系

基于模式匹配识别建立知识间关系的理论依据是词典的词汇释义解释有其固定的表达模式,通常是使用同义词、准同义词和上下位词来对未知概念词汇进行解释[①]。基于该理论使用特定的模式去实现词间关系的提取和识别,由于它是把词汇作为整体去匹配识别,避免了切词匹配过程中破坏了词汇作为整体而特有的含义,所以不仅简单方便,而且识别出的词间关系准确率高。如果以海量的词汇释义库为基础,则可以枚举出各种词间关系的模式并

---

① 陆勇,侯汉清.基于模式匹配的汉语同义词自动识别[J].情报学报,2006,25(6):720—724

在词汇释义库中的匹配词汇释义,匹配出符合条件的词间关系。

(4)基于词汇同现建立知识间关系

数据库中期刊论文是比较规范的专业文章,论文的关键词和标题核心词都是经过作者思考所形成的,对这些词汇进行深入研究,有望获得一些词间关系[①]。基于词汇同现建立知识间关系方法是利用统计学原理获取概念词汇间的相关度,进而判断概念间存在何种语义关系。

(5)基于用户检索痕迹建立知识间关系

网络时代人们获取信息的途径主要通过网络搜索,当用户在使用搜索工具进行检索的过程中,经常会自觉地使用布尔逻辑算法"与"、"或"、"非"的组合搜索,实质则是用户根据自己的知识经验对所使用的检索关键词之间的关系做出了初步的判断,大量的用户对这些检索关键词的使用必然具有一定的规律性,利用网络用户使用匹配的关键词进行统计分析,可以初步建立一些知识点间关系。

基于关键词集合构建关联网络所遵循的原理是[②]:设 n 是知识点具有共同的关键词集合 S,则这 n 个知识点均是互相关联的;将各知识点作为点,各关联关系作为有向边,可以绘制基于关键词集合 S 的有向完全图 G;将关键词按特定策略划分为集合,并综合各关键词集合,根据算法画出有向完全图,可以得到该关键词集合划分策略下的完整知识关联网络。关键词集合指包含了一个或多个关键词的集合。关键词集合所包含的关键词内容与数量如何设置,取决于知识关联所遵循的关键词集合划分策略。

国外的 Citeseer 检索系统和国内的清华同方(CNKI)检索系

---

①　常春,赖院根.基于文献标题词汇共现获取词间关系研究[J].图书情报工作,2009(8):17—20

②　王明芳.基于关键词集合的知识关联网络构建[J].重庆文理学院学报(自然科学版),2008(27):6

统都是基于用户当前的浏览行为进行关联推荐,包括推荐与当前浏览文献主题相似或者有相互引用关系的其他文献;推荐与当前浏览文献的作者或机构相关的其他作者或机构;推荐与当前使用的检索关键词相关的其他检索关键词。关联推荐根据用户的检索行为进行有效的关联推荐,扩大检索范围,提供多种多样的链接渠道,消除信息孤岛,给用户的信息链式获取提供极大的方便。但目前还没有数字图书馆检索平台在实现文献关联推荐的同时,也实现检索结果聚类①。

(6)基于目录层级体系建立知识间关系

随着计算机网络的发展,现有的纸质图书大量地被电子化,并建立了图书数据库,方便读者通过网络随时随地无限制地阅读,大量图书不需要读者利用传统方法去图书馆借阅,电子化的图书同样为建立知识间关系提供了方便的途径,即利用电子化图书中目录标题,以及目录之间的层级关系,挖掘已有领域知识中所含的概念间关系,初步建立知识间关系。

术语标准是专业领域非常重要的权威数据,在术语标准中,对每个领域术语词汇做出严格明确的解释限定,明确了各个术语词汇表达的概念,在术语标准的目录层级体系与具体内容章节中包含了大量的术语概念间的关系,不仅可以从领域术语标准中获取概念词汇,而且更重要的是可获取领域概念词汇间的概念语义关系。基于术语标准层级体系建立知识间关系方法是从权威的领域术语中挖掘出知识概念间语义关系,不仅所建立的概念间关系准确性高,而且术语标准的概念释义对领域知识界定具有重要的参考与借鉴价值。也可通过百科全书的目录与索引获得如上下位关系、矛盾关系和等同关系等多种知识间关系。

① 吉雍慧. 数字图书馆中的检索结果聚类和关联推荐研究[J]. 现代图书情报技术,2008,161(2):69－78

（7）基于字词相似度建立知识间关系

主要包括基于字面相似度识别方法、基于多字词的词素切词识别方法和基于英译名一致性识别方法建立知识间关系[①]。基于字面相似度识别方法是以汉语词汇的构词特征为基础，经过两词汇间的匹配达到同义词识别的目的，该方法的基本原理是根据汉语的构词特征，即汉语中的同义词、准同义词都含有相同语素，如果两词在字面相似度越大则成为同义词的可能性也越大[②]。基于多字词的词素切词识别方法是针对多字词而用的，理论依据是在多字词中，如果经切分的每个词素都与其他多字词中的词素对应词义相同，则这两个多字词汇被认为是同义词组[③]。基于英译名一致性识别方法是利用专业词汇库中词汇的英译名匹配，查找出英译名相同的专业词汇组，并把其作为同义词词组，该方法理论依据是在专业领域中同一个英文术语可能译为不同的汉语词汇，但其实质表达了相同含义，则不同的汉语词汇可作为同义词组，所以，当不同词汇的英译名如果完全相同时，则该组专业词汇多数是同义词组。

### 3.3.3　基于概念关系的知识链接方式

（1）知识元与知识元库的建设

知识元是构造知识结构的基元，是实现知识元链接的基础。知识元与引文索引的本质区别在于它构建的不是文献链而是知识链，创建知识元库通过文本中的知识元及知识本身的抽取，以知识元的概念表示为结点，并在知识元库中建立相关联的知识元链接，从而揭示单篇文献中的单个知识元与一定领域内共性的知识结构

① 王世清．本体构建中建立概念间关系方法研究[D]．北京：中国农业科学院，2010

② 张琪玉．字面相似聚类法辅助构造词族表、分面类表和自动标引[J]．图书馆论坛，2002,22(5)：95－96

③ 周荣莲．汉语叙词表语义场构造分析[J]．图书情报工作，2000(8)：41－45

的链接关系。

借助人工智能技术与知识网格技术，可以完成知识元的抽取、分类与标引以及知识元库的建立。知识元库的表示和构建需要借助主题图来反映知识元之间的等级关系、矛盾关系、同一关系和簇类关系等各种隐含的有效关联，建立起知识元之间的关系，实现知识元的耦合，并进行知识元与文献资源之间的关系映射。

分类法和主题词表是信息组织的有效工具。在数字环境下，分类主题实现一体化，一体化系统作为一种重要的主题图，在知识元库建构及知识元链接中有着重要作用。在分类主题一体化系统中，主题概念之间有着等同关系、等级关系和相关关系等丰富的词间关系，清晰明确地揭示出知识概念之间的相互联系。借助于该系统，可以对某一知识概念所在的资源位置进行定位，以特定的方式直观地展示主题、主题间的相互关联，确立主题与信息资源的联系；这样将抽象的知识内容组织起来，形成一个具有概念参照系的知识地图，进而形成结构化的语义网络，并借助链接技术，将用户指引到相关的资源，获得所需要的知识[①]。在 CNKI 的知识服务系统中，以知识元库为转换中心建立知识元链接，各种知识资源数据库中不同的知识信息通过描述与被描述的关系，依据知识元素关联成为一个非线性的整体，很好地实现了知识元解读和知识元耦合[②]。

（2）知识要素的抽取标引

识别和抽取科技文献中的技术项目、参数指标和图形表格等知识要素，对知识要素的语义特征、语义模型和语义属性进行标注和标引，通过这一过程，可以对技术项目、配方剂量、参数指标、图

① 曾建勋. 知识链接的构建方式研究[J]. 图书情报工作，2010(12):32—35,7

② 顾东蕾. 基于生物信息学的学科知识网络及其应用研究[D]. 南京:南京大学,2007

形表格进行概念化描述,建立与其他知识要素的关联,实现数据聚合。

利用数学技术方法自动处理、分析和判读图形、表格及其所处的环境。通过模式识别抽取图形、表格的主要表达特征及上下文环境,并将相关数据存储于计算机中,利用这些特征与预定义的图形、表格识别模型进行比较匹配,匹配上的图形、表格通过计算机技术进行分离、提取、标识及保存,从而实现图形、表格及其所处的环境信息的识别。利用模式识别理论,通过文本型 PDF 文件的结构和内部数据的分离算法识别图形和表格,建立图形、表格的识别模型和匹配模型,利用识别算法标注欲提取的图形、图表及环境文本,继而分离、提取图形和表格及其参数指标。

对科技文献信息中包含的大量图形、表格及其与上下文关系的分析,通过递归算法等推导参数指标语义模型,利用机器学习理论和上下文分析理论,识别参数指标。清洗、析出科学数据的主要过程是,首先利用上下文分析方法自动分析和判读存储于计算机中的图形、表格所处的环境信息,找出其语义特征;其次利用参数指标语义模型,通过语义特征分析判断图形、表格中包含参数指标的属性,并将相关属性进行标注;第三利用数据清洗方法对图形、表格进行清洗,实现参数指标的识别与分离。

基于知识组织中的概念体系,利用自动切词技术对参数指标和图形表格等这些知识要素进行元数据描述和知识加工标引,按照参数指标等知识要素的元数据规范,进行自动标注获取相关属性,对抽取的知识要素进行概念判断、识别、描述、归类和链接,从而建立起知识要素的概念化表达和关联,并建立知识要素数据库。

## 3.4　DOI 与参考链接机制构建

### 3.4.1　参考链接机制构建

　　互联网是 HTML、HTTP 和 URI/URL 三大要素组成的信息空间。其中 HTML 作为文件格式，HTTP 作为传输协议，URI 作为通用的名称/地址的命名规则，URL 是统一资源定位器，代表互联网上某个具体的地址。所谓超文本链接，是指使用超文本标记语言（HyperText Markup Language，简称 HTML）的标记指令，通过统一资源定位符（Uniform Resource Locator，简称 URL），指向链接对象的具体位置，在链接源与链接目标之间建立联系，它是表现信息之间关系的一种手段。在超文本链接中，链接是超文本的核心，其基本特征是在信息节点中嵌入 URL 标识，然后在信息节点之间建立关联关系。

　　在作为链接源的资源对象中嵌入链接对象的 URL 地址，来建立链接源和链目标之间的关联。这种方法利用标准 HTML/URL 方式，简单易行。但是，URL 链接方式是一种单向的基于资源对象物理位置的链接，它存在以下两个问题：①分布、异构的数字资源系统中资源对象在内容、结构和位置上经常发生变化，而 HTML/URL 链接方式是指向链宿的物理位置，一旦链宿物理位置发生变动需要及时纠正；②HTML/URL 是单向、单个的链接机制，只能从链接源单向到链接目标，且链接源只能指向一个链接目标，难以反映资源对象间复杂的连接关系。

　　随着许多新技术标准的陆续出现，资源之间链接关系的建立方法有新进展，从而推进基于多样性信息环境的知识链接。例如，RDF 建立表达语意和知识关系的模型，DOI 和 CrossRef 建立数字物体唯一标识体系固化相互之间的引用关系，而 OpenURL 则用来表达基于用户环境和身份的动态链接关系。

采用数字对象唯一标识符技术。通过永久性的逻辑标识符（如 DOI、SICI）来唯一地标识每个数字对象，使每个被链接的数字资源对象都有一个唯一标识符，这些唯一标识符并不包含所标识对象的物理位置信息，但可通过一定的解析系统获得对应的标识对象物理地址（URL），从而使数字资源对象的标识独立于物理位置、应用系统和存取协议，在唯一标识符的基础上实现跨系统的指向、链接和读取。

采用 OpenURL 开放协议。OpenURL 是一个开放的动态的链接标准和框架，其核心是规定了复杂的资源对象间统一的链接机制和链接方式，可以描述信息实体在具有多种关系的环境中所显示的关联。其优势在于它不直接与资源对象的物理地址相联系，而是通过标识符将链接源和链接目标联系起来，并通过第三方链接服务器解析机制动态选择链接目标，使链接源、链接对象和资源对象的需求者处在一个开放式互联框架内，实现了对各类关联资源的有效整合。

采用 XML 链接机制（XLink）。XLink 是 XML 的链接机能，是在 HTML 链接功能之上的扩展，是一种有效表现网络信息关系的一种手段。HTML/URL 揭示的是单向和单个的简单链接，与之不同的是，XLink 可以在文档之间建立单向或多向的复杂链接关系，可以支持多方向的扩展链接。例如通过 XLink 的复数链接功能，可实现从一个链源到若干个链宿的指定；通过 XLink 的双方向链接功能，可实现链源到链宿之间的相互链接（图 3-4）。

对于这种基于参考链接技术的知识链接来说，无论是封闭式静态链接、开放式静态链接还是开放式动态链接，其核心在于采用超文本链接技术，通过唯一标识符的指向，对文献实体及其之间的引证关系进行定位，并建立相应的链接。三者各有特点：封闭式静态链接是所有嵌入 URL 的信息链接点 URL 地址均存储在本地，并在本地进行控制，如 ISI Web of Science；开放式静态链接是其

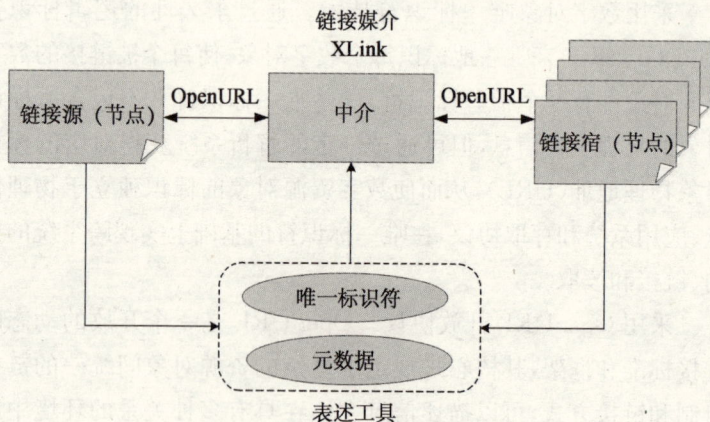

图 3-4　参考链接机制

链接源和链接目标都互相提供链接对象的 URL 地址,如 Cross-Ref;开放式动态链接则于基于 OpenURL 协议建立开放、扩展和多向性链接,如 SFX。

### 3.4.2　基于 OpenURL 的开放式参考链接的实现

OpenURL 框架的提出主要是为了解决链接机制问题。旨在建立一套使第三方能够提供合适附加链接的体系结构,从而形成一系列合适的扩展服务。作为"开放的统一资源定位器",OpenURL 是开放性的链接框架,相对于封闭链接框架而言,开放式链接框架将资源的提供者和链接服务的提供者分离开来,不预先指定链接目标,不限定被链接资源的范围,只是提供与被引用资源相关的元数据,链接实现由第三方系统链接服务器来完成[1]。美国国家信息标准组织(National Information Standards Organization,简称 NISO)认为 OpenURL 框架是一种新的链接语法,并

---

① 孟凡静. 基于 OpenURL 的开放式参考链接[J]. 图书馆学刊,2006,28(4):131—132

于 2003 年将它列入制定标准的程序。

OpenURL 链接框架的概念模型①如图 3-5 所示。

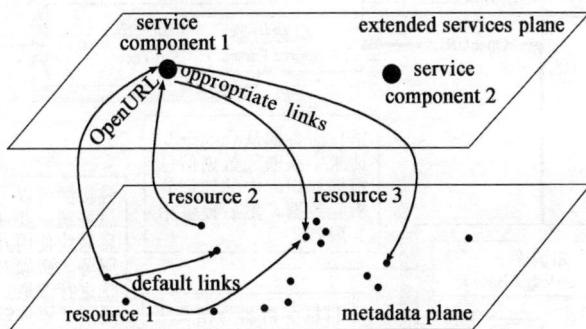

**图 3-5 OpenURL 的链接框架概念模型**

基于 OpenURL 的开放式参考链接可分为两个层面：扩展服务层面和元数据层面。在 OpenURL 链接框架中，除了传统链接系统中的元数据层面（metadata plane），还引入了一个重要的、独立于链接资源的扩展服务层面（extended services plane）。

知识链接系统中的开放链接模型包括两大组成部分：一是 OpenURL 链接集成模型；二是 OpenURL 链接服务模型②。该原型的基本框架流程如图 3-6 所示。

（1）在 OpenURL 中使用 SFX

由比利时 Ghent 大学 Herbert Van de Sompel 研发的 SFX 实现了在不同来源和不同类型数据库之间，以及与图书馆 OPAC 之间建立有机联系，使各类复杂的数据和信息之间的关联变成简单

① Van de Sompel H，Beit-Arie O. Open linking in the scholarly information environment using the OpenURL Framework［J/OL］.［2011-3-4］. D-Lib Magazine，2001，7 (3). http：//www. dlib. org/dlib/march01/vandesompel/03vandesompel. html

② 吴春峰，施水才. 基于 OpenURL 的开放链接服务之原型研究［J］. 现代图书情报技术，2005(12)：55—58

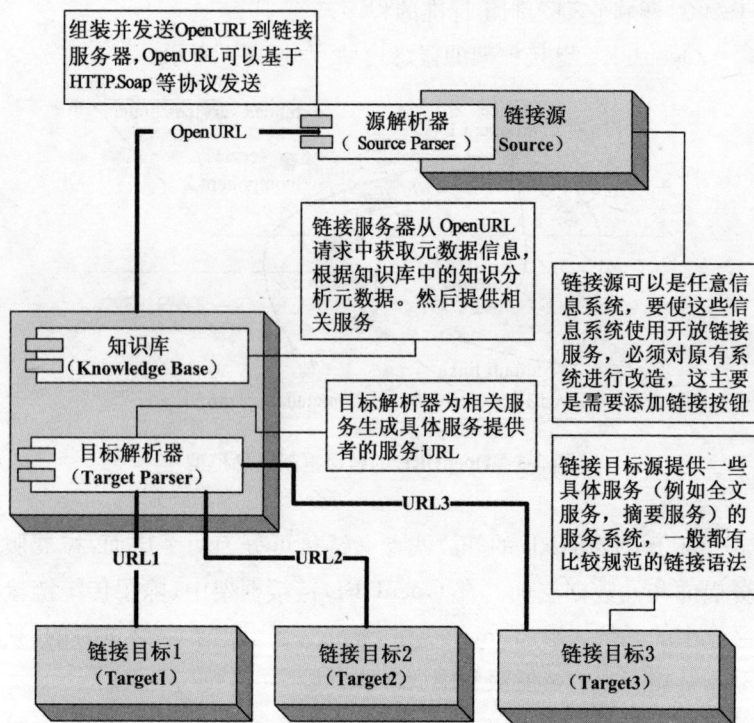

**图 3-6　基于 OpenURL 的开放链接系统流程**

的链接。不仅用于从二次文献到全文的链接，还用于从文摘到文摘、从全文到全文的链接，成为构建图书馆整体信息资源环境的有效工具。目前 SFX 技术已经较为成熟，它被纳入 Ex Libris 系统中广泛应用于国外信息提供商和图书馆界，一批世界著名的信息提供商如 ISI、UMI、UBSCO 也使用 SFX 技术。包括我国在内的全球 17 个国家近 200 个机构选择 SFX 和 MetaLib 的解决方案[①]。

------

① 倪金松. WEB 环境下基于 OpenURL 的开放式参考链接系统的设计[D]. 南京:南京理工大学,2003

（2）开放链接用于资源整合

利用网络超文本链接特性，通过对文献中相关知识点的链接，来实现相关数字资源的链接，达到有效整合资源的目的，形成一个具有内在联系的资源整体。对资源的链接整合需要建立科学的分类体系，合理设置链接点，加强引文链接形成复杂的引文网络，反映知识点之间直接或间接的关系，将所有的数字资源尽可能整合成一个完整知识关系网络。目前，链接整合主要通过封闭式静态链接系统、开放式静态链接系统和本节所述的开放式动态链接系统等 3 种方式实现。封闭式静态链接系统不涉及多个资源拥有者之间的互操作，通过专门程序嵌入 URL 或通过存放于专门数据库的链接记录来表达，所有链接数据都存在本地，其链接准确性较高，成本也高；开放式静态链接系统是资源拥有者互相提供链接对象的标识符或 URL 而建立的两者间链接，通过参考文献元数据项的分解组合来获取和确定引文链接网络地址，从而实现链接。开放式动态链接系统则是在用户需要链接时才根据一定规则来计算链接路径，其链接是动态的，典型的例子包括 OpenURL、SFX、CrossRef/DOI 等[1]。

### 3.4.3　分布式知识库的构建[2]

知识库包括可访问的、本地的或其他的内容提供商的元数据，是处理 OpenURL 时用到的数据库，需要产生上下文敏感链接服务的规则逻辑。知识库的组成部分包括：①链接资源表：该表记录着能够发送 OpenURL 数据到链接服务器的信息资源，如 BIOSIS（生物学文摘）。②概念服务表：该表列出的是链接服务器能使用的链接目标、服务的链接源以及服务的内容。它主要是通过"服务

① 黄晓斌，夏明春．数字资源整合方式的比较与选择[J]．情报科学，2005，23（5）：690－695

② 李广建，李亚子．基于分布式知识库的开放服务链接系统设计与实现[J]．情报学报，2008（2）：244－249

类型"将链接资源表和链接目标表关联在一起。③链接目标表:该表记录着可以作为本地图书馆开放链接目标的信息资源。每个信息资源要成为链接目标,必须定义相应的链接语法。④链接对象表:记录每个链接目标所提供的具体信息,这些信息具有一定的层次结构。

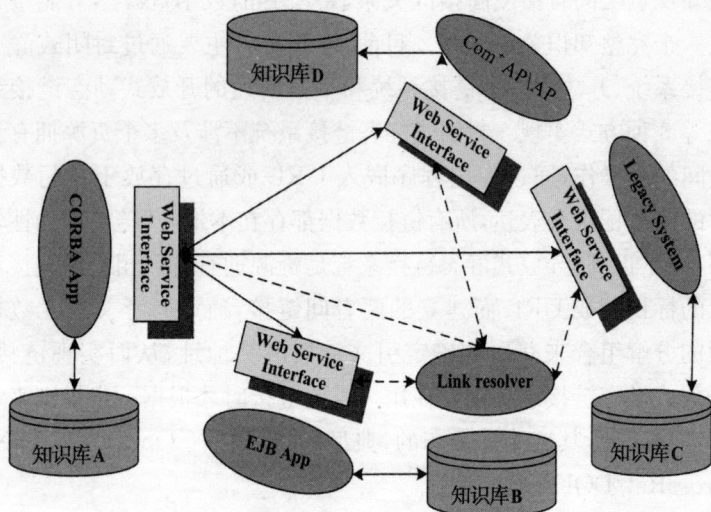

**图 3-7　分布式环境下各知识库系统的工作**

现有的信息组织机构都有自己的系统,且架构相异,原有的事务处理系统、应用程序和 EJB 都已经具备自己的业务功能,需要对物理上分散的知识库在逻辑上实现集中。由于 Web Services 具有自描述性,使用标准协议,封装性、互操作性和集成性较好,可以采用 Web Services 来整合分散的知识库,通过向各个知识库所在系统的 Web Services 接口发送请求,实现对它们的操作;通过不同角色交互来实现知识库所在系统之间的互操作以及链接解析器对知识库的访问。作为链接解析器,无需拥有自己的知识库,是松散耦合的组件系统。在逻辑上,这些知识库就如同本地知识库一样,构建目标链接,生成扩展服务。所以,从某种程度上来说,Web Services 是整合的技术,而不是实现的技术。图 3-7 表示分布式环境下各知识库系统的工作[①]。

## 3.5 知识关系的匹配与关联揭示

### 3.5.1 基于共现分析的知识关联揭示

共现表示的是同时发生的事物或情形,或有相互联系的事物或情形。共现分析是将各种信息载体中的共现信息定量化的分析方法[②,③],其方法论基础是心理学的邻近联系法则和知识结构及映射原则[④]。基于这一理论,可以利用共现分析法来研究词汇之间的关联度、挖掘语义关联,并将它应用于构造概念空间、自然语言处理、文本分类、文本聚类等方面[⑤]。

文献共现是文献相互联系的外在表现。通过对文献共现现象的分析,可以了解文献之间所存在的关联类型和关联程度,能够从多个角度来挖掘隐含在文献中的各种信息。目前受到广泛关注和

① 李广建,李亚子. 基于分布式知识库的开放服务链接系统设计与实现[J]. 情报学报,2008(2):244—249

② 胡昌平,胡吉明,邓胜利,基于 Web2.0 的用户群体交互分析及其服务拓展研究[J]. 中国图书馆学报,2009(5):99—106

③ R. N. Kostoff. Database tomography: multidisciplinary research thrusts from co-word analysis[C]. Portland International Conference on Management of Engineering and Technology,1991

④ Manfred Wettler,Rein hard Rapp. Computation of word associations based on the co-occurrences ofwords in large corpora [EB/OL]. [2011-2-26]. http://acl. ldc. upenn. edu/W/W93/W93-0310. pdf

⑤ 王曰芬,宋爽,苗露. 共现分析在知识服务中的应用研究[J]. 现代图书情报技术,2006(4):29—34

应用的是论文耦合、共引和共篇等 3 种论文层面的共现①。

（1）论文耦合

论文耦合指两篇文献同时引用一篇或多篇相同的文献。科学文献之间的相互引用体现出科学探索的继承性。这种引证关系所构成的网络结构可揭示科研成果之间的关系，除了单一的相互引用关系之外，还普遍存在着论文耦合的现象。美国麻省理工学院 Kessler 在研究中发现，论文的专业内容越是相近，其参考文献中所拥有的相同文献的数量就越多，即耦合强度就越高。反过来，相同参考文献的数目越多即耦合强度越高，就说明两篇文献之间的联系越紧密②。一般认为，耦合文献之间往往具有相同的底层知识或者相同的研究背景。

文献耦合体现着文献之间的相关性，耦合强度反映出文献之间的关联程度。以此为基础，可以通过耦合分析来描述研究内容相近的论文簇，进而描述不同学科、不同领域的微观结构，甄别热点研究主题的核心文献等。由此可见，论文耦合是文献内容相关的一种重要外在表现，将其作为文献相关度判定是可行的。

（2）论文共引

论文共引指两篇文献同时被其他文献所引用的现象，对于这一现象的研究，目前所取得的研究成果最多。1973 年，美国情报学家 Henry Small 对"粒子物理学专业"的知识关联结构进行了描述，他在研究中发现两篇论文的内容相似程度可以用它们被相同文献所引用的强度来加以测度③。最初，Small 的共引理论的提出

① 胡琼芳．基于多共现的文献相关度判定研究［D］．北京：中国科学技术信息研究所，2010

② Kessler，MM. Bibliographic coupling between scientific papers［J］. American Documentation，1963，14：10—25

③ Small. H. Co-citation in the Scientific Literature：A New Measure of the Relationship Between Two Document［J］. Journal of the American Society for information Science，1973，24（4）：28—31

是基于共引可以反映出文献主题内容的相似性,对共引关系的测度可以作为揭示科学结构的一种有效方法这一假设。随着方法可靠性的确证,共引分析法被越来越广泛地应用于揭示学科内重要主题之间的关系、科学交流模式展示、科学发展史研究、科学研究前沿探测等。

共引可用于计算文献相似度。中国生物医学期刊引文数据库(CMCI)的"相关文献"就是指共引文献,它直接用共引强度衡量相关度;CiteSeer 也是利用文献的共引关系来计算文献之间的相似度,并综合考虑文献本身的总被引频次。另一方面,共引分析也可作为知识聚类的方法,通过对学科领域内文献、著者和主题的分析来改进检索方法,提高检索效率。

(3)论文共篇

论文共篇是论文之间拥有相同的关键词所产生的关联。如果两篇论文共同拥有相同关键词的数量越多,那么这两篇论文内容的关联就越强。两篇论文所拥有的相同关键词的数量即为它们的共篇强度。

利用文献共引、耦合和共篇来判定相关性的优势在于:无需对文献内容再次进行标引、切分和提取特征项,它直接使用文献固有的特征信息(引文、参考文献和关键词)。其中关键词是文献内容的直接反映,体现了文献中涉及的理论、原理、方法、技术及其细节,而参考文献和引文都是与文献内容密切相关的文献外部特征,表征文献内容的能力也较强。

### 3.5.2 基于聚类分析的知识关联揭示

聚类分析是计算机依据某种标准将对象自动分为不同的组,每个组的对象之间有类似的属性或近似关系。聚类分析也可视作一种自动分类方法,但是,它只依赖于对象自身所具有的属性来区分对象之间的相似程度进而进行分类。

从本质来说,聚类算法是将总体中的个体分类以发现数据中的结构,当一个类中的个体彼此接近或相似,而与其他类中的个体相异时,就可以对划分出来的每一类进行深入分析,从而概括出每一类的特点。目前聚类算法主要分为层次化聚类方法、划分式聚类方法、基于密度的聚类方法、基于网格的聚类方法、基于核的聚类算法、基于谱的聚类方法、基于模型的聚类方法、基于遗传算法的聚类方法、基于 SVM 的聚类方法和基于神经网络的聚类方法等等。

聚类分析算法一般包含 4 个部分:①特征获取与选择。这是为了获得能够恰当表示对象属性的数据,而且可以减少数据的冗余度。②计算相似度。指根据对象的特征来计算对象之间的相似程度,在聚类过程中可能一次性地计算所有对象之间的相似度信息,也可能在聚类分析过程中按需要来计算对象之间的相似度信息,具体过程要依据所采用的聚类方法而定。③分组。根据对象之间的相似程度来判断对象之间的类别信息,将相似的对象归入同一个类,不相似的对象分到不同的类中。④聚类结果展示。展示的方式是多种多样的,可以只是简单的输出对象分组信息,也可以对聚类结果进行图形化展示[1]。

在聚类分析法的具体应用中,首先利用词频统计法进行词频排序,从而得到数据挖掘和知识发现领域的研究热点词。为了进一步对热点词进行总结归纳,反映领域中研究热点之间的关系,还需对研究热点词进行聚类分析。根据热点间亲疏关系,组成关系相近的类,作为一个主题,帮助理解领域研究热点间的结构关系,揭示领域热点词间的潜在关联。最后,使用绘图工具绘制出每类中热点词间的关联网络。通过关联网络发现一些研究主题下热点间的关联。

### 3.5.3　基于语义相似度计算的知识关联揭示

当今的信息环境下,广泛存在着知识资源异构性,尤其是语义

① 唐东明.聚类分析及其应用研究[D].西安:电子科技大学,2010

异构性,在这种背景条件下,要满足用户对知识的深层次需求,就必须加强基于概念匹配的知识关联分析。所谓概念匹配,就是计算知识单元之间的语义相似度。语义相似度计算是对源和目标知识单元之间在概念层面上的相似程度进行度量,在度量过程中需要考虑知识单元所在的语境和语义等信息①。语义相似度的计算方法可以分为以下 5 种②:

(1)基于字词的相似度计算

主要包括基于字面相似度识别方法、基于多字词的词素切词识别方法和基于英译名一致性识别方法建立知识间关系。基于字面相似度识别方法是以汉语词汇的构词特征为基础,经过两词汇间的匹配达到同义词识别的目的,该方法的基本原理是根据汉语的构词特征,即汉语中的同义词、准同义词都含有相同语素,如果两词在字面相似度越大则成为同义词的可能性也越大③。基于多字词的词素切词识别方法是针对多字词而用的④,理论依据是在多字词中,如果经切分的每个词素都与其他多字词中的词素对应词义相同,则这两个多字词汇被认为是同义词组⑤。基于英译名一致性识别方法是利用专业词汇库中词汇的英译名匹配,查找出英译名相同的专业词汇组,并把其作为同义词词组,该方法理论依据是在专业领域中同一个英文术语可能译为不同的汉语词汇,但

①　Semantic Similarity Measures in MeSH Ontology and Their Application to Information Retrieval on Medline [EB/OL]. [2010-12-10]. http://www.intelligence.tuc.gr/publications/Hliautakis.pdf

②　孙海霞,钱庆. 基于本体的语义相似度计算方法研究综述[J]. 现代图书情报技术,2010(1):51-56

③　张琪玉. 字面相似聚类法辅助构造词族表、分面类表和自动标引[J]. 图书馆论坛,2002,22(5):95-96

④　杜慧平,侯汉清. 网络环境中汉语叙词表的自动构建研究[J]. 情报学报,2008,27(6):863-869

⑤　周荣莲. 汉语叙词表语义场构造分析[J]. 图书情报工作,2000(8):41-45

其实质表达了相同含义,则不同的汉语词汇可作为同义词组,所以,当不同词汇的英译名如果完全相同,则该组专业词汇多数是同义词组。

(2)基于距离的语义相似度计算

基于距离的语义相似度计算的基本思想在于,用基于两个概念词在本体树状分类体系中的路径长度来量化它们之间的语义距离。目前几种代表性算法有:

①Shortest Path 法:该算法是现有算法中计算复杂度最小的一种。在该算法中,概念词之间的相似度与其在本体分类体系树中的距离有关。该算法的提出是基于这样一个假设:本体分类体系中所有边的距离同等重要。这一假设显然并不成立,因为边的重要性受其位置信息、自身的类型和所表征的关联强度等多种因素的影响。因此,这一算法存在着较大的缺陷。

②Weighted Links 法:该算法基于权重的思想,扩展了 Shortest Path 法。在这一算法中,它同时考虑到概念词在本体层次树中的位置信息以及边所表征的关联强度。在计算时,它不再是简单统计两个概念词间边的数量,而是将组成两条连通路径的各个边的权值进行相加,以此来计算两个概念词的距离。

③Wu and Palmer 法:该算法不同于 Shortest Path 法和 Weighted Links 法,它是基于两个概念在本体树中与其最近公共父节点概念词的位置来计算其语义相似度,不再是通过直接计算其在本体树中的路径长度。在本体分类体系树中,两个概念词之间必然存在着公共父节点,而且,其路径可能不止一条。因此,在该算法中,将"最近公共父节点"定义为"与两个概念词之间以最少的边相关联的公共父节点"。

④Li et al 法:在实践中,信息用户对相似度值的比较判断往往是介于完全相似和完全不相似之间的一个具体值,然而,从无限值到有限值的转换却是非线性的。Li et al 法的提出正是以此为

基础,该算法模型同时考虑两个要素:一是两个概念之间在分类体系树中的最短路径;二是两个概念的最近公共父节点在分类体系树中所处的深度。

(3)基于信息内容的语义相似度计算

该算法基于这样一个假设:如果两个概念词有共享信息,那么它们之间就存在语义相似度,共享的信息越多,语义相似度就越大;反之,则语义相似度就越小。根据信息论,衡量概念词中的信息含量可以通过该概念词在特定文献集中所出现的频率来衡量,频率越高,其信息内容就越丰富;反之,其信息内容就越少。在本体分类体系树中,每个概念子节点都是基于其父节点概念的细分或具体化而得出的,因此,要衡量祖先概念节点的信息内容,可以通过其子节点概念词的信息内容来加以计量。基于同样的道理,要比较两个概念词之间的相似度,可以通过比较它们的公共父节点概念词的信息内容来实现。

在本体分类体系中,一个父节点往往有多个子节点,而一个子节点概念词可能对应多个父节点概念词,因此,两个被比较的概念词之间的公共父节点概念词可能不止一个,一般取所含信息内容最多的那个[1]。

(4)基于属性的语义相似度计算

知识的属性特征反映着知识自身,人们用以区分或辨识该知识的标志就是属性特征。知识之间所拥有的公共属性数决定了二者之间的关联程度,这是基于属性的语义相似度计算的原理所在。两个被比较的概念词所共有的公共属性越多,二者之间的相似度就越大。Tversky算法模型[2]是一种典型的基于属性的语义相似

---

① 孙海霞,钱庆.基于本体的语义相似度计算研究方法综述[J].现代图书情报技术,2010(1):51—56

② 王曰芬.文献计量法与内容分析法的综合研究[D].南京:南京理工大学,2007

度计算,但是,该算法只考虑了两个被比较概念的属性信息,却忽略了其在分类体系中的位置信息,还忽略了其祖先概念节点及其自身的信息内容,因此,相应本体的属性集在这一算法能够很好地加以利用。

(5)混合式语义相似度计算

混合式语义相似度计算实际上是对上述基于距离、基于信息内容和基于属性的语义相似度计算方法的综合,也就是说,该算法同时考虑了两个被比较概念词的位置信息、边的类型以及其属性信息等[①]。主要代表算法模型有:①Rodriguez 等人提出的模型[②]。该模型同时考虑概念词的位置信息和属性信息,所包括的具体内容有被比较概念词的同义词集、语义邻节点和区别特征项;②Knappe 提出的算法模型[③]。Knappe 认为两个概念之间的关联可以通过多个路径来建立,如果将所有路径都考虑在内,那必然会导致问题过于复杂化。因此,他提出了基于共享概念词集的计算模型。在该模型中,他引进复合概念词的概念,这些概念可以分解成多个子概念词。相比较而言,Rodriguez 的算法模型不仅可应用于计算同一个本体中概念词之间的相似度,而且能够用于计算不同本体中概念词之间的相似度。

### 3.5.4　基于主题图的知识关联揭示

主题图是一种用于描述信息资源的知识结构的元数据格式,它可以定位某一知识概念所在的资源位置,也可以表示知识概念

① 孙海霞. 基于 LSI 和 Ontology 的语义文本聚类研究[D]. 南京:南京大学,2008

② Sabou M, Richards D, Van Splunter S. An Experience Report on Using DAML-S [EB/OL]. [2010-12-02]. http://citeseerx. ist. psu. edu/viewdoc/summary? doi=10. 1. 1. 7. 529

③ Knappe R, Bulskov H, Andreasen T. On Similarity Measures for Content-based Querying[C]. In:Proceedings ofthe10th International Fuzzy Systems Association World Congress. 2003:400—403

间的相互联系,揭示知识关联①。

　　主题图是一种有效组织与管理大量信息资源的机制,能够建立符合资源特性的知识架构。它利用丰富的语义置标来定义主题的类、关系和出处等,从而表现知识结构,因此是知识组织的一种方法,也是知识结构的一种表示语言。利用主题图可以有效组织无序的异构资源,体现资源的语义结构,进而揭示知识关联。主题图通过建立领域知识概念结构来建立知识导航机制,与其他知识组织技术相比,主题图具有以下特性②:

　　①主题之间可通过多种方式进行关联,能够解决大量、连续生成的信息问题,是一种有效的知识组织和管理工具,国际标准化组织(International Organization of Standards,简称 ISO)已经制定了相应的标准对其进行规范,形式比较统一。

　　②能够以结构化方式模拟领域知识,能够实现知识结构的可视化呈现,便于用户领会各个基础概念及其之间的关系。

　　③采用高度交叉的方式对资源进行组织,构建知识关联,用户既可以了解特定的领域知识,也可通过主题图导航,认识庞大复杂的领域知识体系。

　　④主题图可用于对数字图书馆中抽象的知识内容进行组织,形成知识地图,从而基于大量信息来创造知识结构,形成结构化的语义网络。

　　在基于主题图的知识关联揭示中,主要遵循着以下的流程:

　　①创建概念知识库。创建概念知识库首先要进行分析与组织主题图概念,针对各种不同的数字资源,分析资源的主题内容,析出可以代表各资源的主题概念。本阶段需要针对目标领域的概念

　　①　艾丹祥,张玉峰.利用主题图建立概念知识库[J].图书情报知识,2003(2):48—53

　　②　吴玉萍.基于主题图的数字图书馆知识组织研究[D].武汉:华中师范大学,2008

模型收集知识资源涉及的概念，分析概念和概念之间的关系，构建主题图的概念网络。知识资源包罗万象，建立概念模型，需要各个领域专家的参与，确保所开发出来的概念模型可共享。即能够体现共同认可的知识，反映相关领域中公认的概念集。

②建立本体库。确定主题所包含的主题知识集合之后，需要描述表示知识，建立主题词库，是一种知识概念化和形式化过程。首先，需要设计领域知识的整体概念体系结构，利用主题概念、关系和范围等，组织和表示领域概念知识；其次，通过领域专家来验证主题词库，检查各主题元素之间在句法上、逻辑上和语义上的一致性，对主题概念和主题图相关的软件环境和文档进行技术性评判；最后，将主题概念发布到相关的应用环境进行配置，并通过应用反馈信息对主题概念进行修正和完善。

③编制主题图。采用 XTM 描述语言标记生成的主题图，需要对概念及概念之间的关系经过 XTM 的标记，在相应的程序中得到正确地反映。

④建立资源与主题的映射。在主题图概念层构建之后，需要在资源层中的知识资源与概念层相应主题间，建立映射和连接。通过对资源进行自动标引和分类，确定主题词，实现知识资源与主题图具体概念的匹配。

### 3.5.5　基于关联规则的知识关联揭示

关联规则是表示数据库中一组对象之间某种关联关系的规则。关联规则问题由 Agrawal 等人于 1993 年首先提出，后来许多研究者，包括 Agrawal 本人都对关联规则的挖掘问题进行了深入研究，改进和扩展了最初的关联规则挖掘算法。同时，关联规则的挖掘被应用到许多其他领域的数据库，取得良好的挖掘效果[1]。

---

① 张瑞雪. 数据挖掘中关联规则算法研究及应用[D]. 哈尔滨：哈尔滨工程大学，2006

通过关联规则挖掘也可以揭示知识之间的关联关系。它主要针对用户行为和需求的分析,揭示知识间具有相同/相似/相近的关联关系。关联规则挖掘目前主要用于帮助用户快速准确地找到所需商品,实现用户需求与商品的推荐匹配,满足用户的个性化需求。诸如卓越亚马逊和当当网等网上书店都是基于关联规则挖掘,推出多种形式的个性化推荐服务,向用户提供多种类型商品和服务的推荐。如:浏览过此商品的顾客还浏览过其他哪些商品的推荐、购买过此商品的顾客还购买过其他哪些商品的推荐、最佳商品组合推荐、根据用户的浏览历史为用户提供相关产品的推荐、根据用户的购买记录历史为用户提供相关产品的推荐等[①]。关联规则挖掘还可用于图书馆的信息服务。借助于关联规则,可根据用户借阅的历史数据和浏览页面来发现和挖掘数据之间的关联关系,发现用户的使用模式,根据用户的兴趣模式提供主动的个性化服务,帮助信息用户发现数据之间潜在的关联。如用户访问时,根据用户的兴趣度来推介相关专题信息;跟踪用户的兴趣变化,发现用户的最新需要;根据用户的兴趣,提供相应的预测报告和动态分析等[②]。

基于关联规则的知识关联揭示,主要应用在协同过滤推荐系统中,它主要是基于对群体用户的访问行为数据的分析挖掘,发现用户与用户之间、资源项目与项目之间所存在着的关联关系或特征模式,以向当前用户推荐其可能感兴趣或有价值的资源对象。具体的步骤包括:第一步,获取有关用户访问行为、用户兴趣等数据信息,以及有关用户对于资源对象的属性或偏好程度的明确评价方面的信息等。第二步,分析和发现用户之间以及项目之间的特征模式,也就是其相似性或关联性。用户之间的相似性可使用

①  商雪晶,孙承杰,林磊等. 基于内容相似度的书籍推荐技术研究[C]. 数字图书馆高层论坛 2010 主题年会论文集:161—167

②  苏坤. 基于关联规则的图书馆个性化服务研究[J]. 农业图书情报学刊,2010,22 (6):246—249

相似性计算方法来进行计算,资源对象的关联性是通过关联规则挖掘的方式来获取,也可以通过用户对资源对象的评价来计算出资源对象的相似性。第三步,根据当前用户的访问过程,适时产生和输出推荐列表。根据用户的偏好确定推荐项目及推荐程度。

目前,基于关联规则挖掘是建立在拥有大量用户信息数据的基础上,存在着一定的局限性,其应用领域也往往集中在电子商务和娱乐方面。可以借助于面向内容的文本信息处理或者对信息资源获取的聚类分析来弥补其不足:一方面,从大量的文本特征中学习构建有效的分类器,基于分类器对文本进行分类,如果文本所分类别与用户兴趣相符,那么就推荐给用户。另一方面,用相关特征来定义将要推荐的商品,然后系统通过学习用户已评价或购买过的商品特征来获得用户兴趣。如果商品与用户的兴趣相近,即可将该商品推荐给客户。

### 3.5.6　基于书目关系的知识关联揭示

书目关系是界定两个或两个以上书目实体在目录中所存在的特定关系,目录的汇集和导航主要依据书目实体间的关系连接形成。通过相关编目规则的制定、书目资料的查证与补正、复本控制、相关书目记录关系的建立以及规范控制,在建立书目关系的同时,也是对其中所蕴含的知识关联关系的揭示。

书目关系主要有如下类型①:①等同关系。泛指知识内容及其著作方式相同的作品,包括一个作品的相同载体表现或原作品及其复制品之间的关系,如复本、重印本、影印本、摹真本、缩微复制品及其他复制品。等同关系体现的是不同语言、不同载体及不同形式版本的书目文献之间的关系。②衍生关系。指原作品与其修改作品之间的关系,包括:作品的其他版本、作品的改写或改编、作品的体裁发生改变和基于原作品的文体或内容产生的新作品

---

①　高红.书目关系的综合研究[J].图书情报工作,2006,50(9):108-112

等。③描述关系。指原作品与其描述、评论和评估作品之间的关系，如注释本、案例和文学评论等。④整体/部分关系。指整体文献与其组成部分的从属关系，如作品合集与选集。⑤附属关系。指书目文献与其附件之间的关系，一种情况是两者内容和责任方式完全相同，如图书与其随附光盘，另一种情况是两者之间互为补充、说明和指引的关系，如补编、索引、目录等。⑥连续关系。指相关书目文献之间呈现的时间性关系。它主要反映出作品在出版过程中的变化情况，多见于具有先前和后续关系的连续性资源，如期刊改名。⑦共有特性关系。在目录中两个实体可能并不具有相关性，但却共有某些特性，如著者、题名或主题等。

书目记录的功能需求（Functional Requirements for Bibliographic Records，简称 FRBR）中提出了一种新的书目模型，模型中包括实体、属性、实体间关系、实体及其属性与用户任务的映射关系。FRBR 打破传统编目中书目记录概念的单一性和平面性，构建了一个以"作品"为基础的具有层次结构的书目概念模型[①]（见图 3-8）。该模型揭示出四个实体之间的层次关系：一个作品可以通过一种或多种"内容表达"来予以揭示，但一种"内容表达"只能揭示一个作品；一个"内容表达"可以通过一个或多个"载体表现"来予以体现，反之，一个"载体表现"也可以体现多个"内容表达"；一个"载体表现"可以具体化为多个"单件"，而一个"单件"只能体现为一种"载体表现"。在图中，虚线之上的两层代表知识或艺术内容，属于抽象概念范畴，下面的两层是体现这些内容的物理形式[②]。

FRBR 在揭示书目实体间关系的同时，也很好地反映出知识之间的相互关系，把不同载体形态和内容表示的文献用知识来统

---

①　国际图联书目记录的功能需求研究组．书目记录的功能需求［EB/OL］．［2011-3-7］. www. ifla. org/files/cataloguing/frbr/frbr-zh. pdf

②　刘素清．IFLA 书目记录功能需求（FRBR）初探［J］．大学图书馆学报，2004，22（6）：65—69

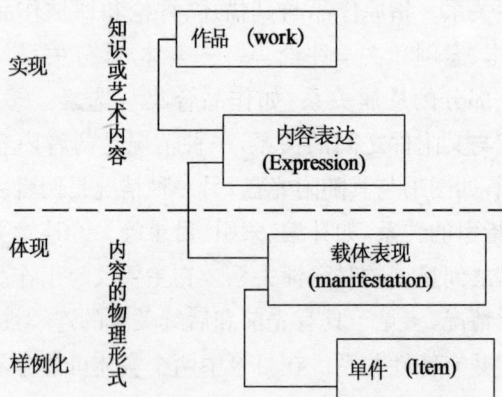

图 3-8　FRBR 实体层次关系

领,就使得所形成的书目数据的处理具有互操作性,利于不同数据以及数据结构的整合和改善,便于用户识别和选择资源。

# 3.6　科研关系网络构建

在网络环境下,数字资源已成为信息资源的主流。各类期刊、学位论文、会议录、科技报告、图书专著、专利、标准等在内的相关数字资源中,蕴含大量知识结构和知识体系,蕴含着不同的人员、机构、国家和地区、项目、出版、学科等科研实体或知识要素信息,这些科研实体与期刊、文献、主题内容间存在多维联系,主要体现为人与人、机构间、国家间及人与机构、人与国家、机构与国家、人与主题、人与期刊之间的多重联系。这些科研实体间还相互交错、多维关联,随时间演化,继而可以呈现丰富的科研关系网络。

对特定领域海量数字资源中存在的科研主体(科研人员、科研机构、国家地区)、科研活动(科学会议、科学实验、科研项目)、科研条件(科研方法、科学文献、科学仪器、科研经费、科学期刊)、科研产出(科研成果、技术参数)等科研实体以及科学主题进行识别。基于多种关系,如基于文献引用的成果继承、传播和散布关系;基于同文献的作者合著关系;基于作者共被引关系;基于作者主题耦合关系;基于机构合作交流关系;基于国家间合作交流关系;人员隶属机构关系等,对科研实体间关系进行揭示挖掘,构成相应的科研关系网络,并同时反映其演化过程。可以反映团队中的学术交流、知识流动情况,反映当前科研领域的合作、交流、发展态势。成为科研人员的主要信息环境。

通过揭示海量数字资源中文献之间的相互联系,挖掘科研实体之间的语义关系,进行知识关联与知识链接,一方面,海量数字资源中不同数字文献、不同科研实体内部通过科研关系网络,使多种资源之间建立有机联系,例如通过引文耦合、合著关系,形成对数字资源的有机聚合和集成关联,可以实现关联检索和智能导航,提升专题性、个性化服务水准,满足用户日益增长的知识服务需求;另一方面,从海量数字资源中挖掘构建的科研关系网络,反映领域内科研主体(包括人和组织)的结构、活动模式和演化过程。如通过合著关系反映科研合作交流情况;通过共引耦合,反映核心作者情况,揭示科研过程和科研活动之中的相关属性、规律和趋势,服务于科研管理和评价需求。

在基于海量数字资源构建科研关系网络的基础上,借助可视化技术方法,将各种科研关系网络以图形化的方式呈现在用户面前,使数字关系网络转化为有意义和易理解的视觉表征,实现科研关系网络的直观化和简易化,从而促进用户对科研关系网络的利用和认知过程。基于知识链接原理与方法,构建科研关系网络,正在成为知识服务的重要方式与手段,是科研管理和知识评价的基础所在,是当前急需解决的问题。

### 3.6.1　科研实体识别与抽取

海量的科技文献资源中蕴含着丰富的科研实体及其关系,可以利用海量信息资源中的信息依据,对科研实体进行识别和抽取,对其语义特征与语义模型、语义属性进行标注及标引,建立科研实体的概念化描述。具体包括 4 个方面的内容:①科研实体的语义特征的界定。为了从更细颗粒度的角度来识别科研实体,也为了更深入地揭示出不同科研实体之间的关系,需要基于海量文本统计和自然语言理解来界定科研实体的语义特征;②科研实体的识别与标注。考虑到命名实体识别研究方面已经有了一些相对成熟的技术与方法,结合海量信息资源所提供的信息依据,对科研实体进行识别。主要基于海量信息资源的篇章结构、科研实体的语义特征以及科研实体之间的邻近度来识别和标注科研实体;③科研实体的规范化。在海量数字资源环境下,科研实体的识别和抽取过程中都不可避免地遇到同一实体的多个名称或重名的不同实体等现象,必须实施消歧与命名规范化。在大规模文献资源中,针对一个给定的科研实体,根据其所有的命名和每个副本与其他实体的关联,自动选择或生成一个最优的命名。④主要类型科研实体的规范文档建设。在科研实体的识别与抽取构成中应该注重科研实体的规范文档建设与更新维护,如主体科研机构、重点科研人员、主要科学基金或科学期刊等规范文档。

### 3.6.2　科研实体关系的类型研究

以科研实体识别和抽取为基础,文献中的科研实体之间能够挖掘出多种科研关系。基于不同实体类型,面向不同的任务目标,就会形成多种实体关系类型、多种实体关系特征,继而产生多种实体关系结构。如主题概念之间具有同一关系、隶属关系和相关关系;机构具有名称演化及其上下级机构之间的关系,与其他机构间合作关系;论文、作者具有引证与被引证关系;科研项目与成果或产品之间、研究方法、技术与结果、结论之间,药品与疾病、症状之间具有因果关联;仪器、设备、产品、技术与特定的指标、技术参数之间具有条件关系;句法、篇章与关键词、短语之间的共现关系等等。这些关系都随着时间变迁而演化,随着空间的不同而不同,会构成不同的关系类型,不同的关系结构。随着科研实体间的关联关系的演化,科研关系会衍生多种属性,如合作关系中的合作主题、合作路径、合作时间、合作强度、合作项目等。将合作关系的多种属性加以结合,合作主题与合作路径加以结合,可以梳理出开展相近主题研究的科研实体;将合作强度与合作时间相结合,则能够更清晰地揭示合作强度的时间分布等,体现科研实体关系的类型和特征。

### 3.6.3 科研实体关系的揭示挖掘

综合运用文献外部特征和文献内容特征,进行科研实体关联关系揭示,除从文献的作者、机构、关键词、题名和引文等进行单一关联关系的揭示外,还将综合各类科研实体本身特征,进行不同科研实体类型间的交叉关系的揭示。通过对各类知识组织体系的组合应用,揭示出不同颗粒度大小条件下的概念关系;通过大量的不同时期、不同学科、不同类型的引文耦合计算,依据文献之间的引证路径数目、路经方向、引用时序,揭示科研实体关系的相关度;通过间接的引证关系强度、共引关系和同被引关系、二级引用等来计算科研实体之间在知识点上的相关性,从引证数量、网络和链接等多个维度揭示和分析;通过细化科研实体之间的基本关系,研究文献中科研实体深层关系的标注,综合运用基于模式匹配的关系揭示、基于词典驱动的关系揭示、基于机器推理的关系揭示、基于本体的关系揭示等手段进行科研实体关联关系的多阶揭示。

### 3.6.4 科研关系评价融合

在海量数据环境下,基于论文共引、关键词同现等现象所获得的直接共现关系的数量很多,而各科研实体间的二阶和多阶关联数量则更多,要利用二阶和多阶关联关系,需要研究关联有效性评价算法来评价并计算具有同类科研关系、但无直接关联的两实体间的关联度,从而过滤大量低频二阶关联关系,以增加科研关系的挖掘深度和广度。

海量数字资源环境下科研实体具有多种不同的属性(如主题、共现、被引等),科研实体间关系类型也丰富多样(如合作、引用、主题等),从关联优先度和属性优先度两个角度来综合计算科研实体在科研关系网络内的相互关联强度。探索实体间多类科研关系的加权、筛选和融合规则,以实现同域内各类科研关系的有效融合。例如:作者合著、作者同被引关系的融合。

科研关系网络具有自组织和自演化的特性,科研关系网络是一个动态的网络,新的科研实体会不断加入,科研实体之间也会产生新的关系。依据新出现的科技文献,将新的科研实体和实体之间的关系以增量方式加入到科研关系网络中,能够从时间角度推导科研关系网络的演化轨迹。

### 3.6.5　科研关系网络构成

根据各种复杂网络图绘制算法的特点,研究科研合作关系、引证关系、主题关系等关系的可视化方法,从而建立科研关系网络图绘制算法的自选择模型,实现根据网络图的特点进行底层算法的自动择优选择;同时,研究用于复杂网络图压缩和关键路径选择算法,进行科研关系网络中重要信息的过滤,比较现有网络信息过滤的算法和技术及其对于科研关系网络分析的优缺点,设计适合于科研关系网络压缩、关键信息过滤的算法或技术来过滤科研关系网络中非本质的信息。

同时,从概念语义角度、数理统计的角度进行大规模数据的降维度处理,设计网络图形布局算法,提高网络环境下可视化图形的输出效率。建立通用的科研关系网络可视化技术框架与网络图形数据结构,丰富可配置的可视化图形渲染器,结合 WEB2.0 实现高性能的可视化结果输出与用户交互接口技术,使用户依据其不同的分析需求参与可视化结果输出过程,实现可视化结果的细化、泛化、组合处理。

# 4 知识链接系统构建

## 4.1 知识链接系统的建设目标与原则

### 4.1.1 系统构建目标

知识链接系统是新型的网络化、系统化的知识集成体系,是学科知识门户和数字图书馆发展进程中的新形态。以知识链接理论方法和技术为支撑,知识链接系统的构建融合了信息构建技术、计算机网络技术、数据挖掘技术、信息可视化技术等,基于网络环境对知识进行组织、整合与序化,通过统一平台向用户提供全方位的知识服务,是一项庞大而复杂的系统工程。知识链接系统建设的总体目标是全方位地实现对海量知识资源的采集加工、整合共享、存储发布和集成检索,通过引文链接、主题链接、本体链接、属性链接、推理链接等多种模式建立起各类科学文献、知识元、科研实体、知识要素之间的关联,为用户提供一体化知识服务。

根据以上总体建设目标,可以将知识链接系统的构建要求进一步细化,制定出具体分目标:

①构建学科知识库,实现不同类型知识的方便存储,并通过元数据管理实现不同类型知识之间的关联,实现各种知识资源的集成与管理;

②构建知识链接的科研实体词典,进行规范文档建设和知识元库建设,实现对相关文献外部和内部特征进行规范合一。科研

实体词典是对科学文献中主题、学科、作者机构等科研实体的抽象,是知识结构的基本组成部分,是实现知识链接的重要前提;

　　③通过对隐含的隐性知识关系进行揭示,利用多种知识链接模式和方法,实现不同数据库间、不同实体间、不同类别间的知识链接;

　　④构建知识共享与协作平台,促进信息服务机构之间、用户之间的协作交流和知识共享,加快知识服务进程。

### 4.1.2　系统建设原则

　　知识链接系统是开展知识服务的基础,只有在结构完善,运行良好,功能齐全的平台上才能更好地进行业务组织和服务,这不仅需要执行统一的知识组织标准和开发相关的技术工具,而且需要从为知识链接服务提供全程保障的高度来实施系统构建。因此,知识链接系统的构建应遵循以下基本原则①:

　　①用户导向原则。知识链接系统建设的最终目的在于实现知识资源共享,为用户提供知识共享和利用的最大便利。因此,知识链接系统建设的首要出发点是满足用户需求。在知识链接系统建设过程中,应对用户知识信息需求进行专门研究,有计划、有针对、有目的地选择知识信息资源,做到以用户为导向,既要考虑用户的现实需求,又要兼顾用户的潜在需求,还要积极关注用户在使用系统时的感受,研究人机交互关系。

　　②开放性原则。要执行国际、国家标准规范,采用与集成各种先进的系统构建技术,遵守网络传输协议、数据通信格式、数据加工标准和有关文献分类标引、著录规则等标准化原则和要求,确保数字化产品的通用性和标准化,建设具有开放性的面向用户的知识链接系统,使系统能兼容各种资源系统。同时,应加强与其他信

　　① 胡昌平.面向用户的资源整合与服务平台建设战略——国家可持续发展中的图书情报事业战略分析(2)[J].中国图书馆学报,2005(2):5-9,24

息资源系统、国内信息产业链的有关机构和厂商以及与国外相关机构和系统的合作。

③特色性原则。特色是数字资源建设的生命,没有特色就没有竞争优势和发展潜力,就会失去生存价值。因此知识链接系统在知识资源建设中应以需求为导向,开发和建设特色数字化资源系统、特色知识库和文献数据库,以利于形成学科专业优势,避免重复建设,实现网上资源优势互补,达到资源共享的目的①。

④易用性原则。系统界面要简单友好,易学易用,可操作性强。在建设过程中可采取以下方式来优化:一是方便的链接,即满足用户希望能用较短的时间点击较少的链接找到所需的知识;二是存取途经稳定,操作方便;三是访问灵活,可多途径多检索点查询;四是交互性,即用户的意见及需求,甚至包括与系统的交流讨论应该得到满足②。

⑤安全性与可靠性原则。在信息服务机构利用知识链接系统为众多的终端用户提供各种知识信息服务的过程中,系统的安全显得非常重要。系统的安全主要涉及数据安全、网络安全、信息安全等多个方面。为确保知识链接系统安全可靠,应选用技术成熟性好的技术模块,采取切实有效的安全措施和技术手段确保数据的安全性,如数据加密、限制使用范围、建立数据备份,制作只读光盘等。

⑥评估性原则。对知识链接系统自身资源、服务性能及运行效果的评价是重要的,它强调在知识资源的收集整序过程中,在基于知识链接的知识服务过程中,对系统的有效使用进行监测,以保证最佳的实时监控,从而不断提高系统性能和功效。

---

① 王鹏. 数字图书馆资源建设探讨[J]. 天津科技,2007(16):50—51
② 吴叶葵. 数字图书馆中面向用户信息服务的组织[J]. 情报理论与实践,2001(04):274—276

## 4.2　知识链接系统的设计思路

　　知识链接系统的构建是支持用户对知识内容的发现、分析、解释、交流和组织，从而实现知识的利用、传播和创造。需要解决的关键问题主要包括三点：一是如何对不同类型知识资源进行统一描述与表示，通过多种知识链接模式实现系统服务功能；二是如何协调不同数据库、不兼容的数据、技术和服务差别，同时如何协调不同数据库所使用的交互模式等；三是如何实现信息服务机构之间、服务机构与用户之间以及用户与用户之间的信息交流互动，强化用户的体验，并直接作用于用户的需求。针对这些关键问题，知识链接系统的构建呈现不同研究思路，有的学者主张采用中间件技术或外部协调技术解决系统异构，实现数据库的互操作和协同；有的学者认为可以采用 XML DTD 或 RDF、Ontology 等技术作为异构数据源数据模式（本地模式）和统一的语法和语义描述模式（全局模式），并通过本地模式到全局模式的转化和集成，解决语法和语义的异构问题。在现实的研究中，往往针对某一方面或视角问题进行研究，缺乏从系统整体构建出发的全面研究。因此，根据知识链接基本原理，需要从用户知识需求出发，从用户和服务两个方面的结合进行考虑，进行知识链接系统的设计和构建。

　　借鉴知识构建的思想，在面向用户方面，由于用户往往把知识链接系统作为一种知识获取工具，利用它完成某种特定的知识获取和知识交流任务，因此，系统构建主要关心完成任务的步骤以及用户怎样完成任务，用户群之间以及用户与服务机构之间如何交互。在面向服务方面，系统构建关注服务机构提供的知识服务以及这些服务如何交互和组织。基于以上构想，提出基于信息构建的平台设计层次模型，如图 4-1 所示。

　　知识链接系统设计从宏观要素出发，组合各种微观构成要素，

面向用户　　　　　　面向知识服务　　　　抽象

| 战略层 | 目标构建　用户需求 | 服务目标　服务内容 |
| --- | --- | --- |
| 范围层 | 功能性说明 | 服务需求　服务组织 |
| 结构层 | 知识关联揭示 | 知识组织、匹配　服务功能集成 |
| 框架层 | 界面设计　知识链接 | 知识导航设计　知识构建 |
| 表面层 | 视觉、感觉设计 | 知识的可视化表达及服务 |

以用户为中心

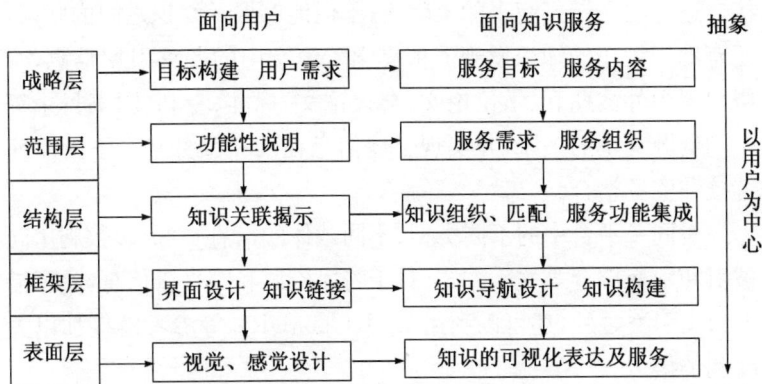

图 4-1　知识链接系统的设计框架

以此建立综合的知识链接体系。战略层既要考虑自身目标,又要界定用户群及用户需求、服务内容;范围层把战略层的目标进行了细分,确定系统有哪些特征和功能,对各种知识单元的特征进行详细的描述,对系统的功能进行说明,从而有效地组织知识内容,以利于不同的用户获取知识信息;结构层通过互动设计,定义系统如何响应用户,实现各种知识资源在系统中的布局安排;框架层通过界面设计和导航设计,合理安排界面要素,以易于埋解的方式表达知识单元,使用户能够与系统的功能进行交互;表面层充分考虑用户有不同的偏好、不同的工作环境和物理能力,应用合适的技术表现平台效果,吸引访问者①。知识链接系统主要通过引文链接、主题链接、行为关系链接、本体链接、聚类关系链接、属性链接以及推理链接等关联途径来实现知识关联和链接。

## 4. 2. 1　引文链接

借助学术文献间的引证关系,可以建立知识信息间的引文链

---

① 刘宝云. 网络环境下中国铁路信息服务体系研究[D]. 北京:北京交通大学, 2010

接。通过引文链接起来的文献集,不但能够揭示知识之间的联系,还有助于潜在的知识发现。依靠学术论文中的各种引用信息,有望实现中外文期刊、学位论文、会议论文、标准、专利、图书目录等不同资源类型的关联,并实现上述信息在同一服务平台下的跨库链接和资源整合。

对同一平台中的不同类型、不同载体的信息资源,多数利用同被引和引文耦合等关联方式;对于跨库资源和跨平台信息,除了借助论文引文之外,还可以利用 DOI、OpenURL 等参考链接加以关联和链接。

### 4.2.2　主题链接

主题链接以知识内容中的主题词或关键词为链接纽带,将具有相同关键词的知识纳入关联体系。同时,基于已有的主题词或关键词,在知识发布时自动提取关键词,并提取知识库中与该关键词有关的知识作为主题链接结果提供给用户参考。通过关键词或主题词之间的这种知识元素关联,相近的知识单元就链接成为一个整体。

利用主题链接,可实现基于内容相似度的关联文献链接、相关词语关联推荐等功能。前者是指向用户推荐与当前浏览文献内容主题相似的其他文献,后者则是指在用户输入检索关键词时向其推荐强关联的其他关键词。

### 4.2.3　行为关系链接

一般情况下,用户会倾向于获取同自己有相似意向的用户群所获取的知识。对用户获取知识行为的分析,可能会发现用户行为间的连续性和关联性。如此一来,当其他用户检索或获取某篇文献时,系统就能够向其提供之前获取该文献的其他用户还同时获取了哪些文献,从而实现推荐。

更进一步,对同一用户的文献获取行为的长期跟踪和分析,很可能会得到该用户所关注的学术主题,进而实现在新的相关文献出现时进行主动推送;基于协同过滤的原理,通过对用户事务频繁项集的挖掘,还可以对特定类型的用户兴趣进行预测,进而为其推荐下一步可能感兴趣的文献。

### 4.2.4　本体链接

知识间的关系纷繁多样,具有一定的层次结构性和网络结构性。基本的知识关联关系有三种类型,即种属关联、实例关联和部分整体关联。其中,部分整体关联的具体类型又可以分为:组件关联、成员关联、片断关联、组成关联、原料关联、材料关联、位置关联等①。根据本体思想建立概念知识体系,来表示科技领域的知识及其关联并实现知识间的相互链接,能满足用户检索知识和导航学习的需要。

### 4.2.5　聚类关系链接

通过对特定主题或领域数据集的聚类分析,可以得到该数据集中相关性较强的知识内容。按照聚类知识的粒度不同,聚类分析可以分为引文聚类、共词聚类等类型。其中,引文聚类又包括同被引聚类、引文耦合聚类等类型;而共词聚类视词语共现统计范围的大小,又可以反映出不同程度的亲疏关系。在同被引聚类时,可以先利用 Ochiai 系数②将同被引矩阵转换成相关矩阵,然后再选择相应的算法进行聚类分析并得到聚类关系③。同时,还可以利用文献间关键词链的强度进行聚类分析。

### 4.2.6　属性链接

对于以学术论文为主要表现形式的知识来说,不同知识之间

---

①　何飞,罗三定,沙莎. 基于领域本体的知识关联研究[J]. 湖南城市学院学报(自然科学版),2005,14(1):69—71

②　Ochiai, Akira. Zoogeographical Studies on the Soleoid Fishes found in Japan and its Neighbouring Regions [J]. Bulletin of the Japanese Society of Scientific Fisheries,1957,22(9):522—525

③　崔雷. 专题文献高被引论文的时间分布与同被引聚类分析[J]. 情报学报,1995,14(1):52—61

可能会具有某些相同的属性，如：同一作者、同一机构、同一来源、同一使用群体等。这些相同的属性可以用作链接不同知识的媒介。例如，通过获取在同一篇文献中的合著作者、相似文献中同时出现的作者、有相互引用关系的作者等信息，可以实现对相关作者的链接；另外，获得论文作者及其所属机构之后，还可以与中国企业公司产品数据库、中国科研机构数据库、中国科技名人数据库和中国科技成果数据库等实现沟通整合，从而提供不同类型的信息之间的跨库链接。

### 4.2.7　推理链接

推理链接是以一个问题为起点，通过逐层推理来链接相关解决问题的知识链接方式。一个问题可以链接到多个解决方案，而每个解决方案下面又可延展出多种相关知识。推理链接大多采用主题关联、关联规则、相似度计算等规则或机制。例如，采用模糊描述逻辑来判断用户问题与相关知识之间的语义相似度（隶属度），就有望实现自动扩展、联想等知识推理功能，并能提供更加个性化的知识服务[①]。通过循环地对隶属度较高的知识进行再次判断，就能够建立推理链接。

## 4.3　知识链接系统的架构

知识链接系统大致可以分为四层结构，如图 4-2 所示。第一层是资源/数据层，包括各类文献信息和引文信息、机构信息、网络资源等，以及各种数据库、数据仓库和其他文件系统；第二层是工具层，其主要作用是进行链接解析，包括各种词典、叙词表等知识组织工具，以及关联分析、序列模式分析等各种聚类算法、关联规

---

① 俞扬信. 基于知识推理的语义信息检索研究[J]. 情报杂志，2008，27(11)：78—80

则等数据挖掘工具;第三层为链接层,主要作用是基于各种知识组织工具和规则来维护各知识单元之间的相互链接,并根据用户需求生成知识地图等;第四层是用户服务层,主要进行知识检索、知识评价、知识重组等操作,并将处理的结果以便于用户浏览和理解的方式(如各类可视化工具)反馈给用户。

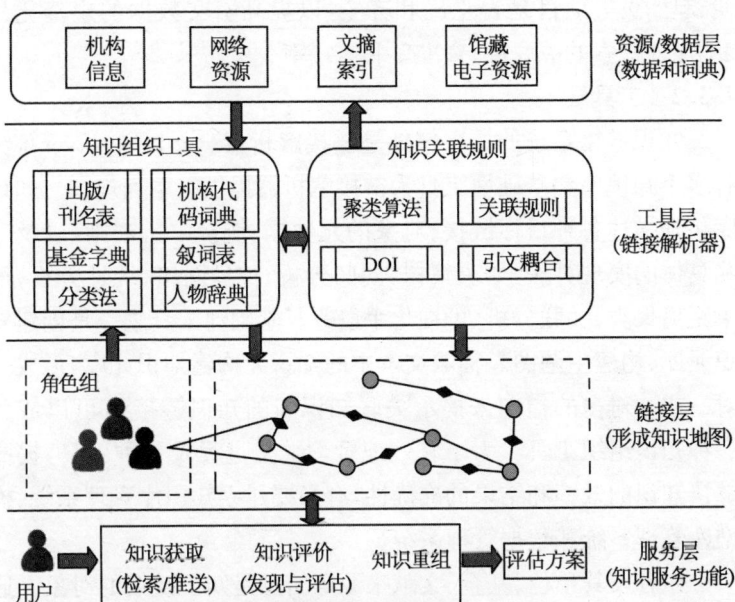

**图 4-2 知识链接系统架构**

### 4.3.1 资源/数据层

知识链接系统的数据库结构分为来源文献库、被引文献库、作者库、机构库、基金库、期刊载文表、期刊引文表等多个数据库。各个数据库之间通过"来源文献唯一标识"来链接相关的记录;数据规范、优化检索等操作则通过期刊规范词典、类目主题词典、机构规范词典、基金规范词表等关联词典来进行。其中,关联词典设有规范词、非规范词、关联项、文献记录号、词频等字段,能将相同的错误全部一致修正,从而提高链接和统计的几率和效率,满足各类检索、统计、链接的需要①。

　　为了提高引文数据的质量,还需要将每条参考文献与库中相应文献进行自动比对,逐一核查参考文献数据的准确性和完整性。对于相同的文献记录,通过人工判读检查作者、题名、刊名、年卷期、起始页等项目是否正确和齐全,以提高引文数据的规范化程度,保证检索的关联度、查准率和链接率。

### 4.3.2　工具层

　　知识链接系统的核心部件是链接解析器(Link Resolver),另有多个知识库和基础性工具为链接解析器提供一系列规则。知识库包括描述各种目标链接、对象的元数据、链接解析规则,以及一些具体的实现算法,如决策树、回归分析、神经网络、统计分析、简单距离聚类、关联分析、可视化手段等。基础性工具之一是创建知识元库、构建主题图。抽取文本中的知识元构建知识元库,形成一对一或一对多的指向来揭示关联知识间的知识链接②,可以成为一种知识组织工具。为了有效地管理链接过程及各种工具,提高链接知识的效率和结果的准确性,有必要建立知识库管理系统、模型库管理系统和数据管理系统。

　　作者及其单位、基金、文献来源等信息是知识链接的对象。通过相关语义场计算,比较知识特征(形式特征与内容特征)与词典中的标引词汇的相符性,可以进行多实体关联分析及多视角的实体分析,实现科研实体的相互链接和揭示。适应于数字环境下异构资源系统的发展,还有许多新技术标准陆续出现。如,RDF 建立了表达语意和知识关系的模型,DOI 和 CrossRef 可以用所建立

① 曾建勋. 中文知识链接门户的构筑[J]. 情报学报,2006,25(1):65,66—67
② 张卫群. 知识服务中的知识源链接[J]. 情报探索,2006,(12):56—58

的数字对象唯一标识体系固化相互之间的引用关系[1]；OpenURL可以用来表达动态的、基于用户环境和身份的链接关系；而 XLink支持多方向的扩展链接，可以在文档之间建立多向的复杂链接关系，实现链源到链宿之间的相互链接。这些新技术标准的基本特征是在嵌入 URL 标识的节点之间建立关系，从而推进基于多样性信息环境的知识链接。利用超文本链接技术，通过唯一标识符的指向定位文献实体间的引证关系，从而构建参考链接机制。

### 4.3.3　链接层

链接层的核心是 Web 知识地图。Web 知识地图可以作为知识和知识源之间的中介工具来实现知识的链接，用于描述知识、知识属性及其关系。知识链接系统与 Web 知识地图和知识源是一个紧密关联的整体，共同构成基于知识链接的知识服务体系。在用户提出知识需求时，系统会通过 Web 知识地图进行知识发现、提供知识注册，并分别获取相关知识资源的信息，并通过具有各种知识管理功能的 Web 知识服务来应用知识资源。就概念而言，Web 知识地图所描述的知识信息包含 3 个部分[2]：①知识白页，包括知识资源的地址、联系方法和已知的知识标志；②知识黄页，包括基于标准分类法的知识资源类别；③知识绿页，包括关于知识源所提供知识的技术方面的信息。根据不同的知识需求，这 3 个部分从不同的角度分别对知识源的知识进行描述。同时，Web 知识地图具有知识注册、知识过滤和筛选等功能和机制，既要能对知识资源进行注册，又要能够定期地过滤和筛选无效的知识。

### 4.3.4　用户/服务层

用户层完成用户与系统的交互，接受知识用户用接近自然语

①　贺德方. 知识链接发展的历史、未来和行动[J]. 现代图书情报技术，2005，(3)：13

②　潘星，王君，刘鲁. 一种基于 Web 知识服务的知识管理系统架构[J]. 计算机集成制造系统，2006，12(8)：1295－1296

言的方式提出的知识需求,如查找知识、共享知识或在线学习等,并通过知识门户集成的各种服务反馈相应结果。知识链接系统所提供的几种典型的知识服务有知识导航服务、知识检索服务、知识推送服务、知识重组服务和知识评价服务等。

其中,知识导航服务是利用知识要素及其概念间的语义关系(知识分类体系＋知识要素词表)为用户提供范畴分类信息,供其从学科知识的顶层逐层向下浏览;知识检索服务可以为用户提供已有的问题解决实例,重用已有的知识来解决新问题;知识推送服务则会按照用户知识兴趣或问题域,基于文本分类或文本特征相关等方法进行知识推送;知识重组服务,在知识检索服务的基础上,通过各种方式获得与问题实例相匹配的知识,并对相关知识客体中的知识要素和知识关联进行结构上的重新组合,为用户提供索引指南以及评价性或解释性的知识①;知识评价服务可以支持用户从学科、地区、机构、人员、时间段等多个维度对引文资源、知识要素等内容进行统计、聚类、动态监测和趋势预测。

## 4.4　知识链接系统的功能

知识链接系统结合 Web 技术的超链接特性与引文索引的优势、利用知识组织相关原理和知识关联的相关标准与工具,构筑起学术信息资源整合的逻辑平台并能整合现有各引文数据库中的数据,从而为建立以学术信息资源为基础的知识网络体系奠定基础。引文数据库是知识链接的主要数据来源之一,为了获得高质量的引文数据,一方面要遵循学科全面、选刊恰当、编辑规范、数据准确、卷期齐全等原则来加工数据,另一方面还可以整合我国现有的多个引文数据库,集成各方引文数据形成真正完整的国家科技期

---

① 蒋永福,李景正. 论知识组织方法[J]. 中国图书馆学报,2002,27(1):4

刊引文数据库,以保证评价数据源的规范度和完整性。

知识链接系统的基本功能分为:数据解析功能、知识关联功能、知识分析功能、知识评价功能、知识检索功能以及知识链接结果展示等。

### 4.4.1 数据解析功能

为了提高数据解析的效率和质量,需要首先按照元数据标准进行数据选择和预处理,消除脏数据,从而建立统一的数据视图。随后,可以按照抽取、转换、净化和加载等 4 个步骤依次对引文数据进行逐条解析。抽取是指从源数据库中选择并提取所需要的字段;转换是将所有不同数据源的数据转换为统一的表达形式和名称;净化是指对所得数据进行纠错,尽量发现并纠正错误的数据;加载则是把经过净化的、符合规范的、正确的数据载入到数据仓库中存储。

在解析过程中,需要利用期刊规范表、机构实体表、基金规范表、类目主题表等数据表,对引文数据中的各个字段进行规范:归并相同的论文、期刊、机构、基金名称,识别相同姓名的不同作者,为文献分配类目主题等。因此,期刊规范表、机构实体表和基金规范表中要涵盖各种常用的表达和指代形式;而机构实体表中还要事先厘清各类机构的隶属关系和名称变更等事项;对于相同姓名的不同作者,则需要结合类目主题表、作者机构等来加以判断。

### 4.4.2 知识关联功能

经过数据解析之后,每一条文献数据都会被分配一个唯一的"来源文献唯一标识"。以此为基础,每一个知识单元都可以通过引用、同被引、引文耦合、用户行为关联过滤、文本相似度等关联规则来建立与其他知识单元之间的关联,从而建立来源文献库与被引文献库、作者库中相关记录之间的链接,以满足各类检索、统计、链接的需要。

利用特定的关联规则,通过作者与所属机构、机构与其上下级机构、作者与引文、基金与所资助论文、机构与所属地区、论文与所属主题、论文与同被引论文、论文与耦合文献等多种关系都能建立关联链接。更进一步讲，利用不同属性的共现可挖掘出更深层次的关联，如作者与关键词、机构与主题领域等；也可以通过对题名、关键词、摘要乃至全文进行共词分析来挖掘并建立文献主题结构的关联；甚至可以通过对文献进行共词分析和引文分析之后，探索这两种方法的融合途径。

### 4.4.3　知识分析功能

从多种不同角度建立文献内外部特征之间的广泛关联之后，可以较为方便地开展各种统计分析。针对各种实体以及不同实体之间，如论文、论文作者、作者机构、期刊、基金、学科主题、出版机构等，有多种数量关系、属性关联、项目共现等作为分析、统计和计算对象。可以说，利用这些数据能够完成几乎所有引文统计与分析，如引文结构统计、引用关系统计、期刊引用统计等。

例如，对于期刊来说，常见的统计量有期刊载文量、期刊被引次数、被引半衰期、即年指标、影响因子、期刊自引率、核心作者、重点机构等；对于论文来说，可以对引文量、同被引论文、被引次数、历年被引量、引文耦合的论文、所属主题领域、基金、期刊等项目进行统计分析；对于作者来说，可以统计论文数量、作者单位、合著情况、总被引量、各种高被引指数、H 指数、基金情况、期刊分布、主题分布等情况；对于机构来说，则可以分析高产作者、论文数量、被引情况、机构合作情况、基金情况等。

### 4.4.4　知识评价功能

随着对文献内外部各种特征的分析，多种评价功能得以顺利展开来支撑各项知识服务。评价对象可以是特定作者、特定机构、特定期刊、特定学科或者特定基金项目的成果，还可以是针对上述对象的综合评价。在综合评价中，不但需要考虑各项指标的重要程度，还要考虑各分项指标之间的相互联系；不但要考虑各项指标的优点和局限性,还要考虑其在不同学科之间的适用性。

　　在知识服务中,知识评价模型的构筑和建模是重要环节之一。以对科技期刊的评价为例,科技部制订了"中国科技期刊评价监测指标体系",中国科学技术信息研究所和中科院自然科学期刊编辑研究会也各自建立了一套评价体系。综合多种体系的各项评价指标,结合实际评价数据就能够建立综合评价模型,来确定各指标的权重并对评价矩阵进行计算。

### 4.4.5  知识检索功能

　　当获悉用户提交的知识需求后,可以利用元搜索引擎的查询调度机制和搜索引擎代理将检索指令转化成各个数据库能够接受的命令格式,自动查找参考文献的踪迹、搜索相关期刊论文的引文数据,继而对检索结果进行汇总、去重、排序,并从中选出较为合适的数据提供给用户[①]。知识链接系统不但支持常规的检索入口,还能够支持引文检索并提供各种链接来获得相关文献。检索结果并不是关键词匹配的简单排列与堆积,而是以引文索引为主,多种文献内外部特征为辅的有机关联和综合。

　　基本的检索功能包括关联检索、专项检索和指标检索等[②]。所检索出的每条文献记录,除了提供作者、期刊、年卷期等常规信息之外,还注明并提供该文的被引次数、参考文献、同被引文献、引文耦合文献和相关文献等项目的数量和链接。同时,针对作者、期刊、基金等入口进行的专项检索,还同时提供相关的统计、分析信息,如在检索作者时提供该作者的被引情况、高被引指数、H 指数、合著情况等。对特定指标的查询则更能够体现出知识链接系统的深入分析能力。

---

　　①  张满年. 基于网络的科技期刊评价分析系统的构建[J]. 中国科技期刊研究,2008(5):729—732

　　②  曾建勋. 中文知识链接门户的构筑[J]. 情报学报,2006,25(1):65,66—67

### 4.4.6　知识展示功能

为了更加直观地显示知识链接的情况,在整合集成现有引文数据的基础上,利用计算机信息系统的开发方法和可视化技术,设计引文可视化系统的总体结构,研制引文网络图等知识链接展示方法并加以实现。由此,可以将抽象的知识链接数据以可视化的形式表示出来,揭示复杂的学术信息之间的逻辑关系,供知识用户进行浏览、分析、发现规律和支持其决策。

在基于引文的知识链接网络中,可以将作者、期刊、论文等分别作为网络的节点,将被引或引用次数作为网络中的边,以此来构建时序网络图、耦合网络图等直观的引文分析图形。通过对信息的多种观察形式(多维视图)进行快速、一致性和交互性的存取,能够表现有实际意义的、任意两个分析单元值共现的情况。同时,除二维知识链接图形之外,还需要探索三维或更多维的可视化方法,以求在有限的图形中呈现更多的信息;另外,还应该在实现静态知识链接展示的基础上,不断探索更加便捷的动态性、交互性的展示方式。

## 4.5　知识链接系统的技术实现

### 4.5.1　关联数据及其描述

"关联数据"是一种用来在万维网上发布或连接结构化数据的最佳实践。近年来,使用这种方式的数据提供者越来越多[①]。关联数据,这种最佳实践的应用导致万维网功能扩展。在这个全球数据库中,可以获取包括人、企业、书籍、科技出版物、电影、音乐、电视和电台节目、基因、蛋白质、药品和临床试验、在线社区、统计、

---

① Christian Bizer Linked Data-The Story So Far. International Journal on Semantic Web and Information System,2009(1):1—22

科技和评论等各种领域的数据。在语义网中使用 URI 和 RDF 发布、分享、连接各类数据、信息和知识,关联数据应用的实现依赖于一个非绑定的全球数据库。所以,作为一种新式的网络数据模型,关联数据具有框架简洁、标准化、自助化、去中心化、低成本的特点,强调建立已有信息的语义标注和实现数据之间的关联,将发挥更为深刻广泛的影响①。为构建人机理解的数据网络提供根本性的保障,为实现知识链接奠定坚实的基础②。

关联数据可以通过 HTTP 协议揭示并获取各种数据,允许用户发现、关联、描述并再利用这些数据,强调数据的相互关联、相互联系以及有益于人机理解的语境信息③。在 2009 年的 TED 大会上,Berners Lee 认为创建关联数据应遵循 4 个原则④:用 URI(统一资源标识符)作为对象的名称;通过使用 HTTP URI 可以定位到具体的对象;通过查询对象的 URI,可以提供有意义的信息(采用 RDF、SPARQL 标准);提供相关的 URI 链接,以便发现更多的对象。为了根据以上 4 个基本原则来统一数据集,研究人员创建了一系列的本体,其中,有一些已经开始得到应用,如 Friend Of A Friend(简称 FOAF)描述的是人与人之间的关系,每个人都有唯一的 URI 标识,它可能是个人主页的链接、E mail 地址或者是服务的身份配置文件。

关联数据技术在知识关联揭示中的应用是基于 RDF 链接来实现的。RDF 对资源的表达主要是通过由主语(Subject)、谓词

① 白海燕. 关联数据及 DBpedia 实例分析[J]. 现代图书情报技术,2010(3):33—39

② 刘炜. 关联数据的意义与实现 [EB/OL]. [2010-12-22]. http://202.114.9.60/d16/pdf/24.pdf

③ Wikipedia. Linked Data [EB/OL]. [2010-12-20]. http://en.wikipedia.org/wiki/Linked_data

④ Bemers-Lee T. Linked Data [EB/OL]. [2010-02-22]. http://www/w3.org/Designlssues/LinkedData/htm

(Predicate)和对象(Object)所组成的三元组,以 RDF 模型来表达事物、特性及其关系。RDF 链接可以通过人工设置生成,如 FOAF 文档。对于大规模的数据集,则需借助于基于特定命名模式的算法、基于属性的关联算法等,在不同数据集之间生成自动关联。需要针对特定的数据源,开发专用的特定数据集的自动关联算法[①]。RDF 链接是数据网络的基础,不仅可以链接同一数据源中的资源,而且可以实现不同数据集之间的关联,将独立的资源编织成数据网络[②]。

关联数据的方式在网上发布数据集的过程通常涉及 3 个步骤:首先,给数据集描述的实体指定 URI。通过 HTTP 协议下的 URI 参引,获取 RDF 表达。其次,设定指向网络其他数据源的 RDF 链接,这样客户端程序就能跟随 RDF 链接在整个数据库中进行导航。第三,提供对发布数据进行描述的元数据,这样客户端程序可对发布数据的质量进行评估,在不同的连接方式中进行选择。

知识链接中关联数据的描述和表示是知识链接系统技术实现的基础和重要内容。关联数据包括对期刊杂志、科研实体、作者网页、简历、专利信息和产品信息等的表示。关联数据中对叙词表、分类表、本体、词网等知识组织体系需要使用一定的元数据编码标准来进行描述。用于知识组织的元数据编码标准很多,一般根据不同的模型和需要使用不同的编码标准。

以 XML 形式存储和管理元数据已成共识。基于 XML 形式的元数据编码表达有较多的标准。目前多采用基于描述逻辑的知识表示语言(如 OIL、DAML、DAML+OIL、OWL)来对本体概念体系进行编码,常用知识组织编码标准结构如图 4-3 所示。

---

① 黄永文. 关联数据在图书馆中的应用研究综述[J]. 现代图书情报技术,2010 (5):7-13

② Hausenblas M. Exploiting Linked Data for Building Web Applications[EB/OL]. [2010-12-20]. http://sw-app. or~pub/exploit-lod-webapps-IEEEIC-preprint. pdf

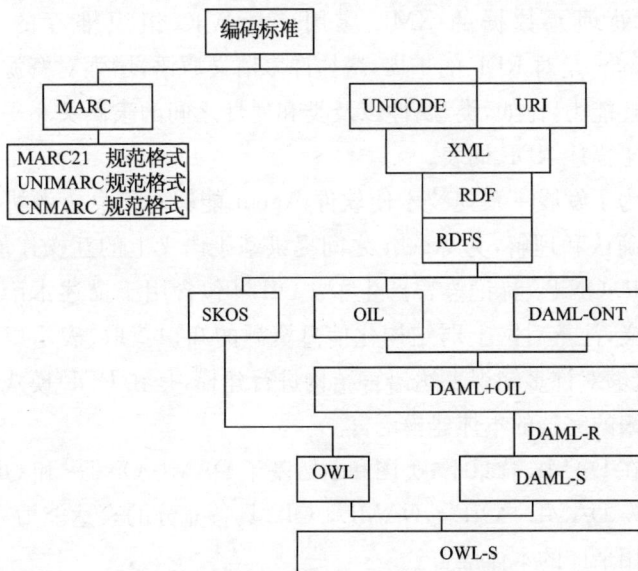

**图 4-3　常用知识组织体系编码标准结构**

　　所谓元数据,就是"描述数据的数据"或者"描述信息的信息"。例如,书的内容是关于书的数据,而图书的作者名称、出版社名称和地址就是书的元数据。数据和元数据的划分并不是绝对的,有些数据既可以作为数据处理,也可以作为元数据处理,例如,作者名称可作为数据处理,而不是元数据。作为一种描述信息的通用方法,RDF（Resource Description Framework）①是可以被计算机应用程序读取和理解,描述 Web 资源的标记语言,其信息可以在使用不同类型的操作系统和应用语言的计算机之间进行交互,是

---

　　① W3C. Resource Description Framework [EB/OL]. [2010-10-18]. http://www.w3.org/RDF/

一个处理元数据的 XML 应用。由 W3C 组织推荐的 RDF Schema① 是对 RDF 的扩展，增加许多语义原语，增强对资源语义的描述能力，比如，类、属性以及类和属性之间的隶属关系等。主要用于描述 RDF 词表。

为了发展一系列技术使软件 Agent 能够对信息资源进行动态地确认和理解，为 Agent 之间提供基于语义上的互操作能力，DAML-ONT② 标记语言产生了。OIL③ 包含用于描述术语的精确语义，注重对网上弱结构化信息资源的知识获取、表示以及访问，能够对许多知识表达语言结构进行建模，是在 RDF 模式上建立起来的完整的本体建模语言。

在 DAML 背景下，美国和欧盟基于 DAML-ONT④ 和 OIL 共同开发 DAML＋OIL⑤，DAML＋OIL 具备充分的表达能力，是目前应用最广的本体语言。

由 W3C 开发的 OWL ⑥（Web Ontology Language）是一种网络本体语言，用于对本体进行语义描述，是语义网活动的一个组成部分。通过提供更多具有形式语义的词汇，OWL 被设计用来处理资讯的内容，使其在 Web 内容的机器可理解性方面要强于 XML、RDF 和 RDF Schema。OWL 通过对增加关于那些描述或

① W3C. Resource Description Framework（RDF）Schema Specification1.0［EB/OL］.［2010-10-18］. http：//www. w3. org/TR/2000/CR-rdf-schema-20000327/

② Lynn Andrea Stein, D. C. Deborah McGuinness. DAML-ONT Initial Release［EB/OL］.［2010-10-18］. http：//www. daml. org/2000/10/daml-ont. html

③ Garshol, L. M. Topic maps, RDF, DAML, OIL［EB/OL］.［2010-10-18］. http：//www. ontopia. net/topicmaps/materials/tmrdfoildaml. html

④ Garshol, L. M. Topic maps, RDF, DAML, OIL［EB/OL］.［2010-10-17］. http：//www. ontopia. net/topicmaps/materials/tmrdfoildaml. html

⑤ Ian Horrocks, F. v. H. , Tim Berners-Lee, etc. DAML＋OIL［EB/OL］.［2010-10-17］. http：//www. daml. org/2000/12/daml＋oil-index

⑥ W3C. OWL Web Ontology Language Overview［EB/OL］.［2010-10-17］. http：//www. w3. org/TR/owl-features/

提供网络内容的资源的信息，使网络资源更容易地被那些自动进程访问，允许本体间相互联系，包括明确导入其他本体的信息。

　　SKOS[①]是 W3C 发布的一种 NKOS 表示语言标准，实质上是一套词汇集（词汇主要由 RDFS 词汇定义），是 RDF 面向概念框架编码这个特定领域的应用。SKOS 包括 3 个主要部分：SKOS Core，可以用于表示除 Ontology 外的几乎所有其他网络知识组织方式；SKOS Mapping，用于概念框架之间的映射；SKOS Extensions，用于辅助 SKOS 的特定应用。SKOS API[②]是由 SWAD-Europe Thesaurus Activity 发布的一个 JAVA 应用程序接口，旨在方便基于网络的 SKOS 程序开发。随后该组织还进一步发布了基于该 API 的示范性系统，包括 DREFT 示范网络服务客户端和服务器端。SKOS API 浏览客户端是英国格拉摩根大学计算机学院工作组编写的基于 SKOS API 的实验性应用程序，通过它可以从指定的服务器上在线浏览叙词表[③]。

　　美国国会图书馆和加拿大国家图书馆在 1999 年共同完成的 MARC21[④]，是一种面向 21 世纪的新 MARC 格式，现为美、英、法、加等许多国家所应用。作为一种一体化格式，它可用于描述检索各种类型的文献，同时也是一种重要交换格式，能与 UK-MARC，UNIMARC 等标准格式兼容。它广泛应用于规范（authority）、书目（bibliographic）、分类（classification）、团体信息（community information）和馆藏（holdings）数据的交换和表达。

　　① W3C. SKOS Simple Knowledge Organization System Reference［EB/OL］.［2010-10-17］. http://www. w3. org/TR/skos-reference/

　　② SEALIFE. The SKOS API［EB/OL］.［2010-12-02］. http://skosapi. source-forge. net/

　　③ 王一丁，王军. 网络知识组织系统表示语言：skos［J］. 大学图书馆学报. 2007（4）：30－35

　　④ Ann Branton, Aiping Chen-Gaffey. MARC 21 Tutorial［EB/OL］.［2010-12-02］. http://www. lib. usm. edu/legacy/techserv/marc21_tutorial_ie/

它共有 5 种并列格式，即规范数据的 MARC21 格式、书目数据的 MARC21 格式、分类数据的 MARC21 格式、团体信息的 MARC21 格式和馆藏数据的 MARC21 格式①。

　　由美国国会图书馆下属的网络开发与 MARC 标准办公室在 2002 年发布的 MODS②（Metadata Object Description Schema，元数据对象描述模式），是一种元数据标准，采用了元素、子元素和属性的三层定义结构，使用 XML 作为编码语言。MODS 总共设有 20 个元素，其元素及其语义直接来自 MARC21。

### 4.5.2　知识链接数据清洗规范

　　知识链接依赖于对海量数据的利用。海量数据中既包括科学文献的论文文摘数据，也包括科学文献的引文数据；既包括相关的科研实体数据，也包括科学参数指数等等。海量数据具有生命周期，这里数据生命周期是指一种数据加工环境，可以划分为数据加工、数据规范和数据关联等 3 个方面的数据处理层次。数据加工可以分为数字化加工存储及数据库建设，数据规范则是前一阶段基础上的升级，例如数据辨识、数据归一、数据抽取和挖掘；数据关联则是增添数据链接、数据注释、进行数据可视化等，并进行数据建模、数据计算分析和数据融合等。数据从产生，经数据加工、数据规范到数据关联，最终实现知识链接服务，是数据再加工、再利用的一个循环往复过程，其实质是依据科学演进过程来规范、管理、利用数据。

#### 4.5.2.1　数据加工及其流程

　　对于科学文献来讲，数据加工主要分为文摘数据和引文加工。文摘数据的加工是先将文献一页一页地扫描成图像文件，再用图

---

　　①　毛有桂. 21 世纪的 MARC 格式—MARC 21[J]. 图书馆建设，2003(3)：43—45

　　②　Richard Gartner. MODS：Metadata Object Description Schema [EB/OL]. [2010-12-25]. http://www.jisc.ac.uk/uploaded_documents/tsw_03—06.pdf

形识别软件将图像文件识别转换为文本文件,然后将文章的题目、作者、正文、参考文献等内容将不同年、卷或届次的各种文献文档批量导入数据库中的文摘表中;然后根据索引找出有问题的数据进行校验,最后形成一个数据完整的文摘表。

引文数据的著录要全面揭示参考文献种类,包括期刊、图书、会议、标准、学位论文、网络资源、专利文献、科技报告以及其他类型;准确翔实著录字段内容,包括引文的类型、作者、题名、出处、年、卷、期、页码、出版地、出版公司、主编和网络信息等多个著录项;加工语种除了英、法、德等主要西语语言外,还要涵盖多种小语种文献。可以说,引文数据加工的数据规模巨大,文献种类繁多且语言类型复杂[①]。因此,进行引文数据加工需要花费大量的人力、物力和时间。而且需要借助程序对相关数据进行拆分,再进行人工审核。

在数据库里,参考文献的所有信息都存放在一个引文字段中。首先需要进行引文的粗拆分。将这么一大段文字,按照序号的不同,拆成单一的记录,并分别存放在引文表里。其次,进行引文的细拆分。引文被拆成一条条的记录后,需要把每条引文记录按作者、题目、出处、年卷期页、出处类型等细拆成具有实体意义的各种字段,并存放在数据库中。第三,引文数据的初审。经过程序拆分后的数据,要进行初审,尽量用程序修正数据,减少人工工作量。最后,进行引文数据的人工审核,以确保数据的正确性和完整性。

尽管从表面上看海量的引文数据显得杂乱无章,但只要认真深入分析,仍能发现其还是有章可循的。对参考文献按期刊、图书、学位论文、会议文献等文献类型进行统计分析得知,各种类型占有一定的比例,通常期刊类型的引文数据所占比例较大。为了

① 鲜国建,赵瑞雪,金晨 . NSTL 外文期刊引文数据自动化拆分的研究与实践[J].数字图书馆论坛,2010(10):91—95

缩短引文数据加工周期,增强数据时效性,提高数据整体质量,可以挖掘海量引文数据中潜在的规律,实现解决期刊类型引文数据的自动化批量拆分工作,提高引文加工的整体效率。首先需要依据卷期信息和一系列的标志词,如图书的 Publisher 和 Publishing House、会议的 Proceeding 和 Symposium、学位论文的 Ph. D. Thesis 等,进行期刊和图书等各种类型的数据区分筛选,设计准确、细致的拆分算法,将所有的引文数据拆分为期刊、图书、学位论文等大类。

从引文的一些实例数据中可以分析引文著录规律,期刊类型引文数据中隐藏着一些重要规律,这为实现计算机进行自动化批量拆分提供可能。例如:

类型一:"作者＋年份＋【题名】＋期刊名称＋卷＋【(期)】＋页码";

类型二:"作者＋(年份)＋【题名】＋期刊名称＋卷＋【(期)】＋页码";

类型三:"作者摘要＋年份＋作者详情＋【题名】＋期刊名称＋卷＋【(期)】(年份)＋页码";

类型四:"作者＋【题名】＋期刊名称＋卷＋【(期)】＋(年份)＋页码";

类型五:"作者＋【题名】＋期刊名称＋(年份)＋卷＋【(期)】＋页码"。

通过对大量数据的对比分析发现,部分期刊类型引文数据都遵循上述著录规范。通过著录项的著录位置和著录次数以及圆括号、冒号等这些特征信息,即可实现将 95％以上的期刊引文数据划分成不同的类型。针对每种类型设计相应的拆分算法,将能实现这些类型数据的自动化批量拆分。通过这种分类的方式来拆分数据,既能减少各类数据之间的干扰,又能提高拆分的效率和准确性。当然,人工拆分和计算机批量拆分都难免有错误,还需要对所有拆分后的数据进行审核和修正[①]。

4.5.2.2　数据规范:引文归一与链接要素的规范

目前,由于学风浮躁、急功近利等学风的影响,引文著录随意性很大,例如刊名字词颠倒、随意省略或添加、新老刊名不分、不规范简称,借用不核对、转引不注明、缩略不规范,同音字、异体字混用等现象比较突出。加之,文献出版中以书代刊的"集刊"、一名多刊、一号多版、高校学报改名改版,不同单位的相同刊名同时或交替出现。致使引文中引文无作者,缺少引文出处、出版信息、期刊卷期;引文有效字段缺失、内容错误等现象严重。往往收录论文在同期被引用的论文中,论文篇名与原始论文篇名不同,作者姓名有错误;同一个作者发表在同一刊物上的同一篇文章,或成为不同作者的文章,或成为不同的文章,或成为不同刊物上的文章。这些加剧了引文数据规范,包括引文归一、期刊名称规范工作的难度,增大了工作量[②]。

引文数据的规范化、标准化是严谨、缜密的,如 Thomson Reuters ISI 引文数据库里,仅期刊刊名字典中,一种期刊刊名平均有 20 种变异型,多的达 100 多种,在统计数据中必须要将它们统一到一起。

数据规范需要按文献类型分别组织。首先概述每一种文献类型的内涵和外延,其次,建立各类型文献的元数据层次结构,即数据结构和数据关系,将元数据结构分为母体文献层、馆藏信息层、篇名数据层、参考文献层,每一层次都确定一个数据元素集,再次分别定义该类型文献每一层次数据元素集和数据元素列表,最后详细说明所有数据元素。每个数据元素都按照统一标准,详细著

---

　　① 鲜国建,赵瑞雪,金晨 . NSTL 外文期刊引文数据自动化拆分的研究与实践 [J]. 数字图书馆论坛,2010(10):91—95

　　② 袁培国,吴向东,马晓军 . 论引文统计分析的重要性和引文规范化方面的问题 [J]. 学术界,2005(6):66—73

录其标签、名称、定义、必备性、可重复性、注释、示例等元素项。

为保证引文数据与已加工文摘数据相吻合,借助期刊名称数据库包括各种期刊名称(即出处)及其沿革、简称等作规范文档,以期刊库中的期刊名称去查找引文库中有此刊名的引文数据来加以规范。当然期刊库也需要不断地丰富和充实。只有期刊库中收集的刊名越全,自动规范的引文数据才会越多。

引文的归一需要以一本期刊为单位来组织,需要跟年、卷、期等配合使用。可以进行自动匹配链接,按规则进行计算机全自动模糊匹配,然后按照规则等级进行分类,人工对其中自动匹配等级比较低的匹配点进行核查,去除误配的匹配点。自动匹配按文献类型分别进行,如期刊自动匹配规则有:按题名、出版、年、期、页,或者作者、题目、年、出处,或者作者、题目、卷、出处,或者作者、题目、页、出处,或者作者、年、卷、出处,或者作者、年、页、出处等字段组合匹配,并给予每个字段权重,加权计算后得出匹配相似度,并按照相似度划分等级,按照等级决定哪些匹配点需要人工核查。最后按照题名、第一作者、出版机构、年、期、页字段进行引文归一操作,形成参考文献唯一表,并加入唯一标识。

我国科技期刊论文中基金项目的表达形式也非常混乱,综合分析其表达形式主要有:科学基金名称+资助项目+(项目编号),科学基金名称+(项目编号);科学基金名称+项目或课题+(项目编号),科学基金名称+(项目编号)+资助项目/资助课题,科学基金名称+项目名称+(项目编号)等多种表述方式。有的甚至同一期刊基金项目表达形式不统一,基金项目在论文中的标志形式和位置也不统一,绝大多数标注在篇首页的左下角,以"基金项目:"或"[基金项目]"为标志,也有少数期刊以"＊……"(与标题上的＊对应)为标志。所以,需要对基金项目的表达形式进行统一,用正式名称进行规范著录,不得任意缩写表达。

同时,对于相关的概念和专有名词,也需要进行规范和映射。

例如：由于许多因素的影响，一药多名的现象普遍存在，一种药品既有法定标准名称，又有商品名称、曾用名、外文译名、俗称等，其实它为同一种药品；人们日常习惯中，将单位名称"××药业股份有限公司"简称为"××药业公司"以及数据本身的多样性，颗粒剂又称为"冲剂"等。所以，也需要进行人工规范，或借助相关药典、词典进行计算机统一规范处理。

影响数据规范化的因素是多方面的，既有客观因素也有主观因素，客观因素主要有历史原因，主观因素主要是对数据规范化著录的忽视，著录数据时的随意性，造成数据的不规范，所以数据规范一方面需要加强相关规范文档、机构词典等的建设，同时，需要强化学术规范，加强各种文献出版中著录的规范性①。

### 4.5.2.3　数据关联

论文合著、论文共词、文献耦合与同被引揭示了文献之间的知识关联关系，文献、著者、期刊三种耦合与同被引数据关联，可以采用数据库即时计算的方法，使用引文表（含有论文链接点及归一后唯一标识）进行计算，并引入相关度数值。相关度表现篇文章同引的程度。如文献 A 与文献 B 同时引用文献 E 及文献 F，称文献 A 与文献 B 为同引文献，且相关度为 2（图 4-4）。

①耦合关联。"耦合"揭示了不同主体与同一对象之间的关系，两篇文献同时引用了一篇或多篇文献，可以说这两篇文献具有耦合关系，具有耦合关系的文献之间通常具有某种联系。分析文献耦合关系，可以研究文献的引用结构和规律、主题相似性及其学科结构等问题。

②同被引关联。所谓"同被引"（Co-citation），就是指两篇（或多篇）论文同时被别的论文引用时，则称这两篇（或多篇）论文具有

---

① 施颖. 药品计算机管理中数据的规范化[J]. 海峡药学,2004,16(3):118－119

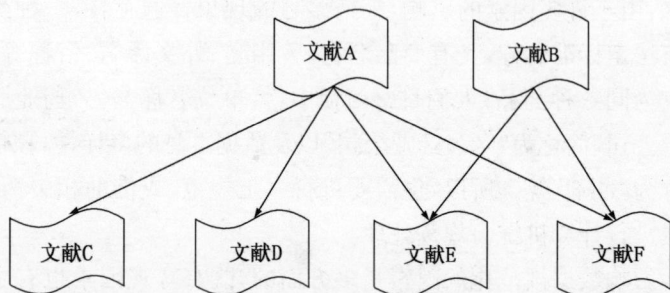

图 4-4　文献耦合关联图

"同被引"关系。同引强度隐含的原理是,同引强度因研究重点及其相关关系的转换而变化。因此,对文献的同被引情况进行分析,能够反映文献之间不断发展变化的关系,它也是引文分析的一个重要方面[①]。

### 4.5.3　知识相关性计算

　　知识之间存在着各种复杂的关系,也就是说知识间具有相关性。知识相关性是情报学中重要的研究课题之一,主要是判定两个知识单元之间存在何种关系,关系强度有多大,知识关联的结构如何等。知识相关性是以各种知识系统表现出来,如本体就是表现和揭示知识相关性的重要工具。本体虽然能够描述知识单元之间的关系,但是,本体是一种昂贵的资源,开发一个本体需要相关领域的很多专家精心斟酌和设计,目前开发的本体都局限于某个很小的领域[②]。所以,在大规模的信息和数据环境下,对知识进行抽取、标注,并进行知识相关性计算,发现其中的语义关联关系,成

---

　　① 　贺桂和. 基于元搜索引擎的引文分析系统模型[J]. 中国市场,2008(22):116-117

　　② 　马费成,罗志成,曾杰. 知识相关度的计量研究[J]. 情报科学,2008,26(5):641-646,656

为下一步知识组织、知识链接和知识服务的重要方向,也是知识链接系统中所涉及到的关键技术问题。

随着 Web 信息检索的发展,Google 等搜索引擎利用 Web 页面之间具有的链接特征,研究了 PageRank、HITS、SALSA 等算法,引入网页权威值的概念来表达特定知识间的相关性。同时,通过对 Web 文档信息特征分析,还出现了 Web 文档主特征词、主特征域和主特征空间的概念,计算文档信息相似度权值,开始将网页链接特征和内容信息特征相结合,对原始的 PageRank 进行改进,在传递页面权威值时引入文本相关度计算,考虑页面和查询主题间的相关性[①]。

也有学者基于对象抽取、对象集成和对象检索,对领域中的作者、论文、会议和期刊等其他相关对象进行抽取,并研究从 www 中实现知识抽取的技术方法;美国自然科学基金支持的 Cyber-Enabled Discovery and Innovation (CDI)项目,其中一个重要的研究内容就是解决如何识别和获取科学数据、科学出版物、各种软件工具、专家等等之间相互关系,更好地实现对这些关联关系进行分析和揭示。Visualizing Knowledge Domains (KDVis)项目基于知识领域描绘的技术方法,在对大容量的出版物、专利、资助数据进行分析和关联的基础之上,可视化地描绘了领域内研究人员、出版物、基金等的相关情况,较为客观地分析出感兴趣的领域内,重要的研究主题、专家、机构、基金、出版物和期刊,能够辅助科研人员识别领域内的相关关系、领域之间的输入和输出联系,揭示出科学领域、科学和社会网络的发展变化过程(如发展的速度、变化的速度),以及科研政策、研究基金对这些发展变化过程的影响力。

随着领域知识描绘研究深入进行,也出现了很多开发工具和系统,如用来分析和可视化共引网络的 Citespace;针对生物医学、

---

①　闫泼．信息检索中的排序与相关度计算研究[D]．济南:山东大学,2008

社会科学和物理学等开发的一个大规模网络分析、建模和可视化工具包 Network workbench;针对科学研究开发的网络站点爬行器 SocSciBot、用于分析网页 URLs 列表和超链接列表的免费软件 LexiURL 等。

在知识链接中,典型知识相关性计算,其计算主体基于几个方面,包括人、机构、学科主题、基金和论文、出版来源(出版社)等。可以依据知识链接的不同类型,如知识元、知识概念、科研实体、知识要素、科学文献等,依据引证参考关系、网络连接关系、科学合作关系、概念逻辑关系等,通过几个主体本身或主体之间在信息资源中所呈现的多维联系,分门别类地计算各类知识间的相关性,研究人与人、机构间、人与机构、人与基金、机构与基金、人与学科主题、人与期刊之间等的多重关系及其关系强弱和种类。通过对特定领域的数字文献进行检索、收集、清洗、去重,识别和抽取数据中的科研主题、科研人员、机构、基金、出版单位等实体。基于多种关系,包括基于文献引用的继承关系;基于作者合著关系;基于作者共被引关系;基于论文主题耦合关系;基于机构合作关系;基于概念词汇共现关系;人员隶属机构关系等,生成相应的科研主体关系矩阵,构建知识关系网络,进而按时序生成文献引用网络、作者合著网络、作者同被引网络、机构合作网络、基金支持网络、学科主题衍生网络等反映知识领域发展的各种演化网络。

主题的相关性包括主题间的语义相关性和主题与资源间的语义相关性两个方面。主题间的语义相关性以主题图的导航层为资源,反映主题间的关联程度,是主题图的静态相关性;主题与资源间的语义相关性以主题的导航层和资源层作为资源,它反映的是主题与其直接连接的资源间的关联程度,与主题结构、资源本身及用户对资源的认可度等多种因素有关,需要具体的应用背景的支持[①]。

　　主题间语义相关性可以基于本体进行语义相关度计算,需要本体语义结构及语义元素特征的支持,同时考虑到间接传递关联主题间的相关性问题,甚至需要语义传递规律的支持;而主题与资源间的相关性计算,则需要借助各种已有的超级词表、领域本体及科研关系网络,从海量数据资源的标题、摘要、作者、作者单位、基金资助等信息中分领域抽取科技术语、科研主体、科研领域、科研产出、科研设备等科研实体特征项,继而从抽取出来的特征项中选择标引词,揭示文献最主要的科研实体和知识要素。根据特征项的来源位置、抽取频次等探讨特征项权重计算算法,依此计算特征项间及其与文献的关联强度。

　　在知识相关性计算中,通过关键词共现、术语共现、作者合著、机构共现、文献共引和同被引等共现现象的统计和分析,计算关键词之间、术语之间、作者之间、机构之间、论文主题之间的相关关系。在进行知识对象之间的关系计算过程中,各种关系可能虽然名称不同,但是语义相同。为了准确而没有遗漏地从文本中抽取知识对象之间的关系,进行知识对象及关系的网络集成,需要能够识别文本中的同义现象,进行必要的推理,以合并描述同一关系的信息片段。需要综合运用社会网络分析、数据挖掘、科学计量学、文献计量学等多学科的技术方法,包括中心度计算、模式识别算法、聚类算法、主路径识别、强弱连接算法、因子分析等,借助网络度分布、聚类系数、平均路径长度、可连通性等计算方法,反映网络整体规模、密集度、团体分布、聚集规律、连通性等特点,呈现数字环境中知识网络及其演化过程。

### 4.5.4　知识评价模型的建立

　　在知识链接中,通过对科研实体和知识要素如人、机构、学科

① 李丽冬. 主题图的语义相关度评价方法研究[D]. 大连:大连理工大学,2008

主题、基金和论文、出版来源（出版社）等进行有效规范链接和知识相关性计算，可以进行相关文献和知识单元的计量统计分析，结合我国知识管理的需求，通过特定的知识评价模型，实现对某个知识单元的有效评价。

从总体上来说，知识评价可以从几方面展开：①知识数量的评价。包括知识总量、知识增长量、知识存量、知识流量、知识量的结构特征（如学科专业分布）以及知识量的时空分布（如知识量的历时变化、国家地域分布、机构组织或个人分布特征）等；②知识质量的评价。主要表现知识生产过程和结果，指知识产品和知识载体中知识的含量、水平、层次、创新度、影响度等，表现为知识产品质量的高低[①]。如用影响因子来反映期刊质量的高低及影响的大小，用论文被引率来反映论文质量的高低和作者影响的大小等；③知识关联演化评价，通过科研实体之间关联关系及其在时空变化下的演变趋势，来推定一定知识要素如学科、主题下的科研实体发展规律，及其相互间影响变化。

知识评价模型是针对一定的评价目标，由多方面的评价指标和权重系数所构成的指标体系。评价指标是指综合反映科学领域某一方面知识生产情况的绝对数、相对数或平均数，是表明知识单元和科研实体某一特征的概念及其数量表现。评价指标体系是在明确的知识评价任务与目标的指导下，尽可能多侧面、深入地刻画被评价知识单元和科研实体的各个方面，反映某一特定知识单元的一系列较为完整的、相互之间存在有机联系的评价指标。科学地确定知识评价指标和指标体系是知识评价的前提，只有设计出科学合理的知识评价指标体系，才有可能得出科学公正的知识评价结论。任何知识单元都具有一些显现的、不同于其他知识单元

① 文庭孝,陈书华,王炳炎等.不同学科视野下的知识计量研究[J].情报理论与实践,2008,31(5):654—658

的本质属性和特征,为此,把这些知识本质属性和特征转换成不同的指标来表达,并在这些指标与知识本质属性和特征之间建立某种对应关系,形成反映知识全貌或部分特征的指标集合,即指标体系。这样就能够有效的评价科研实体、科研活动和知识单元及其科学影响。

简单地说,评价指标就是评价的标准和尺度,是衡量、比较事物的基本依据,指标体系则是评价指标的集合。同时,评价指标体系也是一个信息系统,是反映评价对象全貌的信息集合。每一知识单元评价都需要设置多种指标,并且需要构建一个层次分明、互相联系并相互补充的指标体系。

由于指标体系构建的复杂性、各国科研活动体系以及文化背景的差异,目前各国在知识评价模型的构建上还没有形成标准化的、内在一致性的规则,因而知识评价模型的结构、构建方法、构建程序、指标数量等也各有差异,无法统一。当然人们试图构建一个模块式或菜单式的评价指标,由单一的基本构件组成模块或子菜单,这样用户可以根据实际需要任意组合模块或菜单,形成需要的知识评价模型。

在知识链接系统中,知识评价模型构建主要针对高被引文献、作者、主题学科和团体、基金等的文献计量统计属性,构建知识单元和科研实体评价的各类指标,通过比较、排序,进行差异分析、因子分析和聚类分析等,计算各类科技实体的评价指标,寻求由多维度指标构成的知识评价模型。面向知识评价,实现基于复杂网络,构建集时间、权重、网络特征、传统计量特征及指标于一体的综合展示方法。

领域主题的评价模型是知识评价的一个方面,直观分析领域内关键主题的研究表现和竞争力、领域内关键主题的演化发展过程、领域内重要科学事件的时序关系,可以监测某一学科热点主题的发展。在主题规范化处理基础上,生成规范化概念主题关联,结合主题生命周期进行建模，按照主题的普遍性和活跃性确定主题的权重系数，从主题的产生、发展、衰亡等阶段反映主题随时间推进的变化，包括研究领域所含的主题、主题的分布、核心主题、新型主题、主题间关系以及主题演化过程等。通过主题概念共现、耦合、共篇等关联关系，生成基于关联重要性的词序表；建立主题的时间、空间以及概念之间的逻辑关系。在主题聚类的基础上，分别制定主题类内中心度、类间关联度、类内节点的平均度等计量指标，引入多维量化指标，揭示文献—主题事件—机构—人物等要素之间关联，实现对热点内容的实时追踪。

论文产出量体现作者的科研产量，论文被引量更能体现作者在领域内的学术水平和科研影响力。论文作者经常被共同引用，表明二者在研究兴趣、学术水平等方面存在紧密联系。同理，通过同被引也能构建作者所在机构间及所属国家间的联系，能够客观地揭示领域内的具有影响力的专家、团体。建立科研实体评价模型，构建针对基于科研团队和个人的学术关系网络，可以发现学术参与者（机构和人）之间合著关系、引用关系、人员机构变动关系、人员和刊物关系、人员和项目、科研人员在领域内不同主题方向上的贡献，其研究方向的转移、学术成果的增减和学术影响力的变化。发现机构研究目标和定位的变化、与其他机构或研究者间的合作主题的范围和广度，了解其学术研究动态和科研成果的产出情况。

运用社会网络的中心度计算方法或核心——边缘结构分析方法，对研究人员及机构团体、国家的分布及角色进行识别。在人的层面，能够揭示科研关系网络中的权威专家、学术思想活跃的研究者、学术成果产出高的作者；在机构层面，测度社团的规模、已有多少研究成果数量、密集度、凝聚力；发现领域核心研究机构、对资源具有强控制力的机构、高合作率、高成果产出的机构及其分布等；在国家层面，发现领域中处于核心研究地位的国家、具有高网络影响力的国家、合作领域宽泛或专指度高的国家、学术成果产出高的国家及其主要研究主题等。反映研究者、研究机构、国家的研究兴趣、主要方向、研究水平和科研产量,通过网络结构分析、特征度量反映各国、各机构、各研究者的研究优势、学术研究水平,反映国际主流研究和合作方向、国际重要科研机构在学科领域内的主要贡献、影响力和未来发展潜力,反映机构发展中具有重要影响力的产出成果、核心专家、核心团队,从而形成比较完整的科研结构图谱。

### 4.5.5　知识链接的可视化工具

可视化起源可以追溯到 20 世纪 50 年代计算机图形学的早期,当时,人们利用计算机创建了首批图形图表。美国国家自然科学基金会于 1987 年提出了科学可视化概念(Scientific Visualization, SV)。科学可视化是"用图形和图像来表征数据",将科学计算过程中及计算结果的数据转换成几何图形和图像信息显示出来并进行交互处理,它是发现和理解科学计算过程中各种现象的有力工具。科学可视化涉及计算机图形学、图像处理、计算机辅助设计、计算机视觉及人机交互技术等多个领域[1,2]。科学可视化技术的发展为研究知识表达、知识关联、知识聚类问题提供新思路。随着计算机运算能力的迅速提升,人们建立了规模越来越大、复杂程度越来越高的数值模型,从而造就了形形色色体积庞大的数值型数据集。可视化技术最早应用于科学和工业领域,比如科学实验数据和工业数据。目前可视化技术已经广泛应用于医学、生物、气象预报、油气勘探等领域。在图书馆主要应用于文献检索可视化、信息浏览可视化、馆藏资源分布的可视化。如将检索结果关联起来,出现了人立方关系检索,华盛顿大学进行汤森路透期刊数据

---

① 周静怡,孙坦. 信息可视化在数字图书馆中的应用浅析[J]. 现代图书情报技术,2005(1):5—8

② 周宁. 信息可视化在信息管理中的新进展[J]. 现代图书情报技术,2003(4):4—7

分析的可视化；实现可视化分类导航，显示多层分类，表现整个馆藏资源的总体印象及结构。用于图书馆架位显示的可视化，读者能够查看各种文献资源的全局分布情况，显示某书所在的楼层，书架摆放位置等。近几年，科学可视化技术与科学计量学方法相结合，应用于文献共被引和共词分析中，表达学科主题、领域专业、文献和著者之间的关系，生成具有各种特征属性的科学地图，以揭示知识结构变化和知识发展趋势，促进知识显性化表达和可理解获取。

知识链接的可视化对象是具有语义属性的知识单元，通过对知识单元的语义关系进行空间排序，可以实现知识链接的可视化表达。一般可视化表达主要由四个过程组成：①抽象的数据结构化。区分知识基本关系和结构，结构模型通常有表、树和网络；②可视化对象空间的映射。提供一个可供用户交互和浏览的显示空间，可视化对象空间是二维或多维空间上的点的集合和点之间连线的集合，如二维空间或三维空间或一个曲状空间；空间的映射就是把文献集合映射为点集合，把语义关系映射为连线。③无偏采样。几万个文献的聚合结果，会占满整个屏幕，无法观察。需要从大规模的聚合结果中均匀地采样，比如从几万个中选择几百个作为样本，让样本的分布与整体一致。屏幕上的一个点对应聚合结果中的一个文献，所以需要进行布局算法，自动地为屏幕上每个点设置坐标，使得点和点之间的距离能够表达聚合结果中文献之间的语义关系强弱。比如合著者网络中，两个作者合著的文献越多，表明他们关系也越密切，那么在屏幕上对应的两个点也要越近。④可视化模型多层次展现。文献具有多个属性，比如作者、机构、期刊等等，可从某个属性出发来观察。提供用户与可视化表达进行交互的工具和方法，用户与空间显示的交互方式直接关系到空间可视的显示方式[1]。

知识链接可视化可以有多种方法,根据其可视化的原理不同可以划分为基于几何的技术、面向像素技术、基于图标的技术、基于层次的技术、基于图像的技术和分布式技术等等。知识链接可视化可借助科学可视化的相关工具来实现,目前,主要有 Pajek[2]、UCINET[3]、Netdraw[4]、Bibexcel[5]、WordStat[6]、Wordsmith[7] 等软件。

① Chaomei Chen. Mapping Scientific Frontiers: the Quest for Knowledge Visualization [M]. Springer-Verlag, 2003

② Pajek. [2008-03-10]. http://vlado. fmf. uni-lj. Si/pub/networks/pajek/default. html

③ UCINET. [2011-3-4]. http://www. analytictech. com/ucinet/

④ Netdraw. [2011-3-4]. http://www. analytictech. com/netdraw/netdraw. htm

⑤ Bibexcel. [2011-3-4]. http://www8. umu. se/inforsk/Bibexcel/

⑥ WordStat. [2011-3-4]. www. provalisresearch. com/wordstat/Wordstat. html

⑦ Wordsmith. [2011-3-4]. http://www. lexically. net/wordsmith/

# 5 知识链接系统实证

    为了有效整合文献信息资源,集期刊文献快速报道、引文关系揭示、学科状况分析和资源开放链接于一体,中国科学技术信息研究所(以下简称中信所)建立基于期刊引文的知识链接门户,形成中文学术信息资源整合平台,提供中文知识成果的科学评价工具,实行一体化知识服务。作者全程参与该系统的规划与设计工作,本章将在前文所述的知识链接研究基础上,结合我国知识链接的应用实践,对中信所知识链接门户的构建及其知识服务实现进行实证研究。

## 5.1 中信所知识链接门户

### 5.1.1 开发背景和目标

    中信所作为全国科技情报领域的信息共享管理与服务中心、学术研究中心、人才培养中心和技术推广中心,定位于为科技部等政府部门提供决策支持,为科技创新主体(企业、高等院校、科研院所和科研人员)提供全方位的信息服务,是国家科技创新体系的重要支撑,在全国科技信息系统中发挥指导和示范作用①。中信所重点采集和收藏工程技术领域内的国内外期刊、会议文献、科技报

---

    ① 贺德方.优化结构　深化改革　建立新型的管理和运行机制——访中国科学技术信息研究所所长贺德方[J].中国信息导报,2006(1):14—16

告、学位论文、工具书等各种类型、多种载体的信息资源,同时兼有自然科学、人文、社会科学及管理科学的文献,现有馆藏文献 500余万册(件),电子版中外文期刊 8000 余种,各种在线网络版数据库 50 多个,全文光盘、检索光盘数据库 500 余种,美国政府四大套科技报告 100 万余份。在海量科学数据库建设基础上,中信所完成了拥有自主知识产权的知识链接门户系统建设。

**开发背景**

近年来,虽然我国的知识链接研究逐渐活跃,不少信息服务机构都在建立各具特色的知识服务系统,但是知识链接研究力量分散,各服务系统很多局限在行业内部,未能发挥为用户提供多元化、综合化知识服务的作用。"知识链接"是实现知识检索、知识获取、知识发现等知识管理的前提,对信息资源的知识网络形成有决定性的影响,是由传统信息服务走向知识服务的一个十分关键的基础环节。目前,很多知识服务系统尚未具备完善的知识链接功能,只能实现简单的参考文献链接,缺乏主题、学科,以及与相关出版单位、信息服务机构有效的全文链接和服务合作,无法有效支持科研机构和人员更好地进行知识创新与理论研究。基于这一现状,中信所在现有知识服务项目基础上,设计开发了基于引文的知识链接门户系统。该系统是中信所利用科学知识之间的引证关系开发的一个知识产品,从多维角度揭示科学知识之间的继承、发展、交叉和应用。该系统除具备文献检索功能外,文献之间的关系、期刊之间的关系以及作者与文献之间的关系也都体现在知识链接系统中。对于一般用户而言,能够快速的寻找到自己需要的文章,及时获取刊物、文章、作者、地区等相关计量统计指标;对于期刊编辑而言,可以对刊物被引用情况一目了然;对于作者而言,可以及时了解自己发表的文章被引用的情况。目前,该系统已与中信所的国家工程技术数字图书馆网站进行了原文链接,可以为用户提供全文链接服务与深层次的知识服务。系统界面如图 5-1 所示。

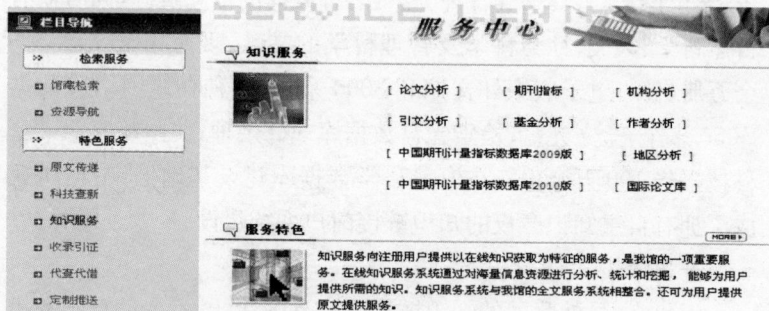

**图 5-1    中信所知识链接服务系统界面**

### 建设目标

随着信息资源的飞速增长和知识创新难度的不断加大,科研工作者不仅需要信息服务机构提供信息查询、检索、加工等各类信息服务与保障,更要求其提供专业化、知识含量高的一体化服务。特别是从知识获取角度而言,用户不仅需要通过服务系统实现期刊、论文、作者、机构等数据的检索,更需要实现论文库和引文库的关联、论文库和作者库的关联、以及引文库和作者库的关联,从而把握学科研究进展、发现研究热点、探索新兴领域。

为适应用户需求的转变,中信所知识链接门户系统主要从 3 个方面着手考虑其目标定位:首先,该系统应适应知识服务运营模式的需要,通过知识整合促进业务管理、信息资源、基础设施资源、用户资源的集成管理,构建专业知识库,为用户提供一体化的门户操作平台;其次,进行知识资源、服务功能的一体化建设,为用户提供全新的知识服务体验;最后,根据用户需求变化为用户提供个性化的知识服务。在此基础上,该知识链接门户系统主要实现以下 3 方面功能:

①知识资源整合。以期刊引文为核心,对期刊论文、会议论文、学位论文、标准文献、专利文献和图书等资源进行有机结合。

②揭示知识联系。全面展示论文的引用、被引及共引关系,揭示知识之间的自然联系;寻找交叉学科,揭示不同学科之间的自然联系;揭示中文期刊与学位论文、会议论文、专利、标准,乃至报纸、图书以及英文文献之间的引证关系。

③引文统计分析。通过检索在线及时获得全文期刊统计指标。提供多种期刊统计指标,可进行排行,并可即时查看所涉及论文,统计指标透明度高。

## 5.1.2　设计思路

近年中信所建设了近 9000 种中文数字化期刊,其中期刊论文量达到 300 万篇/年、引文量达到 1100 多万条/年。同时又整合中国科技论文引文数据库、中国科技文献数据库原有文摘和引文数据,期刊论文总量达到 4000 万条以上,引文数据达到 9000 万条以上,构成更大范围的期刊论文引文索引,基于科学引文索引机制,提供期刊论文与引文之间的关联检索;期刊中的引文类型各种各样,如期刊、图书、学位论文、会议论文、标准、专利、电子文件等等,并利用开放链接标准,利用多种类型文献之间的相互引证、相互参考的关系,以期刊引文为核心,通过期刊引文实现包括期刊、图书、学位论文、会议论文、专利、标准等文献资源间的整合与连接,构建中文 Web of Knowledge,形成基于引文的动态学术信息门户;中信所所属万方数据公司建设有企业产品数据库、中国大学与科研机构数据库、中国科技人才数据库和中国科技项目成果数据库,通过论文中所涉及的作者及其所属机构、基金项目,可以实现与这些事实数据库间的沟通整合,从而形成知识链接门户系统(如图 5-2 所示),同时建立一种基于 Web 的文献计量指标系统,实时与引文索引条目有效挂接,打造中国的 JCR Web。并采用“一站式”信息服务思路,实现对相关全文文献的链接和原文传递,成为我国科研成果评价、学术期刊遴选、机构科研实力评估,以及学科核心作者群认定的计量统计工具。

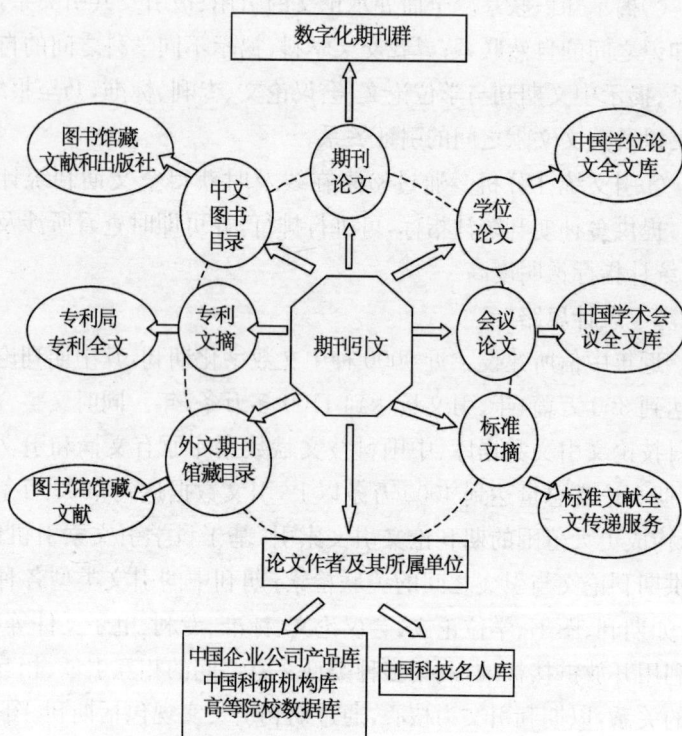

图 5-2　各文献类型间的引文关系链接图示

　　以数字化期刊资源为核心，将学术期刊、技术专利、会议录、学位论文、技术标准及其他相关信息资源整合于同一系统中，提供知识链接服务，同时具备知识的检索、提取、管理、分析与评价等功能，扩展了信息检索的广度和深度，研究人员能够完整获取论文最新出版信息、引文和被引信息、以及期刊的文献计量指标。以此为基础，从基于中文期刊引文的知识链接门户系统的建设起步，积极关注国内外相关技术和标准的进展，关注用户对知识链接的相关需求，以积极开放的心态投入到图书情报领域知识链接的合作与共建中去,以期待为用户带来最大的价值。

## 5.1.3  系统架构

基于以上设计思想,知识链接门户系统构建了面向知识创新的跨系统协同服务平台,如图 5-3 所示,跨系统的协同服务平台实现涉及到 5 个层次的内容,从下到上依次是支撑环境层、数据层、关联层、服务层和用户层。

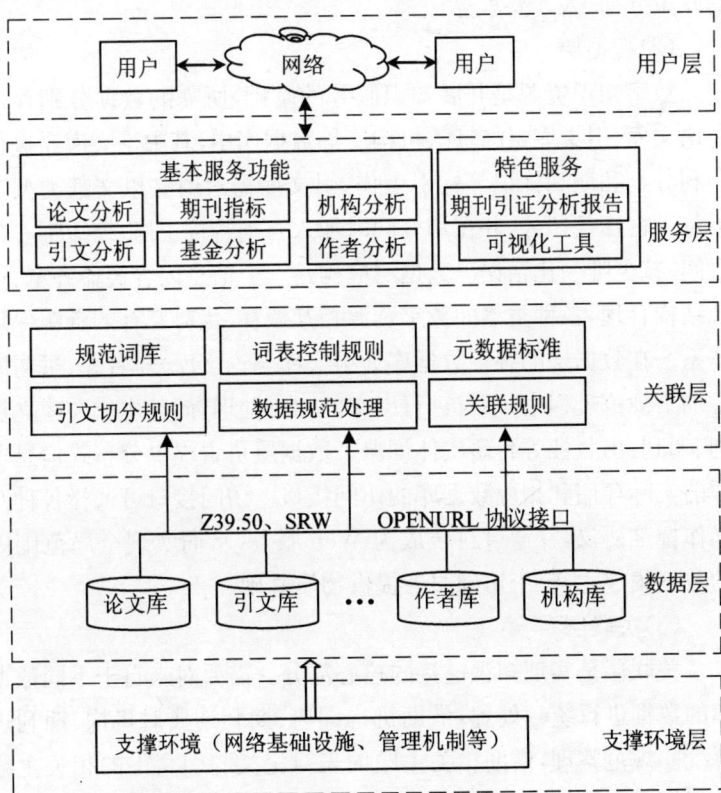

图 5-3  知识链接门户系统体系架构

(1)支撑环境层

该层是支撑知识链接门户系统存在和运行的基本条件,主要包括网络基础设施、技术支持环境和管理机制等3个方面。首先，系统的建设是基于计算机通信网络的，没有网络基础设施，原来分散分布的信息系统将不能够互联互通，协同也不可能得到实现；其次，系统的建设是基于现代信息技术和网络技术的，如管理技术、网络数据安全技术、数据库技术、知识发现技术等；第三，系统的管理机制确保服务系统有效运行。其他支撑环境包括服务系统建设的政策导向、人才要求等。

（2）数据层

数字知识资源是开展知识服务的基础，所需的数据分别存储在论文库、引文库、作者库、机构库等数据库中，其中论文库需进行期刊分类和期刊标识等标引工作，引文库需对引文以文献类型为单位进行逐条切分，并在切分同时加入自动链接工序，缩短唯一化时间，减少唯一化错误。数据层应构建一个信息内容覆盖齐全、资源结构合理，各种类型的数字资源相互依存、优势互补的资源保障体系。在数据层的各种数据库如引文库与论文库、作者库、机构库等加工规范过程中，不仅进行引文的归一处理，而且生成和建立机构、期刊、出版社等科研实体词典。数据层负责提供分布式信息资源的实际存储和相应数据库的访问接口。访问接口可选择各种互操作标准协议，并通过封装成为 Web 服务，从而实现全局范围内的数据集成，为整个协同服务提供物质基础。

（3）关联层

关联层是实现知识链接的核心部分。需要对来自于不同数据库的数据进行统一处理，借助机构词典、期刊词典对机构、期刊进行统一规范整理，借助相关主题词表对论文与引文中的相关主题进行概念凝练处理。可直接生成引文唯一表、期刊唯一表、机构唯一表、概念映射表等，并将引文按文献种类分别与各类型数据库进行链接，此过程由于工作量大可以实现流程化管理，由计算机对链接过程进行监控和进度管理。并通过关联规则，借助相关关联数据描述规范和开放链接标准构建知识链接,形成知识网络。

(4)服务层

服务层负责提供各种基于知识链接的知识服务,同时负责协调/管理所有流程(一个流程对应为完成某种业务所需的一个环节)。知识链接门户系统具备实时的论文分析、引文分析、期刊指标、作者分析、机构分析、基金分析等功能,实现了高被引学科、高被引期刊、高被引机构、高产作者、高被引作者,以及高被引论文的揭示,并通过不同类型文献源的双向链接,拓展了文献源间的内在联系,利用 OpenURL 的链接机制,可以揭示馆藏(特别是英文馆藏)资源,链接获取原文。此外,系统还提供期刊引证分析以及可视化分析服务,可以进一步对引文进行对比分析和构成分析。通过服务层整合,用户不再与多个孤立的系统进行交互,而是面对一个有机的整体。

(5)用户层

用户是知识链接系统服务的对象。知识服务的实现就是为了给用户提供便捷高效的服务。用户层是知识服务中不可或缺的要素。该系统主要服务于国家或地方的重点科研项目、专业人员特别是学科带头人、各类学者和高校师生。用户层提供符合用户需求的客户端,提升用户的体验。

### 5.1.4 特色分析

在具体的知识链接门户系统构建过程中,中信所结合自身信息资源建设的实际情况及科技信息服务优势,着重在以下几个方面进行特色开发。

(1)制定并实施数据库标准规范体系

规范、一致、准确、高质量的论文、引文数据是实现知识链接的基础。该项工作所涉及的内容主要有元数据标准、数据著录规范、数据清理规范、数据加工规范、质量检验标准等一系列的标准规范的制订。目前所建立的数据库标准体系具有完整配套,能够确保后续的数据清理与加工工作顺利、有序、规范地展开。

为了确保数据库标准、加工规范体系满足知识链接系统构建的要求,在对论文、引文等数据的特征进行调研与分析的基础上,参考 SCI、EI、INSPEC、CROSSREF DOI 的期刊论文或引文元数据,对现有的期刊论文、引文等二次文献数据库的元数据方案与数据库结构进行重新的梳理,制定覆盖期刊论文、引文、基金、作者、机构、期刊等方面的元数据标准,根据标准重新调整相应的数据库结构,按照新的数据库结构实现数据的整体转换与迁移。为保证数据清理与加工的标准化、规范化,减少数据的不一致性,提高数据准确性,增强数据共享程度,对现有期刊论文的质量现状、引文数据的加工流程、管理制度、加工人员的知识水平和工作技能、作业设施与环境等进行调研,结合制订的元数据标准,制定涉及数据清理与加工处理各个环节的标准规范体系,包括期刊遴选、数据切分、数据核查、数据规范、引文链接、数据分类、文章标识、数据唯一化处理、数据质量检验等加工环节所需的标准规范、工作规程以及配套的作业指导文件,通过 ISO 9001:2000 标准加以固化并全面推行,使得后续的数据清理与加工工作得以顺利、有序、规范地开展,包括数据准确性、完整性、规范性等在内的数据质量得到有效的保证。

目前,已经形成包括元数据标准、数据著录规范、数据清理规范、数据加工规范、质量检验标准等在内的标准规范体系。

(2)中文引文数据加工系统的开发

中文引文数据主要包含中文科技期刊论文、引文、基金、作者、机构等方面的数据。建设的中文引文数据加工系统是一个具有一定规模的在线协同作业的加工平台。系统建设涉及千兆网组网、系统集成、软件系统开发、自动化系统建设、数据仓储系统搭建等一系列开发性工作。为确保系统构建按计划展开,建成了分布式数字化加工处理系统,以协同化、流程化的加工支撑体系为基础,实现了数据同步传输、数据加工集中化、数据管理网络化、数据集成仓储，达到了分布式加工、集中化管控、规范化管理的目标。

中文引文数据加工系统以加工规则库、名称规范库等知识库为基础，利用专家系统、工作流管理等技术，将数据采集、调度、分发、切分、标引、校对、规范、链接、归并、归一、仓储、质检、监控、权限分配、工作量统计等各作业环节连接到一起，形成了统一规范的工作流程体系和半自动化的数据处理体系。中文引文数据加工系统的建成，实现了中文引文数据加工整体流程的过程控制，各加工环节的工作实现了自动化或半自动化，原本复杂的工作操作更加简便，工作效率显著提升。

自中文引文数据加工系统开发并上线投入使用以来，各加工环节均以此为平台，形成了网络环境下的分布式、协同化的数据加工模式，工作效率、工作质量显著提升。随后通过不断的优化与完善，中文引文数据加工系统日臻完善与成熟，功能更加丰富与强大，包括自动化程度、运行稳定性在内的系统性能不断提升。

（3）基于中文引文的知识链接门户系统开发

在对国内外同类系统包括 SCI 调研的基础上，确定系统的基本功能、内容组织揭示机制和用户界面。以中文期刊引文数据库为基础，开发基于中文引文的知识链接门户系统，初步实现了论文、引文的在线分析，对用户开放使用。并对系统进行了多次技术改造，系统功能更加丰富、强大，系统性能显著提升。目前，知识链接门户系统已与中国科学技术信息研究所暨国家工程技术数字图书馆网站实现了整合集成，所揭示的各类文献信息可通过所馆网站实现原文提供服务。

在系统研发中解决了相关技术问题：①基于 SQL SERVER 全文检索引擎，研制中文期刊引文检索系统，突破制约系统性能提升的瓶颈问题，系统支撑能力及运行速度显著提升；②探索出高效的期刊指标统计算法，解决期刊指标即时统计问题，运算结果准确可靠;③通过 Web Service、OpenURL 等多种技术手段,建立来源文献和引用文献与所馆网站的中外期刊、会议、图书、报刊、法规、标准、学位论文、专利文献等全文数字对象的直接链接,解决了引文数据库中的来源文献和引用文献链接原文的问题;④采用控件技术、Flash 技术等,实现统计指标、作者关系的可视化,解决了统计分析结果可视化输出的问题。

(4)中国期刊引证分析报告

在基于中文引文的知识链接门户系统建设基础上,结合中国期刊的实际情况,选择确定能够客观对中文期刊进行综合评判的相关指标,为具体计算中文期刊的相关指标,确定了计量各项指标的数学方法。依照《中国图书资料分类法》,参考其他同类研究的类目体系,在调查征求期刊编辑部意见的基础上,设计新的期刊学科分类体系,并利用基于中文引文的知识链接门户系统中的基础数据编制出版了 2006 年版至 2011 年版的《中国期刊引证报告(扩刊版)》及中国期刊高被引指数报告。

中国期刊引证分析系列报告由期刊引用计量指标、来源期刊计量指标、期刊高被引指数和学科高被引指数 4 类指标组成,具有全面、准确、实用的特点,其中,期刊引用计量指标主要显示该期刊被读者使用和重视的程度,来源期刊计量指标描述该期刊的学术水平、编辑状况和科学交流程度,期刊高被引指数主要显示期刊登载的相关论文、作者和机构对期刊被引频次的贡献程度,学科高被引指数主要显示学科中有影响力的作者、机构、图书、西文期刊等情况。在以上指标体系中,新增的学科高被引作者、高被引机构等指标属国内首次应用,是系统构建中的创新点。

### 5.1.5　主要功能

知识链接门户系统主要是通过论文引文间的关联关系,来揭示学术信息之间复杂的逻辑关系,检索结果不是简单排列与堆积,而是在引文索引之上进行的有机联系与综合。因此,整个知识链接门户系统包含以下几个部分基本功能。

(1)关联检索

整个系统依据论文引文间引证关系,按照期刊、标题、作者、机构、关键词、基金、学科分类等入口,在时间限定后,从论文、引文和期刊等3个方面进行查询检索。检中记录后面都注明该篇论文的参考文献数、被引文献数和同引文献数、同被引文献数,这些文献数都是热链,能够显示相关的文献列表。例如,点击"被引文献数"热链,可以了解该篇论文被具体哪些论文所引用;点击"参考文献数"热链,显示当前来源记录所引用的参考文献列表;点击"同引文献数"热链,可以查看在不同年份中与当前所检索的记录共同引用同一篇或几篇参考文献的一组论文,即同引文献;只要任意点击论文记录后注明的该篇论文"文献数"热链,便生成一组新的记录;这样层层激活,深入挖掘研究课题之间的相关性,及时了解某一研究领域的发展历史、目前研究状况和发展方向,跟踪国内外同行或权威学者的研究动态。

通过上述4种论文引文间的关联性,可以实现论文资料的层层揭示,步步激活。通过 HTML 或 PDF 热链还可查看记录完整文摘信息或获取原文。截至 2011 年,中文期刊引文链接率达70%,有 70%以上的中文期刊参考文献属馆藏文献。

(2)专项检索

整个系统除论文、引文检索外,还提供了期刊、作者、主要机构、基金等专项检索入口,实现专项查询的功能,如图 5-4 所示。

通过作者项检索,可以显示同名作者的所有单位供读者选择,然后按时间序列显示作者历年来发表的著作记录,记录后也表明参考文献数、被引文献数和同引文献数、同被引文献数,可以进行热链激活查询。同时,可以进行按刊物、学科进行筛选,可以进行构成分析和对比分析。可以统计作者发表文章总数以及总被引次数,查看核实来源文献引用是否真实,如图 5-5 所示。

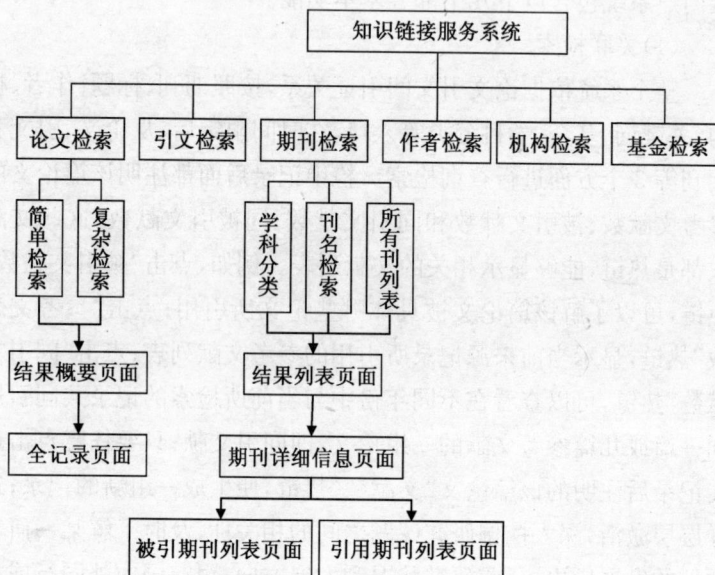

图 5-4　专项检索功能

　　在每条论文记录都列出来源记录的参考文献、被引文献、同引文献和同被引文献，可以层层浏览，如图 5-6。

　　(3)指标查询

　　整个系统从期刊名称入手，按照期刊学科分类，分年度提供期刊文献计量指标，可以查询来源指标和引用指标，可以分年度分指标进行排行，指标包括载文量、总被引频次、影响因子、即年指标、被引半衰期、平均引文数、基金论文比、自引率、扩散因子等。相关指标值也是热链可以激活，"总被引频次"会显示期刊具体被哪些文章所引用的情况，为科研绩效的评价提供科学的量化依据。

　　同时，还按学科专业提供高被引作者、高被引图书、高被引机构如大学、研究院所等，以及高被引出版社，提供基金资助的发表

| 论文分析 |
|---|

属于[中国科学技术信息研究所]等机构作者[曾建勋]发表的论文

按刊名筛选　　按年筛选　　按学科筛选　　　　　　　　　　构成分析　对比分析

□2006(5)　□2001(2)　□2000(3)　□1998(2)

查看筛选结果　隐藏筛选列表

| 序号 | 标题 | 刊名 | 作者 | 年/期 | 被引文献数 | 参考文献数 | 同引文献数 | 同被引文献数 |
|---|---|---|---|---|---|---|---|---|
| 1 | 网上中文期刊门户的构筑 | 编辑学报 | 曾建勋 | 2001/06 | 1 | 4 | 1 | - |
| 2 | 精品科技期刊数据库的建设方略 | 编辑学报 | 曾建勋 张满年 屈海燕 | 2006/02 | 1 | 4 | - | - |
| 3 | 论期刊的数字化工程 | 情报学报 | 曾建勋 程少楼 | 2000/05 | 7 | - | - | 1 |
| 4 | 将学术引向适用 | 图书情报工作 | 曾建勋 | 1998/07 | 1 | 3 | 2 | - |
| 5 | 网上中文期刊门户的构筑 | 中国出版 | 曾建勋 | 2001/04 | - | - | - | - |
| 6 | 精品科技期刊发展战略的管理体系研究 | 编辑学报 | 贺德方 宋培元 曾建勋 陈通宝 燕鸣 颜帅 | 2006/01 | 5 | 5 | 1 | - |
| 7 | 中国数字化期刊群的形成与发展 | 情报学报 | 乔晓东 曾建勋 | 2000/04 | 13 | - | - | 2 |
| 8 | 国家学位论文资源管理现状及其对策研究 | 情报学报 | 贺德方 姜爱蓉 曾建勋 赵嘉朱 赵阳 周杰 张学福 张鹏 | 2006/05 | - | 19 | - | - |
| 9 | 我国工商企业信息需求及对策研究 | 情报资料工作 | 陈昭楠 曾建勋 乐镭 | 1998/06 | 2 | 13 | - | - |
| 10 | 中国数字化期刊群的形成与发展 | 中国科技期刊研究 | 乔晓东 曾建勋 | 2000/04 | 10 | 3 | 4 | 10 |

共12条记录,2页　|　[1][2]到　　　页 GO

图 5-5　按作者进行检索的结果

文章及其被引次数的检索和期刊高被引排行。

　　(4)原文链接

　　伴随学术期刊走向网络出版,即时提供全文已经成为现实。基于中文引文的知识链接门户系统的全文链接是开放的、双向的,经由这一引证枢纽,各种全文文献联系起来;实现不同出版社、数

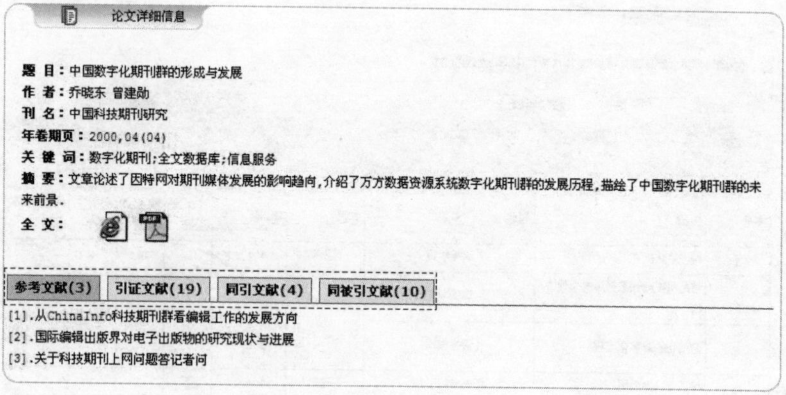

**图 5-6　按作者进行检索的每条论文记录内容**

据库商或不同平台上内容的关联链接,利用 OpenURL 参考链接系统,解决与图书馆馆藏目录系统的无缝链接,快捷而深入地提供一站式服务,形成以出版商及其全文数据库为基础,开放分布式整合统一的数字化学术信息资源体系。

### 5.1.6　技术路线

为了实现上述设计思想和系统功能,在知识链接门户系统框架下,其建设要遵循一定的技术路线分步实施,在总体目标引导下,通过知识资源建设、标准规范制定、数据加工规范、关联检索与引文统计评价,全面推动知识链接门户系统建设运行,加快社会化知识服务进程,有力支撑各领域的知识创新,如图 5-7 所示。

(1)知识资源建设

知识资源建设的目的是按照统一的数据描述、采集、检索标准,实现跨系统的资源整合与共享,在知识链接门户系统平台上建成知识资源联合目录和多个专业知识库,实现资源的动态化索取与发送,为国家科技创新活动提供多元化的网络知识服务。

①知识资源联合目录建设。联合全国科技领域的信息共享平

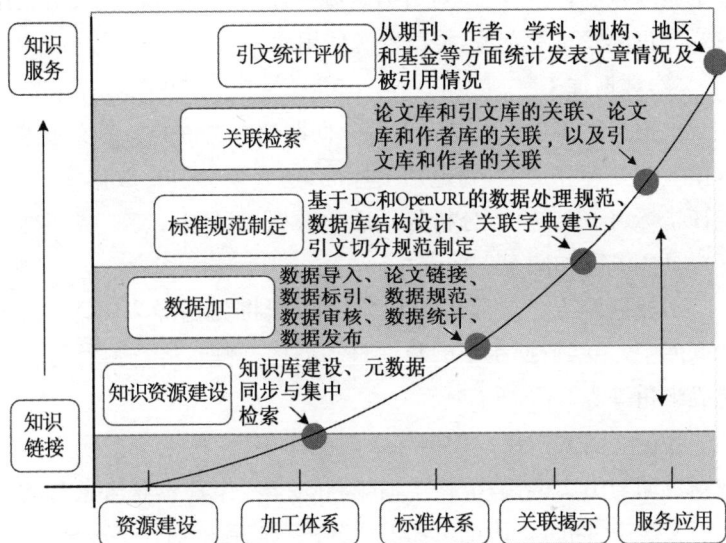

图 5-7 知识链接门户系统建设的技术路线

台,有计划地对原有数据进行整合以及新数据制作,建成系统知识资源联合目录,搭建起一个公益性的元数据交换平台,在充分揭示这些平台系统资源收藏的基础上,逐步实现科技领域的数字资源调度与指向系统,为实现综合性知识资源的共知、共建、共享及开展网上服务奠定基础。

②专业资源库建设。根据国家科技创新发展需求,通过已有数字资源的整合与采购、各领域资源库建设、网上信息的自动抓取与加工等多种方式和渠道,建设包括论文数据库、专业文献数据库、作者数据库、机构数据库、基金数据库、期刊数据库、会议数据库等在内的全方位数字资源库,为用户提供特色化知识服务。

③元数据同步与集中检索。系统采用元数据同步技术,提供对所有资源统一的查询入口。平台建立开放、免费的元数据统一

检索服务机制,方便用户对所需资源的发现、辨析和定位,引导用户对知识的发现和获取,提高资源使用率。

(2)数据加工

数据加工工作主要是针对每一期期刊中文章的参考文献进行数据上的处理和加工,制定加工标准,建立中文引文数据库,制定统计指标,核查、统计、分析处理后的数据,降低差错率、提高准确率。具体流程如图5-8所示。

①数据导入。按照预先设定的规则将数据导入SQLserver数据库中,并将数据库中的数据自动处理,例如:将全角符号自动转成半角等等。

②论文引文链接。数据导入数据库中后,将论文按照一定的规则自动与引文链接,链接上后,将论文表、作者表等信息自动写入引文表中,同时将该纪录加上切分标识放到待切分字段里。

③数据标引。操作人员将为链接上的数据通过客户端,对数据进行切分,该部分工作分为两部分:自动切分和人工切分。当客户端申请工作时,将能够自动切分的数据自动标引好,操作人员仅仅看到未标引的数据。

④数据规范。这一环节是整个加工系统中最关键的部分,也是最复杂的部分,主要分为:a)数据编改:主要是针对切分的数据进行编改,用于校对切分人员的工作质量;b)数据规范:主要是对编改后的数据进行细节处理的过程,操作人员在进行操作的时候,程序能够将数据自动与预先设好的词表进行匹配,并同时能够将更改的数据记录更新到生成的词表;c)论文引文链接:将规范好的数据进行二次论文引文链接工作,要求客户端能够检索论文中的内容,并且能够进行组合检索,如从刊名、年卷期页同时检索。

⑤数据审核。主要是对规范链接好的数据进行审核,即二次校对的工作。

⑥数据统计。主要是针对加工好的数据进行统计分析,同时

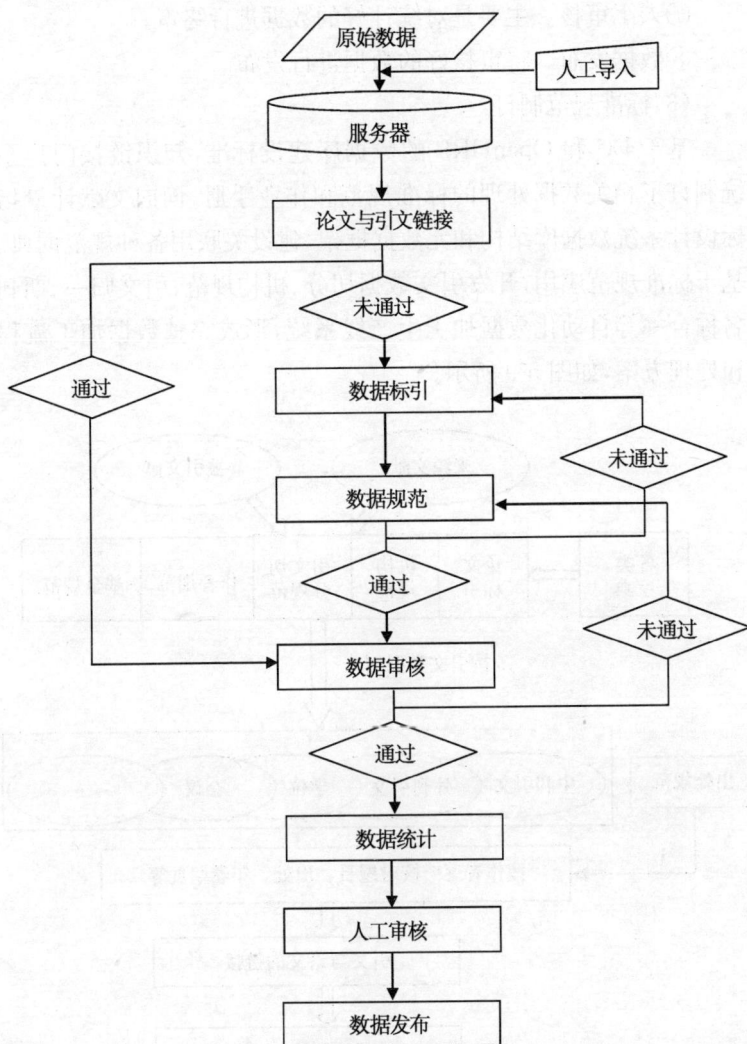

图 5-8 数据加工流程图

生成各种统计报告。

　　⑦人工审核。主要是对统计好的数据进行终审。

　　⑧数据发布。将审核好的数据进行发布。

　　(3)标准规范制订

　　基于 DC 和 OpenURL 的数据库建设标准,知识链接门户系统制订了相关数据处理的标准规范和作业手册,面向文献计量指标设计系统数据库结构和元数据框架,建设关联用各种规范词典。基于标准规范应用,开发引文数据切分、机构规范、引文归一、期刊名称合一等自动化数据加工生产线系统,形成完整数据加工流程和处理方案,如图 5-9 所示。

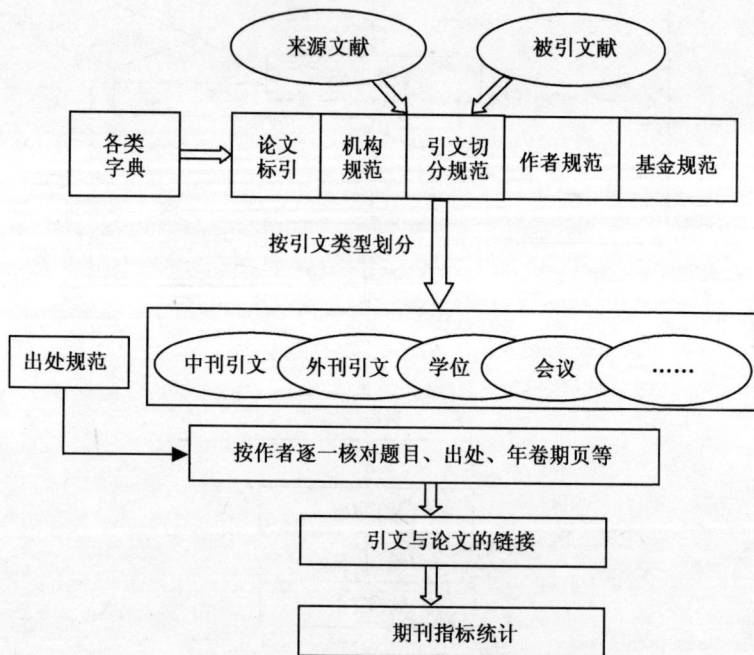

**图 5-9　论文引文规范链接处理过程**

(4)数据库结构

整个系统数据库结构分为来源文献库、被引文献库,并在此基础上分化出作者库、基金库、期刊载文表、期刊引文表等。从知识获取角度来看,用户不仅可以通过服务系统实现期刊、论文、作者、机构等数据的检索,还能够实现论文库和引文库的关联、论文库和作者库的关联、以及引文库与作者库的关联,从而把握学科研究进展、发现研究热点。"来源文献唯一标识"将来源文献库、被引文献库与作者库中的相关记录联系起来。在建设期刊规范词典、类目主题词典、机构词典、基金词表等科研实体词典基础上,进行数据规范,满足各类检索、统计、链接的需要。科研实体词典能够将相同的错误或不一致表述全部一次进行修正,从而提高对象链接和统计的几率和效率,如图 5-10 所示。

对参考文献逐一核查和规范处理,是提高引文数据的规范化程度,提高引文数据库质量,保证检索的关联度、查准率和链接率的前提。系统以现有数据库为参照,将每条参考文献与数据库中相应来源文献进行自动比对,发现错误或项目不全,则进行核查改正或用数据库中的正确记录替换。同时通过人工判读检查作者、题名、刊名、年卷期、起始页等字段内容的正确性。

(5)引文统计评价

期刊论文引文的统计主要从期刊、作者、学科、机构、地区和基金等 6 个方面进行,如图 5-11 所示。继而统计学科核心期刊、遴选重点学科、评估优秀人才、评选优秀论文、分析地区科研优势、分析基金资助效果和测评机构科研实力和影响等。

## 5.2 基于知识链接门户的高被引分析应用

近几年来,基于引文进行文献情报计算、知识关联分析已成为科学监测和科学评价的重要手段。美国 ISI 公司在汇集和分析学

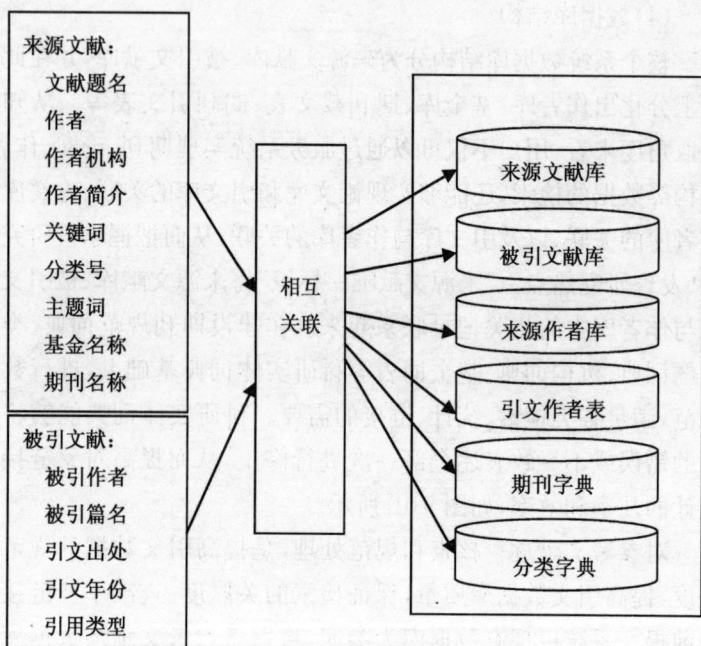

**图 5-10　论文引文间关联检索的数据库结构**

术文献所引用的参考文献的基础上，不仅研制了期刊引证报告，而且于 2001 年推出衡量科学研究绩效、跟踪科学发展趋势的基本分析评价工具——基本科学指数（Essential Science Indicators，简称 ESI）。ESI 从引文分析的角度，针对 22 个专业研究领域，分别对国家、研究机构、期刊、论文、科学家进行统计分析和排序。用户可以从中了解达到一定级别的科学家、研究机构（大学）、国家（城市）和学术期刊在某一学科领域的发展和影响，并获得各个领域学术研究的进展、影响和趋势报告，ESI 为科学研究者提供了一种动态的、综合的、基于网络的研究分析环境①。

---

①　霍艳蓉. 基本科学指数（Essential Science Indicators）数据库[J]. 图书情报工作，2003，47（1）：56—59

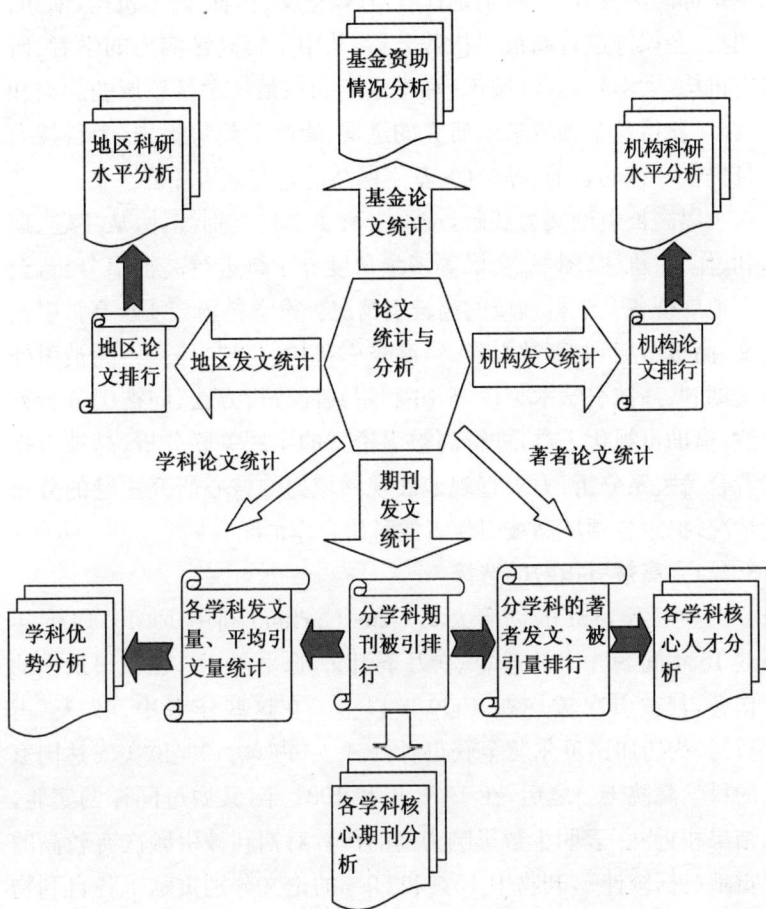

**图 5-11 论文引文统计分析中的 6 个模块**

    自 20 世纪 80 年代 SCI 引入我国以来，我国先后有多家单位建设基于期刊的科学引文索引，研制 JCR，针对期刊统计的期刊计量指标如总被引频次、影响因子等不断深入人心，被社会广为应用。然而，除了基于引文的期刊影响力分析外，还可以进行文献计量指标的深度分析,特别是针对地区、论文、作者、研究机构、期刊、图书、会议等进行高被引指数分析,从中了解高影响力的学者、研究机构(大学)、地区(城市)和学术期刊在某一学科领域的影响和贡献,获得各个领域学术研究的进展、影响和趋势报告,为科技人员提供一种动态的、综合的、基于网络的研究分析环境。

以高被引论文为基础,按论文所属学科类别统计,从主题、期刊、作者、机构、图书、会议等多个角度分学科进行高被引分析,全面地展现各个学科领域的高被引情况。按学科领域反映高被引论文、高被引期刊、高被引作者、高被引机构、高被引图书、高被引外文期刊、高被引学术会议等,并利用共词分析方法、同被引分析方法,借助可视化工具,进行高被引论文的主题关联分析、高被引作者合著关系分析,力求直观地展现领域内的核心研究主题的分布情况,揭示各领域高被引作者的科研合作情况。

### 5.2.1　高被引指数的选择

1977年,ISI的创始人Eugene Garfield利用1961—1975年共15年间SCI中的近3000万条引文,选出了250位被引最多的作者,其被引次数均在4000次以上。在这些作者中,42人(占17%)为历届诺贝尔奖金获得者,151人(占60%)是欧美发达国家的科学院院士。之后,在1978年和1981年,又做过同样的实验,结果相近[①]。表明少数影响力高的作者对期刊被引频次有较高的贡献。据统计[②],刊物中15%和50%的论文分别贡献了各自刊物总被引频次的50%和90%。即约50%的论文对总被引频次的贡献高达90%,也即期刊中50%被引用次数较高的论文的平均被引次数约是其余50%论文的10倍。

---

①　李玲,曾燕.通向全球高影响力科学家的门户网站——ISIHighlyCited.com[J].图书情报工作,2004,48(5):77—79

②　任胜利,Rousseau R.,祖广安.SCI的引文统计指标及其与研究评价的关系[J].编辑学报,2003,15(1):70—72

　　期刊的影响因子是期刊在某统计时段(2年)内篇均被引用的次数,表明期刊在学科的影响力[①]。但是,对于某一种学术期刊而言,有多少刊载文章被引用过? 哪些论文、哪些作者、哪些研究机构对期刊影响因子的贡献较大? 则需要进行进一步统计分析。在某专业领域内,哪些期刊、哪些作者、哪些研究机构被引用较多? 也是期刊编辑部在组织稿件时所关注的。期刊占某学科高被引用论文的数量和比率,占某学科高被引作者的频次和比率等,也同样表明期刊在该学科的影响力。为了更加科学地建立期刊综合评价指标体系,测定各因素(论文、作者、机构等)对期刊被引频次的贡献率,遴选各学科高被引科学论文,合理测算机构的学术影响力,探索科学绩效的评估方法,使期刊统计分析结果更具有可应用性。根据不同学科的引文率和平均影响因子,选出对某期刊引用贡献率最大的论文、作者、研究机构,某学科中引文最多的论文、作者、研究机构和期刊,从中计算高被引作者、高被引论文和高被引机构对期刊被引频次的贡献率及其在该学科期刊中的分布情况,形成揭示期刊高被引情况的相关指标。

## 5.2.2　高被引指数算法

　　为全面反映、客观评判领域的高被引以及领域内期刊的高被引情况,可以采用14项计量指数来描述和揭示领域内被引用情况。具体包括:

　　(1)五年载文量

　　某期刊前5年刊载的论文总数。

　　(2)被引频次

　　在科学计量学领域,被引频次常被用于体现学术论文受其他学者关注的程度,并进一步用于反映学术论文的影响力(注:被引

　　① 曾建勋.2010年版中国期刊引证报告(扩刊版)[M].北京:科学技术文献出版社,2010

频次并不必然是学术水平的直接体现)。这里"被引频次"指的是：前 5 年间发表的论文，在统计当年被引用的次数。

(3)被引率

某期刊前 5 年刊载的论文中，在统计当年获得过引用的论文占载文总数的比例。被引率反映期刊论文被利用的情况，被引率越高的期刊，其刊载论文的被引用概率越高。具体算法为：

$$被引率=\frac{某期刊前 5 年刊载并在统计当年被引用过的论文数量}{某期刊前 5 年刊载的论文总量}$$

(4)期刊五年影响因子

期刊五年影响因子定义为：期刊前 5 年刊载的论文在统计当年被引用次数的平均值。具体算法为：

$$期刊五年影响因子=\frac{期刊前 5 年刊载的论文在统计当年被引用的总频次}{期刊前 5 年刊载的论文总量}$$

(5)期刊被引 50%论文累积指数

某期刊前 5 年所刊载的论文，在统计当年被引频次的 50% 是由多少篇高被引论文贡献的。现以期刊 A 为例说明具体算法($k1$ < 50)(表 5-1)：

表 5-1　被引 50%论文累积指数示例

| 期刊 A 论文被引次数分布 | 16 | 15 | ··· | 10 | 9 | ··· | 1 |
|---|---|---|---|---|---|---|---|
| 被引次数相同的论文篇数($m$) | 1 | 2 | ··· | 4($m1$) | 3($m2$) | ··· | 147 |
| 期刊 A 被引次数累积比例($k$%) | 1.6 | 4.6 | ··· | 49.7($k1$) | 52.4($k2$) | ··· | 100 |
| 期刊 A 被引论文累积篇数($r$) | 1 | 3 | ··· | 81($r1$) | 84($r2$) | ··· | 377 |
| 期刊 A 累积被引次数 | 16 | 46 | ··· | 497 | 524 | ··· | 1000 |

$$被引50\%论文累积数=r1+m2\left(\frac{50-k1}{k2-k1}\right)=$$

$$81+3\times\left(\frac{50-49.7}{52.4-49.7}\right)=81.33$$

(6)期刊被引50%机构累积指数

某期刊前5年所刊载的论文,在统计当年总被引频次的50%是由多少个高被引机构(按第一作者的机构计算)贡献的。

(7)期刊被引50%作者累积指数

某期刊前5年所刊载的论文,在统计当年被引频次的50%是由多少位高被引作者(按第一作者计算)贡献的。

(8)高被引论文 TOP 10

在某一领域统计当年被引用过的论文中,按照论文的被引频次由高到低排序,排名前1%的论文定义为"高被引论文"。

在某一领域的高被引论文中,按照论文的被引频次由高到低排序,排在前10位的论文定义为"高被引论文 TOP 10"。

(9)高被引期刊 TOP 10

在某一领域中,按照期刊五年影响因子的大小由高到低排序,排名前10位的期刊定义为"高被引期刊 TOP 10"。

(10)高被引外文期刊 TOP 10

在某一领域中,按照刊载论文的总被引频次由高到低排序,排名前10位的外文期刊定义为"高被引外文期刊 TOP 10"。

(11)高被引作者 TOP 20

在某一领域中,按照论文第一作者累计论文的被引频次,可以获得作者被引频次的高低排序。列出被引频次排名前20位的论文作者,并将其定义为"高被引作者 TOP 20"。

(12)高被引机构

在某一领域中,按照论文第一作者发文时所在机构累计论文的被引频次,可以获得机构被引频次的高低排序。将被引频次排名前 10 位的高等院校/医院定义为"高被引高等院校/医院 TOP 10";将被引频次排名前 5 位的科研院所/医院定义为"高被引科研院所/医院 TOP 5"。

(13)高被引图书 TOP 10

在某一领域中,将统计当年获得过引用的图书(合并同一图书的不同版次)按照被引频次由高到低排序,排名前 10 位的图书定义为"高被引图书 TOP 10"。

(14)高被引学术会议

在某一领域中,将统计当年获得过引用的会议论文被引频次累计为会议的被引频次,可以获得会议被引频次的高低排序。从中可以列举高被引学术会议,包括中文会议和外文会议。

### 5.2.3　分析框架和方法

以高被引论文为基础,从关键词、期刊、作者、机构、图书、会议等多个角度构建综合分析框架,全面地展现各个领域的高被引情况(见图 5-12)。分析框架由 5 个部分构成:

(1)高被引论文分析

①高被引论文 TOP 10

②高被引论文主题关联分析

在某一领域中,高被引论文的研究主题分布可以在一定程度上反映该领域的研究侧重点或研究热点。对高被引论文中的作者关键词进行共词分析并加以可视化,可以直观地展现领域内的核心和热点研究主题的分布情况。

共词分析是一种研究词语共现现象的计量分析方法,其原理是:具有概念内涵的两个词语在指定范围内多次地共同出现,则假定它们之间存在着某种主题关联,共现频率越高则认为主题关联越紧密。

(2)高被引期刊分析

①高被引期刊 TOP 10

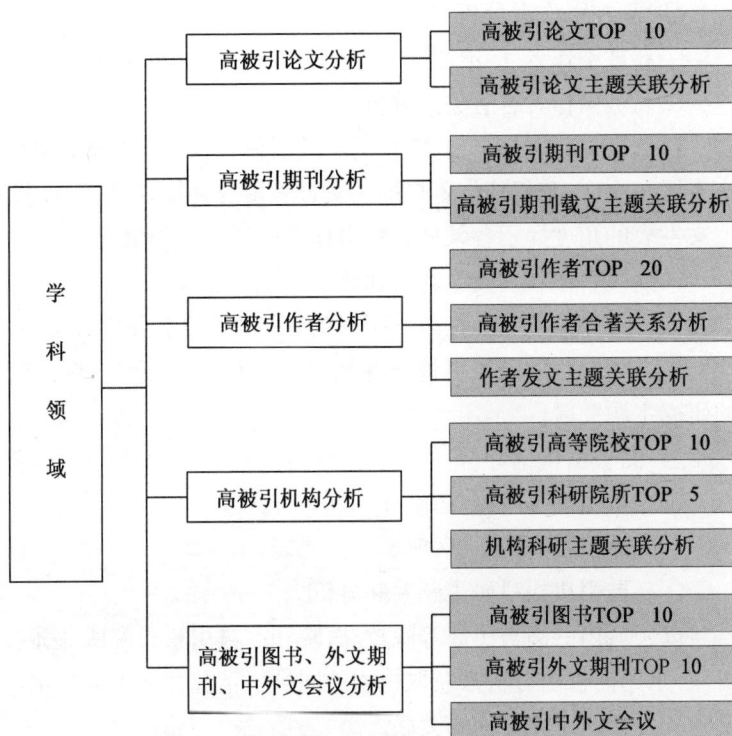

图 5-12　高被引指数分析框架

②高被引期刊载文主题关联分析

期刊同被引分析可以揭示期刊在载文主题方面的内在关联。抽取五年影响因子 TOP 10 期刊,采用同被引分析方法获取它们各自与其他期刊在统计当年的同被引情况并加以可视化,以揭示其载文主题上的关联。

同被引分析是一种研究两篇文献同时被引用现象的计量分析方法,其原理是:两篇文献被多篇文献同时引用,就假定它们之间具有某种主题关联性或相似性,同被引次数越多表明主题越接近。

(3)高被引作者分析

①高被引作者 TOP 20

②高被引作者合著关系分析

以总被引频次排名前 20 位的高被引作者为分析对象,不区分作者署名次序,分析他们各自的论文合著情况并加以展现,力求从论文发表的角度揭示各领域高被引作者的科研合作情况。

③高被引作者发文主题关联分析

取各领域的前 100 位高被引作者,采用同被引分析方法获取他们在统计当年的同被引情况并加以可视化,以揭示这些作者间的研究主题关联。

(4)高被引机构分析

①高被引高等院校/医院 TOP 10

②高被引科研院所 TOP 5

③高被引机构科研主题关联分析

以领域内的高被引高等院校/医院和高被引科研院所/医院为对象,采用同被引分析来获取机构的同被引情况并加以可视化,以反映其在科研主题方面的关联。

(5)高被引图书、外文期刊、中外文会议

①高被引图书 TOP 10

②高被引外文期刊 TOP 10

③高被引中外文会议

### 5.2.4　数据来源与分析成果

以知识链接门户中收录的我国正式出版的各学科 6000 余种中、英文期刊(不包括少数民族语种期刊和港、澳、台地区出版的期刊)为统计源刊,在 2005—2009 年间,统计源刊上共刊载论文 952.3 万篇,其中有 181.6 万篇在 2010 年获得过引用,累积被引频次为 307.2 万次。经过对期刊引文数据的规范化处理之后,依托国家工程技术数字图书馆(http：//www. istic. ac. cn)"知识链接门户"系统进行统计分析、数据挖掘和知识链接,再以图谱、表格等方式加以展现。根据论文主题,参考《中国图书资料分类法(第四版)》的学科分类,将统计源论文划分为 63 个领域。对 63 个领域的高被引指数进行计算分析,形成了《中国高被引指数分析》①。

## 5.3　基于知识链接的资源聚合应用探索

在网络环境下,图书馆基于用户需求和文献保障而收集的各类型数字文献资源,其内涵和外延已经开始发生变化。从传统的纸质文献为主的采集策略逐渐转向面向用户需求、以数字资源为主体的多元化、开放性知识保障格局,不断加强知识服务功能。一方面,数字资源中不同语种、不同载体形式、不同来源的多种资源之间需要建立有机联系,另一方面,日益丰富的数字资源包含着语义丰富、学科各异、实体多样的知识资源,需要利用多种途径、多种方法和多个界面来进行揭示、关联和检索,以利于用户对信息资源的有效获取和知识内容的共建共享。因此,如何对数字资源进行深层次的揭示、聚合和展示,成为图书情报界关注的热点研究问题。

在图书情报界,"语义"主要用于对文献中蕴含知识的多维度揭示,偏重于词汇概念、概念关系和引证关系②。实现数字资源深度聚合的基本条件是发现资源之间及其内在的语义关联,语义关系揭示得越丰富,数字资源聚合和挖掘的深度与效果就越好。基

---

①　曾建勋. 中国高被引指数分析(2011 年版)[J]. 北京:科学技术文献出版社,2011

②　Chang C,Zeng J X,Wu W N. Acquirement of Class Relations for Ontology Based on Language Expression and Knowledge Structure[C]. Computer and Computing Technologies in Agriculture Ⅱ,2010:429—432

于语义对数字资源进行深度聚合,有助于构建一个内容相互关联的、多维度、多层次的资源体系;有助于将不同主题学科、不同内涵外延、不同属性关系的知识内容进行识别、标识和关联,形成集概念主题、学科内容和科研对象实体为一体的立体化知识网络。

### 5.3.1　基于概念及概念关系的聚合

在知识组织体系的基础上,通过概念及其概念间关系的组织与管理,可揭示数字资源之间的语义关联。概念及概念关系的组织与管理包括以下几个方面:

①基于概念颗粒度:各类知识组织体系通过概念可以实现不同的知识组织目的,但其概念颗粒度有所不同:分类法的概念颗粒度比较粗,适用于学科导航和领域划分等应用;叙词表知识组织的颗粒度相对较小,适用于从概念术语和主题角度组织文献信息;本体的语义关系丰富,概念颗粒度通常比较小,适用于知识挖掘和语义推理等智能检索领域。通过对各类知识组织体系的组合应用,可形成不同颗粒度的语义关联揭示,从而实现不同颗粒度大小条件下的数字资源聚合①。

②基于数字资源语义分类单元:在传统分类的基础上,包括主题分类与元数据应用,将数字资源在资源种类、属性、主题等各个方面进行分类描述,储存为不同层次、不同描述属性的语义单元。例如,从主题分类角度,数字资源可以分自然科学与社会科学,还可以分为数学、物理、化学、天文等;作为知识承载单位的文献,分类单元可以是一本著作、一个章节、一个段落甚至为一个语句或术语;资源属性分类可以是数据库、图片库、光盘或网络资源等。在不同分类基础上,研究资源的语义表达方式,可实现基于语义分类单元来揭示资源之间的语义关联。

---

①　贺德方.国内外知识组织体系的研究进展及应对策略[J].情报学报,2010(6):963—972

③基于数字资源语义实例:基于本体论,概念是通过具体存在的实例表达的,从实例角度出发,对数字资源进行深度聚合,也是一条认识事物、获取知识的重要渠道。在数字数字资源中,可通过数据抽取、知识挖掘等技术,获取数字资源的实例信息,包括人名、地名、机构名、各类产品型号、药品名称、疾病名称、物种名称等等。在获取实例以后,再通过对实例的层次关系分类,可揭示实例相关数字资源之间的语义关联,通过进一步描述和表达,则可从实例角度,将数字资源进行聚合。

④基于概念关系:概念关系可以分不同的层次,主要包括概念的包含关系,例如分类法的类目等级关系,叙词法的属分关系,本体类的树状结构包含关系等;概念间关系可以根据数字资源聚合的需要,研究采用不同的概念关系种类实现数字资源的语义表达,例如分类法中的交替类目,叙词表中的相关类目,本体中的通用的概念关系与基于领域知识内涵建立的专业概念关系,根据数字资源的特征和用户的需求,使用不同的概念关系,实现知识的语义表达,揭示数字资源之间的关联关系。

⑤基于概念映射:通过概念映射实现不同知识组织体系的互操作,可以揭示基于不同知识组织体系描述的数字资源之间的相互关联,通过映射特征的调控,来实现不同图书馆之间的数字资源深度聚合。

## 5.3.2　基于引证关系的聚合

文献的引证关系是一个大规模的单向无环网络,体现文献之间知识的流动和继承关系。利用引证关系可以揭示数字资源间的语义联系,对数字文献资源进行聚合研究。

①基于引文耦合关系:通过大量的不同时期、不同学科、不同类型的引文耦合计算,可以寻求引文耦合与文献聚合之间的关系,建立文献之间的参考文献集合相似性模型,构建通过引文耦合进行文献聚合的通用方法和模型。

②基于引证关系路径：引证关系网络图中从初始点到终结点中间经过的所有结点的顺序排列集合，在网络图中可能存在多条这样的路径。每条路径具有方向性，可以反映文献引用的一个时间顺序。两篇文献之间的路径数目越多，引文路径总宽度越大，根据引证关系的假设推理，理论上文献之间的引文共性也就越多，文献之间的联系也就越多，相关度也就增大。基于引证关系路径可以对数字文献进行语义级的深度聚合。

③基于引证关系强度：对于存在直接引证关系的文献，如何评估它们之间的引证关系强度，需要从引证关系网络中分析与之相关的共引及同被引文献，从多个角度给出综合的评估方法。大多数文献之间不存在直接引证关系，但经常存在各种间接引证关系、共引关系和同被引关系等。通过分析直接和间接引证关系的强度来计算文献之间的相关性，得到一个可量化的引证关系强度，利用聚类和分类理论实现对文献的深度聚合。

④基于扩展引证关系：文献中除了文献主体外，还包含了作者、机构、基金项目等多种科研实体。因此，从描述文献之间的引证关系中，可以形成科研实体如作者、机构、基金等之间的引证关系，揭示出科研实体之间在知识点上的相关性。利用扩展的引证关系可以实现对科研实体的聚合，包括同类的科研实体聚合和异类科研实体聚合。

### 5.3.3　基于科研本体的聚合

科研本体是指在传统的规范文档基础上，对各种科研实体，如作者、科研机构、科研活动、科学基金等进行规范化、本体化描述，形成规范化词典。基于科研本体的语义关联揭示，能够准确客观地描述和表示学术研究领域的科研实体；在此基础上，通过科研实体之间的关联关系，达到对数字资源的聚合。

①科研实体关联分析：在科研本体中，科研实体之间必然存在多种直接或间接的语义关系，借助于科研本体，可将现实中的科研

实体通过各种语义关系关联在一起,从而揭示相应资源之间的语义关联。对于科研实体之间的间接关系,可以采用语义推理等模型技术计算科研实体之间的关联关系,包括从关系路径中推导出现实中实际的语义关系,以及这种语义关系的强度。同时还可以基于关联数据,对数字资源进行结构化深度整序,实现文献资源的语义数据发布、智能开放获取,提升资源整体的知识化组织程度。

②同类科研实体的语义关联分析:在科研实体关联分析的基础上,对同类实体集合按照它们之间不同的语义关系及强度进行聚合,即具有相同语义关系且强度越大的实体更有可能聚合在一起。首先利用图论知识,研究科研实体之间关系路径的距离和连通性,两个科研实体的关系路径越短并且连通性越好,说明它们之间的相关性越强;其次是科研实体之间语义关系的纯粹性,在语义推理过程中,多种不同的语义关系推理变得复杂化甚至还可能会导致基于已知信息产生多种不同的推理结果。

③多类科研实体的语义关联集成揭示:对不同类科研实体做聚合分析,可以揭示不同类科研实体之间的关联或相关性,比如学者对期刊或基金项目的贡献。与同类科研实体聚合不同,异类的科研实体具有不同的特征和属性,需要利用科研本体中科研实体之间的语义关联关系,在各个共同特征上去计算相关性。通过对科研实体的迭代标注和自动学习,对科研实体间的语义关系进行自动标注,从而解决异类科研实体的聚合问题。对多类实体和实体关系进行标注,并分配合适权重,可以通过计算标注词的语义相关性得到异类实体的相关性。

④不同语种之间的语义关联揭示:数字资源通常会覆盖多个国家和语言。随着学者、科研机构之间国际交流与合作越来越多,对不同语言数字资源的聚合需求日益突出。利用现有机器翻译技术将文献统一成同种语言再进行聚合的方式,虽然具有一定的效果,但是还存在翻译不准确、效率低等诸多局限性。可以利用科研

本体和双语词典，来揭示不同语种资源之间的语义关联，从而实现跨语言的数字资源聚合。

### 5.3.4 数字资源聚合服务应用

数字资源的聚合服务作为图书馆知识服务的一种有效方式，是指图书馆对数字资源进行语义聚合组织，利用对外服务平台，集成各种类型的资源、数据、服务和能力，整合各种信息、内容和应用，并与其他服务有机结合，从而满足用户一体化、知识化和语义化的创新需求。

（1）面向资源主题的聚合服务

首先进行面向数字资源聚合的主题识别。在深入剖析知识组织体系（术语表、叙词表、分类表等）语义表示机制基础上，基于引证文献和实体关系对数字资源进行无缝检索、关联链接、集成融汇、流程嵌入和量化计算，以规范化的概念体系为主干，以引证关系和实体关系为辅助，从多个维度对资源进行聚合。其次，建立特定领域的知识关系网络。抽取出特定领域的关键特征和属性，如科学术语、科研要素，按照学科概念体系，将抽取出的知识对象组织、集成到相关的引证关系网络中，实现对数字资源中隐性知识的深层揭示。以知识组织体系中的概念和概念关系为主轴，以引证关系和实体关系为辅助，来发现和建立数字资源的内在聚合关系；利用引证关系，如共关键词、共作者、共机构等分析，进行语义关系计算与分析，提高概念的量化计算能力，实现知识元相关关系的深度挖掘。在对检索结果进行深入挖掘的基础上，构建检索结果在结构、分布、变化、趋势等方面的总体模式揭示。最后，进行主题关联强度量化计算。通过识别、挖掘分散在文献资源之中的知识对象及其相关关系，对主题关联强度进行量化计算，建立可量化的计算模型，获得更好的统计学解释，可以更为深入地实现对知识对象的关联、集成和可视化表示，促进对非结构化的文献信息进行各种相关的对象关联、计量和分析，实现对海量数字文献信息的深层挖掘、辨识、揭示和集成。

在面向资源主题的聚合服务中,将综合知识组织体系、引证关系和实体关系,将数字资源中的主题进行实例化,在知识网络系统的基础上,将数字资源的聚合过程变成一个基于语义的,能够支持智能检索推理的知识发现过程。

(2)面向知识演化的聚合服务

首先确定知识对象的演化时序路径。知识对象主要包括各类专业术语和科研实体要素。从概念和实体关系的角度,确定以概念为中心的、以时序为坐标的知识要素和知识领域演化解析的方法,描绘知识领域中的重要关系结构,发现领域知识演化发展的规律。其次,对学科领域内的各研究主题关系进行演化计算。围绕知识演化追踪问题,从引证关系的知识表示、知识聚类和知识演化追踪出发,分析领域内各种研究主题的演化发展过程,领域内重要科学概念的挖掘方法和发展时序等,确定适用于数字文献的概念结构聚合和知识演化分析方法。最后,监测知识领域的变化发展情况,分析知识的结构和演化发展过程,揭示科研过程中的学术研究活动关系,提供信息资源数据关联服务。

在数字资源的深度聚合服务中,将主要基于知识组织体系和引证关系构建新型语义关联数据服务。通过概念分析、引证分析实现数字资源的动态关联、有机融合、相互嵌入调用,构建基于知识内容的演化聚合模型。

(3)面向学术社群的聚合服务

首先,基于科研实体关系和引证关系,应用学术网络关系挖掘分析的模型及方法,对知识领域内的学术网络关系进行分析,来实现对领域科研实体(包括人员和组织)的结构、活动模式和演化模式的挖掘和揭示。其次,根据引证文献中学术参与者(机构和人员)之间合著关系、引证关系、人员机构变动关系、人员和刊物关系等的发现和挖掘,呈现团队中的学术交流情况,识别和发现领域内社团和社团演化过程,对重要机构、团队、科研人员学术关系网络进行探测优化。可以及时反映当前科研领域态势,辅助科研决策、合作团队选择、主要机构和人员的确认,更好地为这些科研实体的学术活动提供信息资源保障服务。

在面向学术社群的聚合服务中,主要基于引证关系和实体关系,对学术合作关系的紧密度进行测试,发现、构建并服务于学术社群的发展。

(4)面向科研决策的聚合服务

科研决策包括国家战略决策和科研团队的创新决策两个方面。在宏观层面,以知识组织体系为基础,从引证关系、科研实体关系等角度把握科研工作的纵向发展脉络,同时从学科领域的概念对比等横向角度,对领域内当前研究热点主题进行判断和识别,发现学科领域的薄弱学科并加以改善,发掘具有较强发展潜力的新兴研究项目,在促进科研工作均衡发展的同时推动在若干个领域取得领先优势,为国家层面的科研管理提供决策支持。

在微观层面,基于数字资源的语义聚合方法,面向科研创新一线的学科专家或者创新团队提供科研全程服务。通过引证关系和概念关系,对科研工作的热点、前沿和趋势进行识别和计量研究,帮助科研机构确立研究课题、挖掘研究潜力,实现对学科资源的聚合和有效配置。从学术查新、文献获取、知识关联与技术路线图等方面构建集成化科研信息环境,实现学术知识资源的共享、交流与学术竞争力提升,支持科研团队的整体科研创新需求。

实现基于语义的数字资源深度聚合是支持并促进知识学习和知识创新的需要。采用先进的知识组织、知识表示、知识聚合和可视化方法,对数字资源进行组织和展示,能够形成基于知识关联的新型知识资源集合体,实现跨语言检索、知识导航、知识评价、知识发现、情报计算等更具专业性的深层次服务,更好地满足创新主体对知识信息的深层次需求,从而增进知识理解、促进知识扩散、推进知识创新。

实现基于语义的数字资源深度聚合还可以推动信息服务向知识服务转变。经过对数字资源的深度聚合，促进其从传统检索查询模式向具有知识导航、自动聚类、自然语言检索和双语查询等功能的智能检索模式转变；从文献信息服务向科研对象实体的关联发现、科技热点监测、科技趋势分析的知识服务转变。

面向数字资源的语义描述、识别和语义关系的挖掘和链接，将使不同语种、不同载体和不同来源的各种异构文献信息资源得到基于语义的揭示与组织。知识组织体系建设、引文分析、科研实体关联和可视化展示等相关关键技术的研究，将极大地促进图书馆知识服务能力的提升，促进数字资源的充分利用和效益的充分发挥。

# 6 开放式知识链接服务体系

　　知识链接是发现和利用知识间的各种关联关系,将具有同一、隶属和相关关系的知识单元按照一定的需要有序地联系在一起,形成序列化或结构化的知识集合,继而构建知识网络的一种行为。知识链接是以知识联系为基础的信息组织,能显示知识元或知识信息群之间网络、结构、互动、交叉、演化或衍生等诸多复杂的关系。通过语义关联,把知识体系连接为清晰的知识网络结构,为知识检索和知识共享提供知识资源,可以方便用户即时获取有效的知识。

　　随着因特网的不断普及,数字资源的不断涌现,关联数据的逐步发展,以及信息技术和网络技术的日新月异,用户的知识信息需求和知识学习环境都发生了深刻变革,以知识链接为核心的知识服务逐渐成为图书馆组织网络资源、用户获取知识信息的重要手段。开放式知识链接服务是一种面向知识创新的服务体系,将集合多种知识链接方式,来实现全球范围内的、不同类型的知识资源的无缝、开放的链接,成为下一步知识服务的关键业务,成为基于知识资源共享的新环境。

## 6.1　开放式知识链接服务要求

　　泛在知识环境下,从信息服务向知识服务的转型,迫切需要实现知识资源的互联互通和无缝链接。从数据库商、出版商、图书馆以及相关研究机构所开展的知识链接实践来看,开放式知识链接体系是拓展知识服务的基础,在分布、异构和动态变化的资源和服务环境中,实现跨系统、跨部门、跨学科、跨时空的知识关联与协同管理,通过技术上,或服务理念上的创新,实现知识的提取、关联和链接,以此开展知识导航、知识检索、知识评价等知识服务,推进跨系统协同合作和基于虚拟联盟的知识服务。开放式知识链接服务应满足以下要求。

(1)知识服务转型发展要求

随着科技和社会经济发展推动作用的不断增强,用户已不再满足简单的信息资源获取,而希望能以一种简单的方式获取分散在本领域及相关领域的专门知识,除了传统的书籍、报刊、古籍、报告以外,一些新形式的资料,比如目前备受关注的开放获取资源、博客、微博等也成为开展知识服务的基础资源。这就要求开放式知识链接服务能适应图书馆与时俱进发展的需要,适应知识服务"转型与超越"的需要,通过各种知识链接方法和技术建立不同来源,不同获取渠道和不同载体形式的资源的关联和整合,支持新的知识过程,即基于计算的、动态关联的、灵活融入问题情景和合作交互的知识过程,实现知识服务的内化与深化;将知识服务手段集成融汇,实现以解决单个检索需求为目标到以面向用户个性化需求提供持久的跟踪服务的转变,支持主动的推送服务和知识检索服务。总之,开放式知识链接服务就是重视用户需求方面的差异性和个性化,面向个性化用户需求构建整合系统。

(2)馆藏资源深度聚合的要求

馆藏资源的发展以用户需求为导向,并受技术变革和信息大环境的驱动和影响。泛在信息技术的持续快速发展、变革,极大地改变了人们的生活、工作、教育和科研方式,也极大地促进了无所不在、智能和透明的泛在信息环境的建设。这一背景下,用户的信息需求从分散、孤立、简单的显性信息转变为聚合、关联、复杂的知识。为此,作为泛在信息环境主体的数字资源的组织就需要实现从显性到隐性、从事实数据到知识、从孤立信息到关联知识的演进。知识链接就是借助语义技术或域控制词表将知识间的知识应用环境与语义关系关联,建立分布在不同空间的知识点之间的网状关联。开放式知识链接服务就是要实现从规范性资源向 Web 动态的、非规范性资源聚合的转变;从资源本身的聚合走向重组、集成与资源相关的应用程序和服务。

(3)知识计量评价服务要求

知识是科研活动的最重要产物,科研成果是最重要的知识产品。知识的计量与评价,不仅包括知识数量的计量与评价、知识质量的计量与评价,还包括宏观层次的知识计量与评价与微观层次的知识计量与评价。从 SCI 评价到 H 指数评价,这些基于引用的评价一方面主要是针对期刊论文,不能完全适用于新的网络环境下新的资源形态的评价;另一方面评价数据的获取具有滞后性。因此,不能单单根据被引用次数来评价作者的学术声望已经成为学术界的共识。除了被引次数外,文章被阅读次数、被下载次数、被读者评价的星级、被收入书签的次数、获得的评论数等使用数据也应该考虑作为新的评价指标。知识链接构建了开放知识网络,为新的评价指标的构建创造了基础条件,开放式知识链接服务能够适应学术研究新趋势,提供兼顾宏观和微观层面,包含知识数量与知识质量评价的服务功能。

(4)新型科学交流合作要求

知识创新越来越来依赖于跨部门、跨组织、跨学科、跨地域和时空的信息共享和团队协作。科技人员希望同行之间能密切合作与交流,进行专家协同工作,能够进行远程科学研讨、科学实验、工作汇报、远程参观、新闻发布、网络会议、学术报告等[①]。因此,开

---

放式知识链接服务应为创新成员提供多途径、多渠道信息交流和互动服务,通过知识链接发现知识,进行知识共享和研究团队协作。

知识的分散分布特征,决定了在分布式的网络服务系统中任何一个信息服务机构或系统都无法解决全局性的复杂问题,要求建设开放式知识链接服务体系,将协同服务范围从由系统内部扩展到系统间,实现在服务形式、内容、模式等层面上的跨系统协同服务,通过各种形式的链接手段,突破系统间的界限、信息服务机构和服务用户之间的界限、信息服务系统内功能和数据间界限,使相关联的信息服务系统一起协同进化、优化组合。

随着我国科技创新体系推进,原有分散、独立的信息服务发展模式正在改变,信息服务多元化主体的关系已逐渐理顺,国家公益信息服务、产业部门的经营性信息服务和科研机构自身的信息服务制度逐步完善,各创新主体采用链式服务模式构成了从知识获取、生产、转移,到利用的关联系统,实现开放式知识链接服务机制,贯穿于知识创新价值实现的全过程。

## 6.2　开放式知识链接服务体系框架

云计算正广泛渗透到信息服务应用的各个层面,为服务资源的分布式存储、动态调用、大规模计算提供了新的技术手段。因此,开放式知识链接服务体系可建立在云计算平台,通过资源云、链接云、服务云、共享云来实现知识链接及其服务的全过程。从技术层面上看,云计算功能的实现主要取决于数据存储能力和分布式计算能力。在云计算服务中,相关的数据存储在"云海"之中,用户可随时随地获取云中的相关信息或服务,用户使用云服务就像通过互联网使用本地计算机一样方便。云计算把所有可能的服务和资源整合起来,提供给云计算中的每个用户使用。

目前,许多信息服务机构已开展基于云计算技术的信息服务平台建设,构建功能强大的云服务中心,为用户提供各种类型的知识服务。如中国高等教育文献保障系统(CALIS)拟构建云服务平台 Nebula,适于构建大型分布式的公共数字图书馆服务网络,将分布在互联网中各个图书馆的资源和服务整合为一体,形成一个可控的自适应服务体系,从而对各种服务进行动态管理和分配,满足不同层次和规模的数字图书馆需求,支持多馆资源的共建共享。实践中互动百科也推出"知识云"应用产品,进入到互动百科知识云页面,只需输入感兴趣的内容,各中毫无关联的关键词就会通过各种关系联系在一起,图文并茂地展现出来。各关键词之间的网状关系清晰可辨,直观而全面地诠释出事物之间的内在联系。知识云通过强大的云计算能力,把百万网民贡献的知识关联在一起,每个用户都可通过知识云利用其他网民贡献的海量知识。

在开放式知识链接服务中,通过知识元、科研实体、知识要素等实体的抽取,知识关联关系的揭示,来链接显示知识群之间网络、结构、互动、交叉、演化或衍生等诸多复杂关系,形成动态演化的知识网络。开放式知识链接服务不仅能够发现知识之间的联系,而且能够满足用户对知识资源整合和集成检索的需要;通过"知识关联"将所涉及到的各个知识单元、知识要素等按照一定的层次、结构和功能等组成有序的知识网络系统,从而将知识、服务和用户、共享机构有效的整合起来。开放式知识链接服务的体系框架应包含云资源层,云链接层和云共享层、云服务层等 4 个层级,同时需要进行知识链接标准、工具和方法的研究应用,推进知识链接服务的协同管理机制建设(见图 6-1)。

## 6.2.1 云资源层

从知识资源的来源和存在方面来看,主要包括两种形式:一是显性知识,即是蕴涵在数据库、数据仓库、相关词表辞典百科中的知识,或者专业书籍、期刊文献、行业标准和开发方案等等;另一类

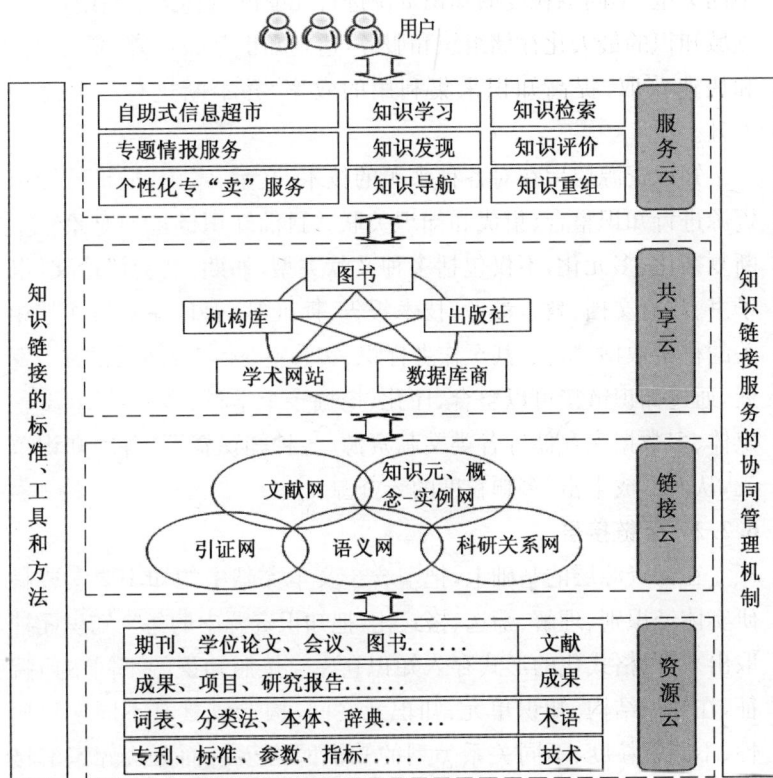

**图 6-1 开放式知识链接服务的体系框架**

是隐性知识,如个人经验、专家技能或者机构内外零散分布的各种未经组织的资料和文档。在开放式知识链接服务体系构建中,通过知识链接提供的方式方法和工具,以知识链接为纽带和枢纽[①],以知识元为基元,以科研实体为对象,将分散存储的知识资源进行有序组织和链接,依据不同服务需求,对不同来源、不同存储方式、

---

① 姜永常. 基于知识元的知识仓库构建[J]. 图书与情报,2005(6):73—74,105

不同类型、不同颗粒度的知识资源进行无缝链接和集中调用,实现领域知识的最大化存储组织和服务,达到知识互联互通、准确定位和快速获取,提高知识采集利用的效率,并不断进行反复螺旋上升。

知识资源层旨在对各种来源的技术、文献、术语、成果等知识资源进行知识整合、集成和知识关联。目前知识链接的对象在不断复杂化、多元化,不仅包括多种文献类型,如期刊、会议论文、电子书、政府文档、教学参考、技术报告、标准等,而且在向与文献相关的科学数据、版权,甚至作者标识、实验室、标本等多元化方向发展,通过知识链接可以整合、序化、挖掘多个学科、多种类型、多种媒体、多数据库存储等各类文献资源、各种知识资源、各项知识单元,从而形成丰富、多颗粒度的云资源。

### 6.2.2　云链接层

在云资源层的基础上,把蕴含于文本文献中的知识要素或科研实体经识别、理解、筛选、格式化,把知识资源中的每个知识元抽取出来,以格式化的形式存入知识仓库。按照知识的不同本质特征,在知识结构、知识单元、知识元之间,构造成具有不同学科属性、不同颗粒度、不同关系类型的知识网络①,继而形成知识链接云,其中包括概念网、实例网、知识元链、文献网、引证网、语义网、科研关系网等,进而勾画出知识地图,为知识的可视化检索提供方便。云链接层是开放式知识链接服务体系中知识组织的关键环节,通过知识链接实现技术,对分散的信息源数据进行挖掘形成知识,然后把挖掘出的知识进行聚类、自动索引和分类处理,按照文献特征进行链接,按照知识的属性进行关联,实现以知识单元为单位的语义互联推理体系结构,成为知识关联、知识导航与知识检索的枢纽。

---

① 原小玲. 基于知识元的知识标引[J]. 图书馆学研究,2007(6):45—47

### 6.2.3　云共享层

任何机构都不可能单靠自身的一己之力去完成满足用户创新需求的所有工作,只有秉持开放的理念,优势互补,联合起来才有可能提升服务能力,推动信息技术与信息服务领域知识、资源、技术和人才的共享。知识链接服务的提供者需要协同建设联合服务,实现共建共享。包括相关信息服务机构、图书馆、出版机构、数据库商,以及科研学术机构等在内的服务主体需要共同组成云共享系统,实现图书馆、机构库、出版社、学术机构、数据库商等服务机构之间的协同运作,各主体既有分工又有协作,共同构建数字科研环境下的开放服务,其有机结合构成国家创新发展的知识共享网络。

在开放式知识链接服务推进中,各类创新机构与图书馆、出版社、数据库商等具有内在的关联性,引入协同的思想和技术,以知识链接为基础,拓展信息服务系统之间对资源、技术、服务、人才等的协同共享和有效整合,可以促进信息服务系统和网络服务系统、科研、教学等系统的交叉渗透,提升信息系统服务知识创新的质量和效率[1]。实现知识信息资源的跨系统共建共享,通过共享的方式满足系统内外用户的信息需求。知识链接是一种知识信息资源整合的有效途径,不仅实现跨数据库的知识链接,也建立跨机构的知识链接,有利于取消资源位置、资源归属等对知识获取的限制,建立统一的管理机制和技术规范,最终实现无缝的、开放的、动态的知识链接。

### 6.2.4　云服务层

开放式知识链接服务的服务方式是多层次、多维度、多颗粒度、多类型的,需要向用户提供知识及问题解决方案的服务,而不

---

① 张敏. 面向知识创新的跨系统协同信息服务研究[D]. 武汉:武汉大学,2009:12

是简单的知识信息集合。服务对象也是多方面、多任务、多层次、多学科的,需要根据不同用户需求采用不同的知识获取方式定义不同的知识视图,实现面向用户动态交互的知识共享与利用,向用户提供丰富的个性化产品,呈现多种知识服务形式和产品,如知识检索、知识导航、知识发现、知识评价、知识学习,甚至知识重组[①]。用户通过开放式知识链接服务平台以按需、易扩展的方式获得所需的服务,满足自身的个性化需求。

　　开放式知识链接服务是在基于用户可理解、可体验的知识服务界面中,在用户交互的环境下,实现多模块的服务组合,多部件的产品合成,既要为对口专业提供专而深的知识产品,又能实现跨库的联合操作,为交叉学科和边缘学科提供广而相连的智能服务[②]。通过分析知识要素的结构和展示方式,实现知识层面的聚类分析、有序组织、导航检索、统计评价等,让知识可链接、可关联、可展示。针对论文、作者及其单位、基金、主题学科、出版社等科研实体,实现知识的分类导航。包括可获得的知识揭示、可理解的知识组织、可视化的知识展示、可挖掘的知识标志、可比较的知识评价、可导航的知识网络。

　　开放式知识链接服务已成为当前知识服务业务拓展的重要方式,需要在各种网络基础设施完善的基础上,建立知识资源整合的标准体系和知识服务质量监控机制,通过服务中心协同各个服务机构的服务提供,有规范的进行协同管理和监管,通过链接、整合、集成、应用和服务等技术手段,为用户提供创新知识。

---

　　① 曾建勋,赵捷,吴雯娜,王星.基于引文的知识链接服务体系研究[J].情报理论与实践,2009(5):1—5,8

　　② 姜永常,杨宏岩,张丽波.基于知识元的知识组织及其系统服务功能研究[J].情报理论与实践,2007(1):37—40

## 6.3 开放式知识链接服务方式

用户需求的多元化、个性化和综合化要求为他们提供多功能、集成化的知识服务,这就要求知识服务机构实现跨系统的资源重组和服务整合,通过对各个相对独立系统中的数据对象、功能结构进行融合,重新结合成一个有机整体,形成一个效能更好、效率更高的知识链接服务系统。

### 6.3.1 面向知识检索的知识链接服务

面向知识检索的知识链接服务是以用户为中心,以交互式推荐链接为基础,实现从信息单元检索向知识单元检索的转变,提供个性化的、主动式的知识资源服务。它不仅是一种信息服务软件系统,而且面向具体应用的或者特定专业领域,在信息资源组织基础上,建立知识内容层面的信息资源数据库。面向知识检索的知识链接服务需要在信息资源加工处理中进行知识单元的表达和组织,实现从物理层次的文献单元向认知层次的知识单元转变,实现知识单元的处理从简单词汇层次向概念语义层次转换;主要解决传统信息检索技术和信息检索系统中存在的"用户服务个性化缺失"和"信息检索匹配语义缺失"的问题。

面向知识检索的知识链接服务提供用户检索时,展现与某文献有知识关联关系的所有文献信息,实现文献及其相关知识关联信息的关联检索与集成揭示。面向知识检索的知识链接服务需要建立知识链接文本,在网页上指向链接目标网页本身。知识链接文本作为情景敏感的最基本要素,支持系统同用户的交流,对检索过程起着最直接最基本的语境支持作用。例如,在篇名和摘要的结果中包含检索词便提供了最重要的上下文语境信息,直接帮助用户判断该文献是否真正同用户检索需求在语义上相匹配。再如,在检索结果的首页提供同检索词相关的提示词(即"相似词"、

"相关搜索"等）、词表（类表）的可视化结构、数据库的学科专题、其他资源推荐等的知识链接，其链接文本对用户确认、明晰、修正或拓展其检索需求和策略也起到语境支持的作用，尤其是对用户判断和形成进一步检索的最佳路径和策略提供支持信息。

面向知识检索的知识链接服务需要合理安排和布局知识链接文本。知识检索结果需要有效呈现相关的知识结构和语义结构，从而使各个链接文本的语义能更准确、完整和有效地被用户确认，用户通过对检索首页的知识链接文本的集合和整体布局的浏览，能对各个知识链接的相互关系和整体意义有更深的理解。

### 6.3.2 面向知识评价的知识链接服务

对科研实体、知识要素等进行检索与服务的同时，需要对科研实体进行统计分析，对知识要素进行聚类分析，进行时间序列的趋势预测，实现知识评价。基于多实体关联、时变结构的多视角大规模引文分析方法，从地区、机构、人员、主题、学科和时间序列等多个不同维度，对聚合的知识资源进行统计分析，揭示不同地区、机构、人员、主题、学科和时间序列中特定学科领域的研究重点和发展方向，对特定学科在各个时空段内的发展态势进行分析，对技术本身的成熟度、基础科学指标以及涉及的人员、机构等科技相关实体进行多角度评价和优先主题的动态科技监测，形成针对地区、机构、人员、主题、学科和时间序列等不同维度的知识评价能力。具体而言，包括以下几方面：

①统计分析。包括比较、排行、相关分析、差异分析、因子分析和聚类分析等。

②可视化。以折线、曲线、曲面、柱型和三维图形的方式展示数据，可以帮助用户了解数据的结构、关系以及动态变化。

③多维分析。通过对信息的多种可能的观察形式（多维视图）进行快速、一致性和交互性的存取，便于用户对数据进行深入地分析和观察。

④逻辑关系提示。通过对知识要素之间语义关联逻辑推理，使得知识库中的相关数据更加便于使用。

### 6.3.3　面向知识发现的知识链接服务

随着文献数量的呈几何增长，从文献中进行数据挖掘成为知识管理的另一难点。在传统的基于关键词的文献检索中，由于用户不太容易表达其真实信息需求，不具备很强的专业知识搜索技能，而无法选取合适的关键词和逻辑表达式达到检索目的，同时检索结果的相关性无法准确判断，致使排序靠后但有价值的文献会被遗漏。所以，需要借助知识链接方式方法进行数据挖掘，在数据库关联整合的基础上，在专业数据库与文献数据库间通过标注描述建立映射关系，实现知识发现，也成为摆脱传统文献服务束缚的知识服务。

数据挖掘是采用有效的算法，在知识单元之间及每个知识单元内部建立网络化知识链和语义链的过程。从大量现有或历史数据集合中发现并找出可理解的有用知识，用简明的方式展现出来，体现出知识引用与被引用、语义关联的关系，实现用户知识发现和知识再组织利用。因此，通过知识链接中引文关联分析、概念关系检索等，利用聚类分析、多维尺度等社会网络分析和统计方法，以论文、作者、期刊、机构或主题及类目等为分析对象，可以把众多分析对象之间错综复杂的网状关系简化为数目相对较少的若干类群之间的关系并直观地表示出来，通过连续时间内关联聚类图的历时比较，从不同文献、期刊、作者和学科间的共引关系中寻找某一学科到另一学科的可通路径，从而筛选、描述一个领域知识网络结构，一组相关作者的引用频次模式分析能揭示出作者间突出的链接，并能揭示他们各自或共同代表的主题领域。用户不仅能跨专业知识仓库获得相关的知识单元，而且能从知识元库中直接获得自己所需的知识元，并能基于知识网络和语义网发现更多密切相关的知识单元，进而使用户的知识需求得到全面满足。

从文献单元深入到文献中的知识元，对大量文献中所包含的知识及相关要素进行链接,不但可以实现对文献的知识要素提取和标引,而且能够实现知识要素间的本体链接和语义链接,进而形成具有语义关系的知识网络。将抽象的概念网络(知识分类体系＋知识要素词表)形象化为一个有序组织并相互关联的知识大厦(知识分类体系＋知识要素词表＋知识资源＋引用链接等知识链接),这样的知识网络既是知识资源的组织框架,又是知识信息的浏览和检索的具体知识数据实体。让以前孤立的文献通过分类体系、知识概念网络和引用链接相互间拥有丰富的联系。这样用户在查询和浏览时,检出的不仅是一篇文献,还有该文献在整个知识体系中的位置以及重要程度。并通过知识元的动态组合实现知识的聚变和裂变,进而衍生出新的知识单元,这样实现知识学习和知识创新的完美结合,成为知识创新生产、增值管理的最佳方式。

由于知识元对象是由问题、解决方法、应用组成的知识实体,具有独立的知识使用性,以及面向对象的知识封装性、继承性、被传递性等特点。所以,基于知识元的知识链接为人们跨学科关联的知识合作提供知识发现的平台。以知识元本体的独立性、拓扑性和语义互联性作为语义网的基础,作为语义网知识资源单元,知识元是问题求解的资源,是知识网络的核心;并通过建立以知识元为单位的概念本体,来实现以知识元为单位的语义关联推理结构体系,解决科学研究中跨学科知识发现问题。在语义网环境下,通过知识元的语义链接勾画出知识的语义网络图,并通过知识元的语义关系计算和语义互联实现知识动态调用,达到知识动态利用。知识元的语义链接能发现新的知识关联关系,成为人们发现新知识的工具。

### 6.3.4　面向知识导航的知识链接服务

知识导航是指通过互联网将分散在各站点的相关数据库,以逻辑方式关联,按照用户需求建立的专业导航系统。利用知识挖掘和推送等技术,对国内外各种学科专业数据库进行搜集、整理、甄别和评价,并对其主要内容、研发单位、类型、收录年限以及检索方法进行简要介绍和主题标引,通过动态链接,可建立按主题属性和分类目录式的资源组织体系,为用户提供网上学科专业数据库知识导航系统。以往的固定资源导航,由于资源缺乏统一明确的概念化知识表示,致使大量学习资源无法共享和重用,也容易产生知识迷航。所以需要借助知识链接更好地帮助使用者理清知识以及知识之间的相互关系,构建知识地图,有效指导用户利用资源,因此应用范围较广①。

知识地图为知识组织、知识管理与知识检索、知识服务构建和谐的知识生态环境。知识链接在知识关联的基础上,生成一个更丰富、更复杂、多维、人性化的知识地图。不仅为知识组织建立知识地图,也为知识检索建立语义知识导航系统;不仅提供组织运作所需的知识要素,还提供有关人员、任务、社团、时间和地点的线索。直观地提供组织中知识的视觉展示,揭示业务组织环境中知识的分布和流动情况。通过知识要素的链接,将知识资源组织成为内容关联的知识网络,在知识对象、知识要素之间,以及在各数据库间均形成纵横交错的语义网。对知识概念进行链接,把期刊各论文资源组织到构建的概念知识体系中,继承知识概念间的所有关系,使原本离散、孤立的元数据单元相互间拥有了丰富的语义联系,加入到一个统一的知识体系中。方便读者通过关联线索发现知识内容,其所有资源都将由于这种链接方法可能成为某一知识单元的注释或参考文献,是知识资源的导航系统。

## 6.4　开放式知识链接服务推进策略

开放网络环境下,用户信息需求发生结构性变化,提出知识联

① 张媛.基于本体的数字图书馆知识导航研究[D].济南:山东师范大学,2010:5

网的客观需求。具体来说就是需要改变原有的独立专有的信息服务网络，以信息服务的知识化和网络化为指导原则，将多个服务系统进行知识联网，实现包括科技、经济、文化、教育等信息服务网络在内的各类服务网络的互通互联，通过协同平台将各系统进行时间、空间和功能结构的重组，通过开放式知识链接服务实现知识链条的纵、横延伸。尽管开放式知识链接服务是未来发展的趋势是一个不争的事实，但是在目前的技术环境条件下，推进开放式知识链接服务发展仍然面临很多挑战，开放式知识链接服务对相关利益群体带来的益处、风险也还不完全清晰，这就需要我们对开放式知识链接服务目标进行多层次规划，逐步细化开放式知识链接资源的组织粒度，并制定开放式知识链接服务机制分步推进的策略。

### 6.4.1　多层次规划开放式知识链接服务目标

开放式知识链接服务的目标，可以考虑从宏观、中观和微观三个层次进行规划。

从宏观上看，开放式知识链接服务就是要实现全球范围，多个服务系统间知识的链接，通过对各系统进行时间、空间和功能结构的协同，形成合作——协调管理机制，构建开放式知识链接服务协同系统和开放共享的全球知识网络。通过知识链接打通原有的专业信息网络服务关系，实现包括科技、经济、文化、教育信息网络服务在内的各类信息服务系统的互通和行业信息服务之间的互通，以用户为中心重构各类网络服务系统的多网融合，建立服务系统间良好的依赖和协作关系，构建协调的信息服务生态系统①。

从中观层来看，开放式知识链接服务是针对具体领域或机构的开放架构，通过信息系统内部知识的有机组织、揭示和链接，进行外部资源服务系统的发现、融合、集成、嵌入，创建一个能够发

---

① 张敏. 跨系统协同信息服务的定位及其构成要素分析[J]. 图书情报工作，2010(12):64—68

现、管理、保存和共享机构内外学术资源、交流手段和学习资源的整体化的信息服务环境。

从微观上看,开放式的知识链接服务系统将知识资源、用户资源、工具方法通过知识链接融为一体,通过各种协同管理手段,运用各种协同技术,为用户构建一个无缝、关联的知识服务空间,满足用户的个性化需求,实现以用户需求为导向的微观层次的资源集成和服务整合,基于用户体验提升开放式服务的可用性、互通性和可塑性,使用户享用一站式的、无缝链接的全程服务。

开放式知识链接服务需要基于知识链接对每个独立自治的信息服务系统进行协同组织,在协同对象、协同内容和协同服务3个层面进行动态交互关联,按照从微观到中观到宏观多层次逐步推进。

### 6.4.2 跨系统组织开放式知识链接服务资源

开放式知识链接服务不再仅仅依靠某一机构、某个人或者某一系统的努力,而是通过多类型多层级系统合作联合;开放式知识链接服务来自于图书馆(高校图书馆、公共图书馆、专业图书馆系统等)、档案馆、博物馆、行业信息服务机构、内容供应商、出版商、网络搜索引擎、e-learning、e-science系统以及信息服务人员及其用户群子系统,系统间相互联系、相互作用协同完成整个知识信息服务过程;在开放式知识链接服务体系中,各个服务子系统之间相互吸引、合作和互补。开放式知识链接服务的资源要依次实现专业层面、地区层面、国家层面的整合和协作。资源的组织粒度要根据用户需求、知识应用环境,对知识内容和结构(包括知识单元之间的语义关系)进行描述、链接和组织,在数据、技术和语义等层次上实践多个信息服务系统的融合,共同构成开放式知识链接服务系统①。

---

① 胡昌平等. 面向用户的信息资源整合与服务[M]. 武汉:武汉大学出版社,2007:132

　　开放式知识链接服务跨部门、跨系统的资源组织,包括以下内容:①打破各自为政导致的相互叠加与彼此独立的政策体系,制定一个通过知识链接进行跨系统访问与共享的能起实质作用的政策。②针对特定领域的知识信息服务,制订一个统一的、单一的程序(体系)来处理知识信息优先权的问题。③服务协同共享需要一个统一的、集成的纲领,各种类型的服务系统都要按照此纲领进行本系统内知识组织和链接。④打破系统对用户的应用障碍,统一数据交换标准,实现不同用户对相同数据库的操作。⑤进行知识业务流程的组织重组,将重点放在跨系统的知识链接服务共享和访问上。⑥创建跨系统知识链接的标准,实现系统间知识的无缝链接。

### 6.4.3　分步骤建立开放式知识链接服务机制

　　首先,在技术方面,应该紧跟语义网技术和信息组织技术新的发展趋向,关注最新研究成果。在现有知识链接实现方式和技术路线基础上,不断完善和优化开放网络环境下知识获取与知识表示的理论、模型、方法和机制,知识可视化与创新方法,知识的有效组织、评估、提炼、衍生、关联与集成方法与技术。一方面充分考虑知识组织的新应用需求,将新型的知识组织体系如本体、主题图、概念图、词网应用于开放式知识链接服务的构建中,充分发挥知识组织体系的整体功能;另一方面要逐步实现理论研究、技术层面的原型开发向实际应用阶段的过渡。

　　其次,在组织方面,应该研究协同方式和合作机制,不仅要考虑利用何种方式和手段来进行开放式协同服务,而且要考虑在什么时间、什么状态下采用什么方法、手段进行协同服务。广义的协同服务环境包括人文环境、政策环境和技术环境。对于开放式知识链接服务而言,主要应该考虑人员因素(包括人员的结构、技术素质)、技术因素(包括技术的经济因素、维护成本等)、政策法规因素等①。在多个维度上有序建立相应的操作方法和参考指南②。

此外,建立开放式知识链接服务机制会涉及多方利益相关群体,需要在网络环境下实现多方利益相关群体技术平台的协同作业,实现协同服务的实时、动态、集成、有序、开放、共享,对参与机构而言,所需投入的成本花费、通过投入能够实现的预期产出和可能遭遇的风险都尚不够明确,需要在实践中不断总结和探索,积累总结典型案例,逐步建立和完善开放式知识链接服务机制,指导开放式服务实践。

---

① United States Intelligence Community. Information sharing strategy 2008. [R/OL]. [2009-01-10]. http://www.dni.gov/reports/IC_Information_Sharing_Strategy.pdf

② 张敏.跨系统协同信息服务的定位及其构成要素分析[J].图书情报工作,2010(12):64-68

# 7 结论与展望

## 7.1 研究总结

随着信息技术和网络技术的迅速发展,用户的知识信息需求、科研创新环境、学习行为习惯,以至于生活处世方式都发生了深刻变革。一种基于多语种、多媒体、移动的、语义的知识共享空间正在形成。以知识链接为手段的知识组织正在成为图书馆建立新型信息环境,进行期刊杂志、科学数据、会议论文、作者机构、学位论文、网络资源、专利标准和产品信息等关联揭示的有效途径。以知识链接为核心的知识服务逐渐成为用户获取知识信息的重要手段。

知识链接是发现、利用知识间的各种关联关系,将具有同一、隶属、相关关系的知识单元按照一定的需要有序地联系在一起,形成序列化或结构化的知识集合,继而构成知识网络的一种行为,是以知识联系为基础的信息组织。

近年来,国内外建设了大量的科学论文与引文数据库,但是知识链接应用于知识服务领域的研究尚不系统深入;虽然进行了大量有关语义网、本体方面的研究,但语义关系运用于知识资源组织的实践尚不成熟实用。新型的泛在知识环境迫切需要加强知识链接方法及其服务研究,实现知识组织、知识构建、知识融合、知识导航、知识评价等知识服务活动,推进用户体验的知识服务。

本书首先阐释了知识链接的概念以及知识链接内涵,在知识单元演变分析基础上,阐述知识链接的产生背景与发展历程,论述了知识链接的表现形式及其功能。继而从知识属性出发,分析知识单元间的关联关系,论述知识链接构建模式;依据现有的知识管理理论、信息计量学理论和社会网络理论,提出知识链接理论基础。本书着重探索了知识链接构建基础,即规范文档建设、机构要素词典构建、概念知识体系构建、DOI 与参考链接机制构建,并从共现分析、聚类分析、语义相似度计算、主题图和关联数据、关联规则等多方面论述了知识关系的匹配与关联揭示方法。在此基础上,设计知识链接系统框架,探讨系统技术实现方案。并以中国科技信息研究所知识链接门户为对象,从系统构建方案与服务实现两个方面进行知识链接应用的实证研究。最后,进一步分析开放式知识链接服务体系框架及其协同服务机制。

(1)知识单元是构建知识链接的基础,知识单元经历从文献单元、信息单元到知识元的演变,推动知识链接的产生,继而不断发展知识链接功能。本书从基于科学文献、基于知识元、基于科研实体和基于知识要素等 4 方面阐述了知识链接类型,从世界的普遍联系性、知识间存在的千丝万缕的联系入手,分析了知识链接的理论基础,即运用知识组织、知识构建、知识创新理论,以及知识管理、信息计量学和社会网络等相关领域的理论为知识链接提供必要的理论指导。

(2)知识的多重属性决定了知识间存在的多种复杂关系,并具有动态性、相对稳定性和隐含性。通过分析知识之间存在的同一、隶属、相关关系,科研实体之间存在的继承关系、沿革关系、合作关系;科学文献之间存在的引证关系、同现关系、上下游间出版传播关系等,阐述了应用共现分析、主题分析、相似度计算、知识图谱和关联数据、关联规则、知识组织体系等进行知识关联揭示的方法;在阐述知识链接的主要实现模式:即参考链接模式、引文链接模式、实体映射模式、知识元链接模式和基于本体的知识链接模式之后,论述了知识链接的构建基础。研究表明,在知识链接中需要加强参考链接机制构建、知识元库建设、知识要素的抽取标引、规范文档建设、科研实体词典编制等基础建设。

(3)知识链接系统是通过引文链接、主题链接、本体链接、属性链接、推理链接等多种方式建立起各类科学文献中知识元、概念主题、科研实体、知识要素之间的关联,基于网络环境对知识进行组织、整合与序化,是新型的网络化、系统化的知识集成体系。本书在阐述知识链接系统建设的总体目标与原则基础上,提出知识链接系统的设计思路;在设计知识链接系统资源/数据层、工具层、链接层、用户服务层等四层结构体系基础上,提出知识链接系统的基本功能。最后论述知识链接系统技术实现所需要应用的相关编码标准、工具和模型。

(4)在知识链接方法基础上,结合我国知识链接的应用实践,对中信所知识链接门户的构建及其知识服务实现进行实证研究。通过系统的规划与设计,建立了知识链接门户,形成中文知识成果的科学评价工具。集期刊文献快速报道、引文关系揭示、学科状况分析和资源开放链接于一体,形成中文学术信息资源整合平台,提供一体化知识服务。

(5)最后,基于创新型国家的发展要求,在论述知识链接服务体系的构建基础之后,提出开放式知识链接服务方式,论述多元化知识链接协同服务机制,设计知识链接服务体系的构建框架。

总之,知识链接原理依据知识间特有属性和关联关系,知识链接方法得益于信息技术和文献标准的发展。知识链接以知识组织为基础,以知识发展脉络为主线,反映了知识内容和概念关系,显示知识内在联系、知识发展的继承关系和创新主体间的学术关系等。通过"知识元库"、"引文索引库"和知识要素、科研实体等词典和索引将分布异构的数据资源耦合起来,形成由数据库集群整体化集成的知识体系。开放链接标准的应用,科研实体词典、规范文档、主题图、知识元库、知识本体等方面的研究,为建立科研环境和信息环境之间的链接关系打下了良好的基础。任何一个用户通过数字资源之间交错复杂的知识链接,都可以最大限度地获得知识信息,实现知识检索和知识获取的目的[①]。

## 7.2　研究展望

从有关知识链接发展历史的追溯到对目前发展趋势的判断,可以看出无论知识链接理论研究,还是知识链接实践进展都在不断地进化。链接的资源从期刊到书目记录、电子本、网页、博客,甚至科学数据等都在演变;链接的系统从每个出版商/数据库独自封闭的体系向以开放链接为基础的全开放系统转变;链接对象从论文、引文、期刊、专利、图书向作者、机构、基金,甚至实验室、设备、技术等发展,链接质量通过引入知识挖掘技术发现和存储更多的知识单元及其相互之间的联系,更多隐含的关联知识得到组合和链接;链接支撑的知识网络正在从文献网络、引证网络、合著网络转到科研关系网络、信息行为网络和知识语义网络;知识链接服务针对用户的特定环境更具针对性和个性化,推进知识服务走向正规化和系统化。探讨通过聚类、共现、语义相似度、关联规则等技术揭示知识关联关系,从参考引证、知识元、概念本体、科研实体和知识要素等方面论述知识链接方法,主要研究基于引文的知识链接系统的构建与服务,而在基于本体和知识元概念-实例关系,基于人与人的学术关系和行为关系方面的知识链接系统构建还需要进行更多的实证研究,强化科研关系网络、信息行为关系和概念关系网络方面的知识链接研究。鉴于此,今后的研究可在以下三方

---

①　曾建勋. 知识链接的构建方式研究[J]. 图书情报工作,2010(12):32—35,77

面进一步展开:

①在全新的数字空间中,针对高被引的文献、作者、主题学科和团体等的文献计量统计属性,进行知识抽取、挖掘和关联计算,需要更加强调对科研主体关系网络的知识链接构建研究。在专业领域内构建由人、机构、学科主题、科学成果、科研项目、参数指标所共同形成的一种新型科研关系网络,并分析各实体及实体群的演化过程,加强知识相关性计算,确定各类科技实体的评价参数,构建基于多实体关联、时变结构的知识评价模型。

②随着"以用户为中心"理念的深入,通过学科领域的人与人之间的学术关系、信息行为关系链接,构建学术信息行为网络,综合基于合著的作者关联、基于引证的作者关联、基于内容的作者关联,以及基于检索日志的行为关系,可以揭示科研人员的学术信息行为及其演变规律,实现研究人员在学术信息获取和交流创新过程中隐性知识和经验的共享,推进科研合作与交流,实行在更宽广的视野下获取相关知识资源。

③以知识元和概念融合为基础的概念关系映射研究,将会为知识链接真正建立基于本体的语义关系链接提供保证。根据本体思想建立概念知识体系来表示科技领域的知识间的层次结构性和网络结构性,继而实现知识链接。通过数据挖掘、本体论、语义分析等建立起来的知识链接将构建知识网络的体系结构,反映知识属性和知识间的相互联系和发展脉络。

# 参 考 文 献

[1] S. Hitchcock, L. Carr, S. Harris et al. Citation Linking: Improving Access to Online Journals[EB/OL]. [2011-02-25]. http://journals. ecs. soton. ac. uk/acmdl97. htm

[2] Van De Sompel. H, P. Hoehstenbach. Reference Linking in a Hybrid Library Environment. Part I: framework for linking [EB/OL]. [2011-02-25]. D-Lib Magazine, 1999, 5(4). http://www. dlib. org/diib/april99/van_de_sompel/04van_de_sompel-pt1. html

[3] 王越. 基于耗散结构理论的知识流分析[J]. 科学管理研究, 2003, 21(3): 86—89

[4] 姜永常, 杨宏岩, 张丽波. 基于知识元的知识组织系统服务功能研究[J]. 情报理论与实践, 2007, 30(1): 39

[5] 孙洪波. 构建知识库(四)内容管理与维护[J]. 软件工程师, 2004(9)

[6] 赵蓉英. 论知识网络的结构[J]. 图书情报工作, 2007, 51(9): 6—10

[7] 贺德方. 知识链接发展的历史、未来和行动[J]. 现代图书情报技术, 2005 (3): 12—15

[8] 周晓英. 知识链接的发展阶段、发展动因和类型特征分析[J]. 图书情报工作, 2010, 54(12): 36—37

[9] 赵蓉英, 王菊. 知识链接及其实现模式探讨[C]. 新信息环境下的知识链接与知识服务研讨会, 2010, 1

[10] 曾建勋, 赵捷, 吴雯娜等. 基于引文的知识链接服务体系研究[J]. 情报理论与实践, 2009, 32(5): 1—5

[11] 文孝庭. 知识单元的演变及其评价研究[J]. 图书情报工作, 2007(10): 72—76

[12] 徐文海. 文本单元向知识单元转化的模型与映射算法[D]. 西安: 西安电子科技大学, 2008: 25

[13] Vannevar Bush. As We May Think [EB/OL]. [2011-2-25]. http://www. theatlantic. com/magazine/archive/1945/07/as-we-may-think/3881/

[14] Jenny Walker. Cross Ref and SFX: Complementary Linking Services for

Libraries [J]. New Library World,2002,103(1174):83—89

[15] 陈兰杰.知识链接理论与实践的三次嬗变探究[J]. 图书情报工作,
2010,54(12):46—47

[16] Garfield E. Citation indexes for science:a new dimension in documenta-
tion through association of ideas [J]. Science. 1955(122):108—111

[17] Price D. J. S. Networks of scientific papers [J]. Science, 1965, 149
(3683):510—515

[18] Brookes B C. Foundations of information science (Part Ⅳ) [J]. Journal
of Information Science,1981(3):3—12

[19] Halasz F,Schwartz M. Ttw Dexter Hypertext [J]. Communications of
The Acm,1994(37):30—39

[20] 赵火军,温有奎.基于引文链的知识元挖掘研究[J]. 情报杂志,2009,28
(3):148—150

[21] 姜永常.基于知识元的知识仓库构建[J]. 图书与情报,2005(6):73—
74,105

[22] 曾建勋.中文知识链接门户的构筑[J]. 情报学报,2006,25(1):63—69

[23] Boulos M N K,Roudsari A V,Carson E R. A dynamic problem to
knowledge linking Semantic Web service based on clinical codes [J].
Medical Information and the Internet in Medicine, 2002, 27 (3):
127—137

[24] Naderi L,Ashoori M T,Behead K. Building the external knowledge map
for Iranian Manufacturing SMES [C]. Proceedings of the 9th European
Conference on Knowledge Management,England,2008:565—574

[25] Ram S,Zhang K P,Wei W. Linking Biological Databases Semantically
for knowledge Discovery [J]. Advances in Conceptual Modeling-Chal-
lenges and Opportunities,2008,5232:22—32

[26] Bechhofer S K,Stevens R D,Lord P W. GOHSE:Ontology-driven link-
ing of biology resources [J]. Journal of Web Semantics,2006,4(3):
155—163

[27] Greer K, Baumgarten M, Mulvenna M. Knowledge-based reasoning

through stigmergic linking [C]. The 2nd International Workshop on Self-Organizing Systems,England,2007,4725:240—254

[28] 温有奎,徐国华. 知识元链接理论[J]. 情报学报,2003,22(6):665—670

[29] 段宇锋. 网络链接分析与网站评价研究[D]. 武汉:武汉大学,2004

[30] Boyack KW,Borner K,Klavans R. Mapping the structure and evolution of chemistry research [J]. Scientometrics,2007,79(1):45—60

[31] SFX-the OpenURL link resolver and much more [EB/OL]. [2011-3-2]. http://www. exlibrisgroup. com/category/SFXOverview

[32] Needleman M. A Joint NISO/DLF/NFAIS/SSP Workshop [J]. Information Today,1999,16(5):14—16

[33] Caplan P, Arms WY. Reference linking for jounral articles[J/OL]. [2011-3-7]. D-Lib Magazine, 1999, 5(7—8), http://www. dlib. org/dlib/july99/caplan/07caplan. html

[34] 黄敏. Web学术信息资源环境中的参考链接技术[J]. 情报科学,2006(10):1568—1573

[35] Pentz E. Reference linking with CrossRef [J]. Interlending and Document Supply,2001,29 (1):20—25

[36] Schroeder J,Xu J,Chen HC. Automated criminal link analysis based on domain knowledge [J]. Journal of the American Society for Information Science and Technology,2009,58 (6):842—855

[37] Chu M. Data mining and applied linear algebra [C]. International Conference on Informatics education and Research for knowledge-circulating Society,Kyoto,JAPAN,2008:20—25

[38] Mcallister R R J, Izquieerdo L R,Janssen M A. Perspective based on network theory [J]. Journal of Arid Environments, 2009, 73 (9): 862—871

[39] 赵蕴华,凌锋. DOI——建立开放式知识链接的基础[J]. 数字图书馆论坛,2007(10):19—22

[40] 夏明春. 学科资源整合门户研究[J]. 情报资料工作,2007(6):39—42

[41] 贺德方,杨奕虹,罗勇等. 科技文献与行业信息知识链接系统的开发及

　　　　其在冶金行业的示范应用研究[J]. 情报学报,2008,27(1):3—11

[42] 赵蕴华,姚长青. DOI:搭建中文与外文资源的桥梁[J]. 数字图书馆论
　　　　坛,2008(6):59—62

[43] 顾东蕾. 论学科知识网络的理论基础[J]. 图书情报工作,2008,52(9):
　　　　32—36

[44] 王利敏,赵歆,陈家旭等. 与CNKI建立知识链接促进教与学互动创新
　　　　[J]. 中华医学教育杂志,2009,29(3):94—96

[45] 赖院根,曾建勋. 期刊论文与专利文献的整合框架研究[J]. 图书情报工
　　　　作,2010,54(4):109—113

[46] 刘清,郭清蓉,郭玉强等. 学术资源整合及学科服务体系的构建[J]. 武
　　　　汉理工大学学报,2010,32(1):96—100

[47] 季拥政. ISI Web of Knowledge——学术信息最直接的途径[J]. 青海
　　　　大学学报(自然科学版),2007,25(4):100—102

[48] 洪娜,张智雄. Protege在科研本体构建与推理中的实践研究[J]. 现代
　　　　图书情报技术,2009(7):1—5

[49] 周晓英. 知识网络、知识链接和知识服务研究[J]. 情报资料工作,2010
　　　　(2):5—9

[50] 牟冬梅. 数字图书馆知识组织语义互联策略及其应用研究[D]. 吉林大
　　　　学,2009.8:28

[51] 马费成. 论布鲁克斯情报学基础理论[J]. 情报学报,1983,2(4):
　　　　321—322

[52] 李贺,刘佳. 基于知识构建的数字图书馆知识服务优化研究[J]. 图书情
　　　　报工作,2010-01-20

[53] 唐守廉,陈清. 倡导"信息公平"构建"和谐社会"[J]. 电信科学,2005,21
　　　　(5):6—8

[54] 姜永常. 基于知识构建的数字图书馆知识服务研究[D]. 哈尔滨:黑龙
　　　　江大学硕士论文,2007

[55] Nonaka I,Takeuchi H. The Knowledge-creating Company [M]. Oxford:
　　　　Oxford University Press,1995

[56] 吴思竹. 数据挖掘和知识发现领域热点主题分析[J]. 情报杂志,2010,

29(7):18—24

[57] 温有奎,成鹏.基于知识单元间隐含关联的知识发现[J].情报学报,
2007,26(5),653—658

[58] 沈光亮.论信息公平[J].情报科学,2008(6):822—825,865

[59] 邱均平.信息计量学[M].武汉:武汉大学出版社,2007

[60] 罗式胜.文献计量学概论[M].广州:中山大学出版社,1994

[61] 周晓英,陈兰杰.基于引文网络的知识链接框架研究[J].情报杂志,
2010(9):37—40

[62] 张洋,邱均平.网络信息计量学的兴起及其哲学思考[J].情报杂志,
2005(1):2—5

[63] 张新鹤.网络信息计量学在网络学科知识地图构建中的应用[J].图书
馆,2009(2):35—37

[64] 肖雪.试析内容分析法在学科信息门户构建中的应用[J].图书情报工
作,2007(1):56—59

[65] 林聚任.社会网络分析——理论、方法与应用[M].北京:北京师范大学
出版社,2009.4:11

[66] 庄善洁.从情报学角度谈知识地图的应用[J].现代情报,2005(8):
198—200

[67] 雷宏振,赵鹏.基于概念聚类的知识地图模型[J].科学·经济·社会,
2008(2):50—53

[68] 白海燕.开源软件 OpenResolver 的功能与源码分析[J].现代图书情报
技术,2007(1):58—60

[69] 朱晶莹.OpenURL 及其在参考文献链接中的应用[J].情报科学,
2005,23(3):406—409

[70] 黄美君,姜爱蓉.合适的链接 最佳的服务[J].图书情报工作,2006,50
(3):91—94

[71] 黄敏.基于 SFX 框架的开放参考链接:原理与特点[J].图书馆理论与
实践,2007(3):90—93

[72] 任瑞娟,刘丽斌,濮德敏等.中文 DOI 路在何方——从参考文献著录与
DOI 的关系探讨中文数字对象唯一标识符的发展方向[J].中国图书

馆学报,2010,36(186):115—118

[73] 龙健,赖茂生.DOI 的兴起与我国的对策[J].情报杂志,2009,28(12):159—162

[74] 赵继海.DOI 系统的发展及其对数字图书馆的影响[J].图书情报工作,2004,48(4):90—93

[75] 潘松华.CrossRef 在数字图书馆中的应用[J].图书馆理论与实践,2005(6):63—65

[76] 王曰芬,宋爽,苗露.共现分析在知识服务中的应用研究[J].现代图书情报技术,2004(4):29—33

[77] 何飞,罗三定,沙莎.基于领域本体的知识关联研究[J].湖南城市学院学报(自然科学版),2005,14(1):69—71

[78] 毕强,韩毅,牟冬梅.基于知识地图的多领域本体语义互联研究[J].情报科学,2007,27(3):321—325,337

[79] 鲁慧民,冯博琴,赵英良等.一种基于扩展主题图的分布式知识融合[J].吉林大学学报(理学版),2009,147(9):543—547

[80] 徐刚,徐聪.信息可视化技术在数字化图书馆中的应用[J].武汉大学学报(哲学社会科学版),2008,61(6):919—921

[81] 陈悦,刘则渊,陈劲等.科学知识图谱的发展历程[J].科学学研究,2008,26(3):449—461

[82] 张振海.Ontology 与网格计算[J/OL].[2010-12-20].http://tpi.cnki.net/meeting/tpi40/pdf/ontology.pdf

[83] 赵蓉英.知识网络及其应用[M].北京:北京图书馆出版社,2007:174—180

[84] 曾建勋.知识链接的构建方式研究[J].图书情报工作,2010(12):32—35,77

[85] 张卫群.知识服务中的知识元链接[J].情报探索,2006(12):56—58

[86] 郑邦坤.网络化知识元数据库建设研究[J].西华大学学报(哲学社会科学版),2004(8):96—97

[87] 文庭孝等.中文文本知识元的构建及其现实意义[J].中国图书馆学报(双月刊),2005(6):91—96

[88] 李凤侠,刘春红.清华大学图书馆 INNOPAC 系统中规范库(名称规范)的建立[J].图书馆建设,2002,(5):49—51

[89] 互动百科.规范文档[EB/OL].[2010-10-15].http://www.hudong.com/wiki/规范文档

[90] 徐岩英,毕新刚,陈始明等.1986—2006 年国家自然科学基金资助肿瘤研究的统计与分析[J].中国科学基金,2010,(1):47—51

[91] 国家科技图书文献中心.国际科学引文数据库[EB/OL].[2010-12-07].http://disc.nstl.gov.cn

[92] 国家工程技术图书馆.知识服务平台[EB/OL].[2010-12-07].http://168.160.16.186/

[93] 顾犇.虚拟国际规范文档——连接德国国家图书馆和美国国会图书馆的规范文档[J].国家图书馆学刊,2006,(4):87—92

[94] 曹玉强.国家图书馆中文名称规范的探讨[J].图书馆建设,2007,(3):46—48

[95] 刘春红,李凤侠,杨慧.清华大学图书馆名称规范数据的著录探讨[J].现代图书情报技术,2005,(2):67—70

[96] 程小澜,丁红.香港图书馆中文名称规范数据库的建设及经验[J].图书情报工作,2002,46(5):54—57,16

[97] 张期民.关于我国团体名称规范检索点的思考[J].大学图书情报学刊,2010,28(2):68—71

[98] 全国组织机构代码管理中心.实名制共享平台[EB/OL].[2010-12-07].http://www.nacao.org.cn

[99] 万方数据.机构检索[EB/OL].[2010-12-07].http://c.wanfangdata.com.cn/Institution.aspx

[100] 叶琳莉,黄日茂.结合决策树方法的中文机构名称识别[J].福建电脑,2007(12):184

[101] 曾文婷,曾建勋.科学文献中机构要素词典的构建[J].情报杂志,2010,29(4):121—125

[102] 产业链[EB/OL].[2009-12-29].http://baike.baidu.com/view/479661.htm

[103] 李文立,孙振钧.生态学视角下现代动物营养学的发展[J]. 中国家禽,2008,1(30):1—5

[104] 刘晓娟.图书馆数字资源整合[J]. 图书馆理论与实践,2007(1):63—65

[105] 霍宏涛,王任华.公安信息化术语标准化中的概念体系研究[J]. 中国人民公安大学学报(自然科学版),2008,(4):39—42

[106] 梁爱林.关于术语学概念体系研究的发展状况[J]. 术语标准化与信息技术,2005(4):4—11

[107] 汪云,周庆申,周大军.军事概念体系的建立[J]. 中国科技术语,2008(2):11—15

[108] 周扬,王振国.中药 Ontology 概念关系体系的构建探析[J]. 中国中医药信息杂志,2009(3):96—97

[109] 陆勇,侯汉清.基于模式匹配的汉语同义词自动识别[J]. 情报学报,2006,25(6):720—724

[110] 常春,赖院根.基于文献标题词汇共现获取词间关系研究[J]. 图书情报工作,2009(8):17—20

[111] 王明芳.基于关键词集合的知识关联网络构建[J]. 重庆文理学院学报(自然科学版),2008(27):6

[112] 吉雍慧.数字图书馆中的检索结果聚类和关联推荐研究[J]. 现代图书情报技术,2008,161(2):69—78

[113] 王世清.本体构建中建立概念间关系方法研究[D]. 北京:中国农业科学院,2010

[114] 张琪玉.字面相似聚类法辅助构造词族表、分面类表和自动标引[J]. 图书馆论坛,2002,22(5):95—96

[115] 杜慧平,侯汉清.网络环境中汉语叙词表的自动构建研究[J]. 情报学报,2008,27(6):863—869

[116] 周荣莲.汉语叙词表语义场构造分析[J]. 图书情报工作,2000(8):41—45

[117] 孟凡静.基于 OpenURL 的开放式参考链接[J]. 图书馆学刊,2006,28(4):131—132

[118] Van de Sompel H,Beit-Arie O. Open linking in the scholarly informa-
      tion environment using the OpenURL Framework [J/OL].[2011-3-
      4]. D-Lib Magazine,2001,17(3).

[119] 吴春峰,施水才.基于 OpenURL 的开放链接服务之原型研究[J].现
      代图书情报技术,2005(12):55—58

[120] 倪金松. WEB 环境下基于 OpenURL 的开放式参考链接系统的设计
      [D].南京:南京理工大学,2003

[121] 黄晓斌,夏明春.数字资源整合方式的比较与选择[J].情报科学,
      2005,23(5):690—695

[122] 李广建,李亚子.基于分布式知识库的开放服务链接系统设计与实现
      [J].情报学报,2008(2):244—249

[123] R. N. Kostoff. Database tomography:multidisciplinary research thrusts
      from co-word analysis [C]. Portland International Conference on Man-
      agement of Engineering and Technology,1991

[124] Manfred Wettler, Rein hard Rapp. Computation of word associations
      based on the co-occurrences of words in large corpora [EB/OL].[2011-
      2-26]. http://acl. ldc. upenn. edu/W/W93/ W93-0310. pdf

[125] 王曰芬,宋爽,苗露.共现分析在知识服务中的应用研究[J].现代图书
      情报技术,2006(4):29—34

[126] 胡琼芳.基于多共现的文献相关度判定研究[D].北京:中国科学技术
      信息研究所,2010

[127] Kessler, M M. Bibliographic coupling between scientific papers [J].
      American Documentation,1963,14:10—25

[128] Small H. Co-citation in the Scientific Literature:A New Measure of the
      Relationship Between Two Document[J]. Journal of the American
      Society for information Science,1973,24(4):28—31

[129] 唐东明.聚类分析及其应用研究[D].西安:电子科技大学,2010

[130] Semantic Similarity Measures in MeSH Ontology and Their Applica-
      tion to Information Retrieval on Medline [EB/OL].[2010-12-10].
      http://www. intelligence. tuc. gr/publications/ Hliautakis. pdf

[131] 孙海霞,钱庆.基于本体的语义相似度计算研究方法综述[J].现代图书情报技术,2010(1):51—56

[132] 王曰芬.文献计量法与内容分析法的综合研究[D].南京:南京理工大学,2007

[133] Sabou M,Richards D,Van Splunter S. An Experience Report on Using DAML-S [EB/OL].[2010-12-02]. http://citeseerx. ist. psu. edu/viewdoc/summary? doi=10. 1. 1. 7. 529

[134] Knappe R,Bulskov H,Andreasen T. On Similarity Measures for Content-based Querying [C]. In: Proceedings of the 10th International Fuzzy Systems Association World Congress. 2003:400—403

[135] 艾丹祥,张玉峰.利用主题图建立概念知识库[J].图书情报知识,2003(2):48—53

[136] 吴玉萍.基于主题图的数字图书馆知识组织研究[D].武汉:华中师范大学,2008

[137] 商雪晶,孙承杰,林磊等.基于内容相似度的书籍推荐技术研究[C].数字图书馆高层论坛2010主题年会论文集:161—167

[138] 苏坤.基于关联规则的图书馆个性化服务研究[J].农业图书情报学刊,2010,22(6):246—249

[139] 高红.书目关系的综合研究[J].图书情报工作,2006,50(9):108—112

[140] 国际图联书目记录的功能需求研究组.书目记录的功能需求[EB/OL].[2011-3-7].www. ifla. org/files/cataloguing/frbr/frbr-zh. pdf

[141] 刘素清.IFLA书目记录功能需求(FRBR)初探[J].大学图书馆学报,2004,22(6):65—69

[142] 胡昌平.面向用户的资源整合与服务平台建设战略——国家可持续发展中的图书情报事业战略分析(2)[J].中国图书馆学报,2005(2):5—9,24

[143] 吴叶葵.数字图书馆中面向用户信息服务的组织[J].情报理论与实践,2001(04):274—276

[144] 崔雷.专题文献高被引论文的时间分布与同被引聚类分析[J].情报学报,1995,14(1):52—61

[145] 俞扬信. 基于知识推理的语义信息检索研究[J]. 情报杂志,2008,27 (11):78—80

[146] 张卫群. 知识服务中的知识源链接[J]. 情报探索,2006,(12):56—58

[147] 潘星,王君,刘鲁. 一种基于 Web 知识服务的知识管理系统架构[J]. 计算机集成制造系统,2006,(12)8:1295—1296

[148] 蒋永福,李景正. 论知识组织方法[J]. 中国图书馆学报,2002,27(1):4

[149] Christian Bizer Linked Data——The Story So Far. International Journal on Semantic Web and Information System,2009(1):1—22

[150] 刘炜. 关联数据的意义与实现[EB/OL]. [2010-12-22]. http:// 202. 114. 9. 60/d16/pdf/24. pdf

[151] Wikipedia. Linked Data [EB/OL]. [2010-12-20]. http://en. wikipedia. org/wiki/Linked_data

[152] Bemers-Lee T. Linked Data [EB/OL]. [2010-02-22]. http://www/ w3/org/Designlssues/LinkedData/htm

[153] 黄永文. 关联数据在图书馆中的应用研究综述[J]. 现代图书情报技术,2010(5):7—13

[154] Hausenblas M. Exploiting Linked Data for Building Web Applications [EB/OL]. [2010-12-20]. http://sw-app. or ~ pub/exploit-lod-we-bapps-IEEEIC-preprint. pdf

[155] W3C. Resource Description Framework [EB/OL]. [2010-10-18]. http://www. w3. org/RDF/

[156] W3C. Resource Description Framework (RDF) Schema Specification1. 0[EB/OL]. [2010-10-18]. http://www. w3. org/TR/2000/CR-rdf-schema-20000327/

[157] Lynn Andrea Stein, D. C. Deborah McGuinness. DAML-ONT Initial Release[EB/OL]. [2010-10-18]. http://www. daml. org/2000/10/ daml-ont. html

[158] Garshol, L. M. Topic maps, RDF, DAML, OIL [EB/OL]. [2010-10-18]. http://www. ontopia. net/topicmaps/materials/tmrdfoildaml. html

[159] 虞惠达. 竞争情报实践中道德问题的解决模型[J]. 情报科学,2006 (10):1574—1577

[160] Ian Horrocks, F. v. H., Tim Berners-Lee,etc. DAML+OIL [EB/OL]. [2010-10-17]. http://www. daml. org/2000/12/daml+oil-index

[161] W3C. OWL Web Ontology Language Overview[EB/OL]. [2010-10-17]. http://www. w3. org/TR/owl-features/

[162] W3C. SKOS Simple Knowledge Organization System Reference[EB/OL]. [2010-10-17]. http://www. w3. org/TR/skos-reference/

[163] SEALIFE. The SKOS API[EB/OL]. [2010-12-02]. http://skosapi. sourceforge. net/

[164] Ann Branton, Aiping Chen-Gaffey. MARC 21 Tutorial [EB/OL]. [2010-12-02]. http://www. lib. usm. edu/legacy/techserv/marc21_tutorial_ie/

[165] Richard Gartner. MODS:Metadata Object Description Schema[EB/OL]. [2010-12-25]. http://www. jisc. ac. uk/uploaded_documents/tsw_03-06. pdf

[166] 杨海燕. 农业期刊引文数据库设计与建设[J]. 经济研究导刊,2010 (9):174—175

[167] 鲜国建,赵瑞雪,金晨. NSTL 外文期刊引文数据自动化拆分的研究与实践[J]. 数字图书馆论坛,2010(1):91—95

[168] 袁培国,吴向东,马晓军. 论引文统计分析的重要性和引文规范化方面的问题[J]. 学术界,2005(6):66—73

[169] 施颖. 药品计算机管理中数据的规范化[J]. 海峡药学,2004,16(3): 118—119

[170] 贺桂和. 基于元搜索引擎的引文分析系统模型[J]. 中国市场,2008 (22):116—117

[171] 马费成,罗志成,曾杰. 知识相关度的计量研究[J]. 情报科学,2008,26 (5):641—646,656

[172] 闫泼. 信息检索中的排序与相关度计算研究[D]. 济南:山东大学,2008

[173] 李丽冬. 主题图的语义相关度评价方法研究[D]. 大连:大连理工大学,2008

[174] 周宁. 信息可视化在信息管理中的新进展[J]. 现代图书情报技术,2003(4):4—7

[175] Chaomei Chen. Mapping Scientific Frontiers:the Quest for Knowledge Visualization [M]. Springer-Verlag,2003

[176] 中国科学技术信息研究所简介. [2011-2-1]. http://www.istic.ac.cn/tabid/591/default.aspx

[177] Cummins,F.A. 著,杨旭译. 企业集成[M]. 北京:机械工业出版社,2003

[178] FirstGOV.gov:The U.S. Government's official Web Portal. [2010-12-25]. http://www.firstgov.gov/

[179] 瓦拉瑞尔 A. 泽丝曼尔等著,张金成,白长虹译. 服务营销[M]. 北京:机械工业出版社,006:22—24

[180] 胡昌平. 信息服务转型发展的思考[N]. 光明日报,2008-06-10(011)

[181] 原小玲. 基于知识元的知识标引[J]. 图书馆学研究,2007(6):45—47

[182] 张敏. 面向知识创新的跨系统协同信息服务研究[D]. 武汉:武汉大学,2009:12

[183] 朱震远. 网络信息检索环境中知识链接的设计——基于语用和用户行为研究的视角[J]. 图书情报工作,2010(16):130—133,81

[184] 谢岩岩,孙继林. 基于数据挖掘技术的知识服务体系——以生命科学领域内 GOPubMe 为例[J]. 图书馆杂志,2010(5):59—64

[185] 张媛. 基于本体的数字图书馆知识导航研究[D]. 济南:山东师范大学,2010:5

[186] 张敏. 跨系统协同信息服务的定位及其构成要素分析[J]. 图书情报工作,2010(12):64—68

[187] 张智雄,林颖等. 新型机构信息环境的建设思路及框架[J]. 现代图书情报技术,2006(3):1—6

[188] 胡昌平. 面向用户的信息资源整合与服务[M]. 武汉大学出版社,2007:132

[189] United States Intelligence Community. Information sharingstrategy 2008. [R/OL]. [2009-01-10]. http://www. dni. gov/reports/IC_Information_Sharing_Strategy. pdf

[190] 姜爱蓉. 新信息环境下的图书馆创新与知识服务[C]. 新信息环境下的知识链接与知识服务研讨会,2009:14—21

[191] 徐媛媛,朱庆华. 社会网络分析法在引文分析中的实证研究[J]. 情报理论与实践,2008(2):184—188

[192] 霍艳蓉. 基本科学指数(Essential Science Indicators)数据库[J]. 图书情报工作,2003,47(1),56—59

[193] 李玲,曾燕. 通向全球高影响力科学家的门户网站——ISIHighlyCited. com [J]. 图书情报工作,2004,48(5):77—79

[194] 任胜利,Rousseau R,祖广安. SCI 的引文统计指标及其与研究评价的关系[J]. 编辑学报,2003,15(1):70—72

[195] 曾建勋. 2010 年版中国期刊引证报告(扩刊版)[M]. 北京:科学技术文献出版社,2010

[196] 曾建勋,宋培元. 我国科技期刊评价工作的现状与走向[J]. 编辑学报,2007

[197] 曾建勋. 中国高被引指数分析(2011 年版)[M]. 北京:科学技术文献出版社,2011

[198] Ochiai, Akira. Zoogeographical Studies on the Soleoid Fishes found in Japan and its Neighbouring Regions [J]. Bulletin of the Japanese Society of Scientific Fisheries,1957,22(9):522—525

[199] 孙志茹. 数字图书馆与 e-Science 信息资源管理[J]. 情报资料工作,2007(6):43—45

[200] 牟冬梅,毕强. 语义 Web 技术对知识组织理论和实践的影响研究[J]. 图书情报工作,2006,50(6):6—10,33

[201] 顾东蕾. 基于生物信息学的学科知识网络及其应用研究[D]. 南京:南京大学,2007

[202] 李育嫦. 分类法映射在学科信息门户交叉浏览中的应用——以 Renardus 为例[J]. 图书馆学研究,2006(10):64—67

[203] 张继东.语义环境下的数字档案馆知识可视化模型研究[J].图书情报工作,2011,55(2):143—148

[204] 董慧.基于数字图书馆的本体演化和知识管理研究(Ⅱ)——动态知识组织[J].情报学报,2009(4):483—491

[205] 崔灏.高校知识管理策略研究[D].济南:山东大学,2009

[206] 邱均平.信息计量学(一):第一讲信息计量学的兴起和发展[J].情报理论与实践,2000,23(1):75—80

[207] 郑尚标.对引文分析法的认识与再思考[J].中小学图书情报世界,2010(4):30—31,45

[208] 范景萍.从"门"中所看到与想到的[J].商业文化(下半月),2010(7):257

[209] 刘彤,时艳琴.基于社会网络分析的专家知识地图应用研究[J].情报理论与实践,2010(3):68—71

[210] 胡昌平,胡吉明,邓胜利.基于Web2.0的用户群体交互分析及其服务拓展研究[J],中国图书馆学报,2009(5):99—106

[211] 孙海霞.基于LSI和Ontology的语义文本聚类研究[D].南京:南京大学,2008

[212] 张瑞雪.数据挖掘中关联规则算法研究及应用[D].哈尔滨:哈尔滨工程大学,2006

[213] 王鹏.数字图书馆资源建设探讨[J].天津科技,2007(6):50—51

[214] 刘宝云.网络环境下中国铁路信息服务体系研究[D].北京:北京交通大学,2010

[215] 张满年.基于网络的科技期刊评价分析系统的构建[J].中国科技期刊研究,2008(5):729—732

[216] 白海燕.关联数据及DBpedia实例分析[J].现代图书情报技术,2010(3):33—39

[217] 王一丁,王军.网络知识组织系统表示语言:SKOS[J].大学图书馆学报,2007(4):30—35

[218] 毛有桂.21世纪的MARC格式——MARC21[J].图书馆建设,2003(3):43—45

[219] 文庭孝,陈书华,王炳炎等.不同学科视野下的知识计量研究[J].情报理论与实践,2008,31(5):654—658

[220] 周静怡,孙坦.信息可视化在数字图书馆中应用浅析[J].现代图书情报技术,2005(1):5—8

[221] 贺德方.优化结构　深化改革　建立新型的管理和运行机制——访中国科学技术信息研究所所长贺德方[J].中国信息导报,2006(1):14—16

[222] 贺德方.国内外知识组织体系的研究进展及应对策略[J].情报学报,2010(6):963—972

[223] 曾民族.构建知识服务的技术平台[J].情报理论与实践,2004,27(2):113—119

# 后 记

1997 年底我进入万方数据,开始万方数据资源系统的创立过程。先后主持建设数字化期刊群和学位论文、学术会议文献、新方志等全文数据库,以及期刊引文数据库。2007 年进入信息资源中心,又开始建设国家工程技术数字图书馆,构划知识链接系统,负责网络环境下《汉语主题词表》(工程技术版)的改造修订等。2006 年作为课题负责人承担国家"十一五"科技支撑计划课题"现有文献数据的规范整理、加工及科技监测、评价数据库建设",2008 年申请获准国家社会科学基金项目"基于引文的知识链接服务研究"。

知识链接是网络时代的产物,是数字环境的必然。学术数据库需要适应多语种、多媒体、跨系统、移动的、语义的知识共享空间,适应海量数字资源的高效组织和深度聚合需要,满足知识组织、知识构建、知识融合、知识导航、知识评价等知识服务需求,就需要大力加强知识链接的开发和研究。正基于此,我在数据库建设过程中都在不断地思考和谋划,和我的同事们一道在实践中不断践行和逐步改进。

2011 年我将这些课题和实践成果凝练于博士论文之中,在胡昌平先生指导下,谓之"知识链接及其服务研究",是以对知识链接相关研究与实践的一次全面的凝练和系统的归纳。

在成稿过程中,赵杨、邓胜利、向菲、张敏博士给予帮助,晓娟同学、胡吉明、赵雪芹同窗热情鼓励。在项目研究和系统开发过程中,周晓英、赵捷、王星、李旭林、吴雯娜、刘敏健、常春、王立学、刘伟、宋培彦等都付出辛勤汗水。王丹丹、刘华、魏来博士后帮助进行格式编排，大家都激励我尽快完稿。

其间无论是武汉大学信息管理学院的老师、同学，还是中国科学技术信息研究所的领导、同事，都给予我莫大支持和鼓舞。遗憾的是，更多的人限于篇幅在此而无法列举。

在《知识链接及其服务研究》即将付梓之际，一并向所有关心、支持、帮助和指导我的人们致以崇高敬意！向参与知识链接相关课题研究的同仁，向业内进行知识链接相关探索的专家学者致敬！

知识链接及其服务的研究还将不断持续下去，吾将漫漫而求索。

**曾 建勋**

3 月 18 日凌晨于怡秀园